図解 即 戦力 豊富な知識O

JN036891

［IT投資］の
評価手法と効果が
しっかりわかる
これ1冊で
教科書

國重靖子
Yasuko Kunishige

技術評論社

はじめに

　わが国では、IT投資の評価を何もしていない企業の割合がもっとも高いことをご存知でしょうか。経営者がIT投資プロジェクトの実行可否を適切に判断するためには投資の「事前評価」は欠かせません。また、IT投資が経営目標を満たす効果を上げているかという観点で「事後評価」することはさらに大事なことのはずです。しかし、ある統計調査によれば、事前評価も事後評価も「実施していない」と回答した企業が全体の約4割にも上るというのが現実なのです。

　「事前評価が大事なのは分かるけど、何を根拠にどのように投資対効果を試算していいか分からない…」とか、「事後評価が大事なのは分かるけど、本番稼働後はトラブル対応に追われて投資評価まで手が回らない…」というのは多くの方が抱える悩みです。その悩みを解決する早道は、IT投資の評価手法の基本を押さえること、評価結果のアウトプットイメージを掴むことです。

　本書は、はじめてIT投資の評価を担当する方、あるいはシステムエンジニアの方がIT投資の評価手法を基礎から学び、実務で使えるようになることに主眼を置いています。本書では、評価手法の使い方を図解とモデル例で分かりやすく示し、IT投資評価の全体像を体系的に掴めるように努めました。すでにIT投資の評価を担当されているベテランの方にも実務を見直し改善するためのヒントとして役立ててもらえると思います。

　私はこれまで、システム監査人として100社以上のクライアント企業の情報システムを監査し、助言をしてきました。また、セミナー講師としても200社近くの企業の方へIT投資の評価方法を指導してきました。その経験から得られた知見をできるかぎり実務で使えるノウハウに凝縮したつもりです。

　本書を手に取られた皆さまには、ぜひ回り道せず、明日からの実務にすぐ役立つスキルを身に着けていただきたいと思います。本書が、あなたの会社の業績アップ、顧客との信頼関係の強化に役立つことを願ってやみません。

2020年6月　國重靖子

目次　Contents

1章
IT投資効果の評価とは

2章
投資額の算定

3章
投資効果の評価方法

4章
IT投資評価の事例研究

7章
ベンダー見積もりの妥当性評価

ご注意：ご購入・ご利用の前に必ずお読みください

IT 投資効果の
評価とは

IT投資プロジェクトが投資に見合った効果を
上げているかを正しく評価することは経営者に
とって重要なことです。しかしながら、実際に
できている企業は多くないことも事実です。第
1章では、経営の視点からIT投資をとらえ、IT
投資を評価するうえで欠かせない基本的な概念
を徹底解説します。

01 IT投資評価とは

本書では、IT投資に関する評価作業の全般を指して「IT投資評価」という用語を使います。本節では、本書全体を正しく理解していくうえでの前提として、「IT投資評価」という言葉の定義をします。

● 費用対効果だけが投資評価ではない

　日常会話では、「あのお店はコスパ（コストパフォーマンス）がいいね」というような会話が飛び交っているかもしれません。コストパフォーマンスとは、日本語の「費用対効果」にあたり、一般的には投資したコストに対する満足度を意味することが多いようです。しかし、コストパフォーマンスとは和製英語で、海外の人には通じず、明確な定義もないことをご存じでしょうか。

　本書のテーマであるIT投資の評価においても、費用対効果を評価すること、つまり「払ったお金に対して、それに見合った効果が得られたか？」を見極めることは重要な目的です。しかし、企業活動の中でのIT投資の評価は、費用対

■ 費用対効果とは

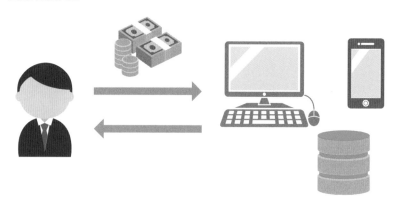

費用対効果とは「払ったお金に見合った効果が得られたか？」
のこと。ただし、費用対効果だけがIT投資の評価対象ではない

効果を見極めることだけではありません。たとえば、新規開発プロジェクトの予算を見積もる作業もIT投資の評価であり、全社のITコスト削減のためにシステム運用費を評価することもIT投資の評価の1つなのです。

本章では、企業活動全体に視野を広げ、さまざまな目的で行われるIT投資の評価の全体像を「IT投資評価」ととらえ、経営の視点からIT投資評価に必要な基礎概念を学びます。

● 「IT投資評価」の定義

IT投資の効果を評価することを表す言葉として、一般的には「IT投資効果測定」や「コストパフォーマンスの評価」などの言い方のほうが、なじみがあるかもしれません。しかし、本書では、次の3つのことすべてを総称して**IT投資評価**といいます。

①IT投資の投資額（＝費用および資産価値）を算定すること
②IT投資が生む効果額を測定すること
③投資額と効果額の比で投資対効果を評価すること

また、③の「投資対効果」の評価には、②の「効果額」を①の「投資額」で割り算した概念（＝**IT投資効率**）を採用します。IT投資効率は、次のような計算式で捉えることができます。

$$\text{③投資対効果（IT投資効率）} = \frac{\text{②効果額}}{\text{①投資額}}$$

あえて耳なじみのある「IT投資効果測定」という言葉を使わず、**IT投資評価**という言葉を使用するのは、次に述べる2つの理由からです。

①「投資効果」と「投資対効果」は異なる

まず1つには、「IT投資効果測定」というと、IT投資の「効果額」を算定する話をしているのか、それともIT投資の投資額に見合った効果かどうかの「投資対効果」を評価する話をしているのかが、わかりづらくなるためです。つまり、**「投資効果」と「投資対効果」を区別するためです**。

IT投資評価にはさまざまなケースがあり、すべてのケースにおいて、投資額を算定し、次に効果額を見積もり、最終的に投資対効果を評価する、という3つのステップを踏むとは限りません。たとえば、全社のITコストを削減するという経営目標のために、現状の既存システムのITコストの実績額を評価する場合では、投資額を正しく算定するところまでが評価のゴールです。このようなケースもIT投資を評価することの一例です。あるいは、すでに本番稼働している商品販売サイトから目標とした効果が得られているかを評価する場合、サイトからの売上高を測定して当初目標とした売上高と比較することが評価作業のゴールという場合も考えられます。このようなケースもIT投資の評価という枠組みでとらえられると思います。

したがって、「投資額」を評価することも、「効果額」を評価することも、両者を算定したのち「投資対効果」を評価することのいずれも企業活動の中でそれぞれに意味を持ち、それらすべてが「IT投資評価」ととらえていただければと思います。

②投資対効果を「差し引き」ではなく「効率性」で考える

「IT投資評価」という言葉を前述のように定義した理由のもう1つは、**IT投資の評価に投資の効率性の観点を含める**ためです。

われわれが日常的に「あのプロジェクトの"費用対効果"はどうなの?」というような会話をするとき、投資したお金とそこから得られる効果を比較して、効果のほうが大きければ成功プロジェクト、得られた効果よりも投資したお金のほうが大きければ失敗プロジェクトという具合に判断していることが多いかと思います。つまり、効果額から投資額を引き算して、プラスなら成功、マイナスなら失敗、という考え方です。もちろん、そのように「差し引き」で考えることもシンプルで悪くはないのですが、**「差し引き」では、投資の効率性を評価することはできません**。

　たとえば、次のような2つの案件があったとします。効果額から投資額を引き算してA案件、B案件の投資対効果を評価した場合、どちらも同じ20万円という金額です。この場合、両案件は同じくらい好ましい案件といえるでしょうか。

■引き算で投資対効果を評価するケース

	効果額	投資額	効果と投資の差し引き
A案件	500万円	480万円	20万円
B案件	50万円	30万円	20万円

　答えは明らかにNOですよね。誰もがB案件のほうがより好ましい案件と考えるのではないでしょうか。なぜB案件のほうが好ましいのでしょうか。同じ20万円という投資対効果を得るために、480万円を投入するよりも30万円を投入するほうがより効率よく稼いでいるからですよね。

　経営活動においては、より少ない投資額でより多くの利益を生み出すことは非常に重要です。それができるかできないかが経営者の実力として評価されるといっても過言ではありません。本書では、IT投資を評価するときに**投資の効率性を重視する**ことから、**IT投資効率という指標を投資対効果**としてとらえます。

まとめ

▷ IT投資に関わる「投資額」の算定、「効果額」の測定、投資対効果の評価のすべてが「IT投資評価」である

02 IT投資とは

「IT投資」という言葉のとらえ方は人によってさまざまです。本節では、会社の業績に貢献することを目指したIT投資評価を行うために、経営の観点から「IT投資」とは何かをとらえていきます。

● 「IT投資」の定義

　通常、「IT投資」という場合、サーバーの購入費用やシステムの開発費用といった一時費用をイメージすることが多いかと思います。確かにそのような投資も、もちろんIT投資の重要な部分です。しかし、IT投資とは、一時的な支出だけを意味するわけではありません。

　少し耳慣れないいい方かもしれませんが、IT投資とは、経営の観点からは、**「情報資本の形成」と「維持管理」により経営効率化と戦略実現を行う投資活動**と定義することができます。

● 「情報資本の形成」と「維持管理」

　日々の企業活動において支出されるIT関連の費用は、新しくIT資産を形成するための費用、すなわち**情報資本の形成**にあたる費用と、すでに持っている情報資産を**維持管理**するための費用の2つに大きくわけられます。「情報資本の形成」は、いわゆる一時費用、「維持管理費用」は、ランニングコストのこととらえてもらってかまいません。

　「情報資本の形成」とは、たとえば、基幹業務システムのようなアプリケーションシステムを自社のIT資産として購入し、新規に構築するケースをイメージしていただければよいと思います。情報資本には、アプリケーションシステムだけに限らず、コンピューターやネットワークなどのインフラ設備なども含まれます。のちのちに業務の効率化や売上拡大というような経営戦略や企業活動を支援するITの有形・無形の資産すべてを指すものととらえてください。

　「維持管理」とは、既存のシステムを稼働させ、維持・運用するためにかかる費用すべてととらえてもらえばと思います。維持管理費用には、コンピューターのレンタル・リース料やソフトウエア使用料のほかに、システムを運用管理する要員にかかる人件費や保守料などがあります。

● 情報資本形成のイメージ

　ここであえて一般的に耳なじみのある「一時費用」という言葉を使わず、「情報資本の形成」という小難しい言葉を使ったのは、**IT投資の成果を経営資産ととらえる**ためです。皆さんは普段、財務諸表をご覧になることがあるでしょうか。財務諸表になじみのある人であれば、情報資本の形成とは、損益計算書の借方で支出された一時費用がやがて貸借対照表の資産の部に計上できるIT資産となってゆくイメージでとらえていただければよいでしょう。

■ 情報資本形成のイメージ

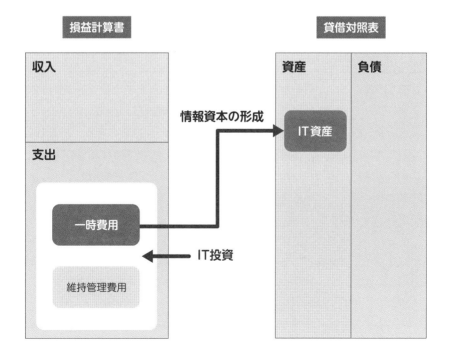

● 維持費用もIT投資ととらえる

　ここで押さえておきたいもう1つのポイントは、「IT投資」とは、たとえばサーバーを購入してシステムを構築するといったような一時費用だけでなく、**維持管理費用もIT投資ととらえる**ということです。なぜなら、新規システムの導入だけでなく、既存のシステムを維持管理することも、企業の経営効率化と戦略実現に貢献するりっぱな投資活動といえるからです。

　たとえば、販売サイト構築のような経営戦略に直結するようなIT投資でなくとも、従来から運用している生産管理システムのような既存システムの維持管理にかかる費用も、経営の効率化に資するという意味で、IT投資活動の一部なのです。また、販売サイトの新規構築への投資でも、その販売サイトから日々の営業収益を上げるという経営戦略を実現するためには、システムを運営する要員の人件費やハードウエア、ソフトウエアへの保守料など、維持管理にかかる費用がシステムを稼働させるために必須です。それらの支出も、「IT投資」に該当するということです。

● 「情報資本の形成」と「維持管理」の金額的なウェイト

　さて、IT投資とは、情報資本を形成する費用とそれを維持管理する費用の両方を含むことをとらえたところで、そのどちらが重要でしょうか。

　新規のシステム構築プロジェクトの見積もりをした経験のある人であれば、システム構築のための一時費用の見積もりと合わせて、本番稼動中の年間のランニングコストを見積もったことがあるかと思います。一時費用とランニングコストでは、通常、単年度での支出は一時費用のほうが大きいため、そちらに意識が向きがちです。

　しかし、IT投資プロジェクトを評価する場合、**システムのライフサイクル全体で**考えます。システムのライフサイクルとは、そのシステムを新規に導入してから使い終わるまでの期間のことです。たとえば、構築してから5年間は使うと想定した場合、年間の維持費用を5年分、一時費用に加算してプロジェクト全体の費用を見積もります。

　IT投資プロジェクトの全体費用をシステムライフサイクル全体で評価した場

合、**維持管理費用のほうが一時費用よりも金額的なウェイトが大きくなる**のが一般的です。システムのライフサイクルを5年間とみた場合の維持管理費用は全体の60〜70%を占めているという統計データもあります。

■ 情報資本形成費用と維持管理費用

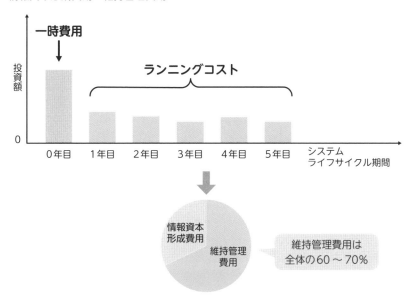

以上のような点からも、IT投資評価においては、**維持管理費用を正確に評価することが重要**であることがわかります。仮にシステムのライフサイクルが5年とした場合、単年度の維持管理費用の見積もり額のブレは、本番稼動後5年にわたって影響し続けると考えれば、維持管理費用の見積もりには、一時費用の見積もり精度の5倍は高い精度が求められるともいえます。なお、システムライフサイクルコストの見積もり方法については第2章で詳しく解説します。

まとめ

▶ 「IT投資」とは、一時費用だけではなく維持管理費用も含む

03 IT投資プロジェクトの種類

IT投資評価を行う際、評価対象とするIT投資プロジェクトがどの投資タイプに該当するかを把握し、その投資タイプに適した評価手法を選択することが重要です。本節では、IT投資プロジェクトの特性によってどのように分類できるかを確認します。

● IT投資プロジェクトの3タイプ

IT投資プロジェクトは、以下の表の3タイプにわけてとらえることができます。世の中には、この3分類以外にも「情報型」と称する区分を加えて4分類にしている例や、さらに細かい分類にしている例もありますが、投資タイプに合わせてIT投資評価の評価手法を適切に選択するという目的では、IT投資プロジェクトの特性をこの3タイプに分類できれば十分です。

■IT投資プロジェクトの3分類

タイプ	概要	例
インフラ型	アプリケーションを構築するための共通基盤への投資	複数プロジェクトで共用するコンピュータ設備、ネットワーク、運用管理、情報セキュリティーなど
業務効率型	システム化によって業務効率を高めたり、省力化を実現するための投資	基幹システム構築、電子メール、ワークフロー導入、文書管理システム導入など
戦略型	市場拡大や顧客関係の強化など、企業の戦略を実現するためのIT投資	インターネットによる商品販売サイト構築、入場券の予約システム、消費者向けSNS構築など

(出典：JUAS「IT投資価値評価ガイドライン（案）」での分類をベースに作成)

①インフラ型

IT投資の中で、おそらくもっとも実行する機会が多いのが、**インフラ型**の投資です。通常、どんな企業でも、企業活動の中で複数の情報システムを利用しているかと思います。たとえば、営業部門が使っている顧客管理システム、経

理部門が使っている財務会計システム、製造部門が使っている生産管理システムなどです。多くの場合、それらの業務アプリケーションを支えるサーバーやネットワーク設備などのインフラを共通の基盤として共用しているのではないでしょうか。そのような複数のプロジェクトで使用する共通基盤に対する投資をインフラ型と呼びます。もしくは、複数のプロジェクトで共用せず、1アプリに1台のサーバーを割り当てているケースでも、OSやミドルウエアなどの業務アプリケーション以外のいわゆるインフラ部分への投資はインフラ型に分類します。

つまり、インフラ型とは、**特定の業務要件や経営戦略に直接的に結びつけられない類のIT環境への投資**ととらえていただければよいかと思います。

代表的には、コンピューター機器の更新やミドルウエアのバージョンアップ、マシン室のフロアや電源設備の増強などが挙げられますが、情報セキュリティーに関する投資もインフラ型に含まれます。

②業務効率型

システムを導入、活用することによって、業務の効率を高めたり、業務の省力化を実現したりするためのIT投資を**業務効率型**と呼びます。

業務効率型の代表選手は、いわゆる基幹業務システムに関する投資です。たとえば、受注、生産、仕入から出荷、財務会計まで一連の企業活動をERP[*1]システムに集約して効率化することを目指しているなら、ERPアプリケーションの構築と運用に関する投資は、業務効率型に分類します。従業員が日々使う電子メールやイントラネットなどのいわゆる情報系システムに関わる投資についても業務効率型に分類します。一般的には、従業員や経営層向けに情報提供するシステム群を**情報型**と称して区別して分類することもありますが、情報系のシステムも広い意味では、業務の効率化に資するという意味で、本書では業務効率型に含めます。

③戦略型

経営戦略の実現に直接的、または間接的に貢献するようなIT投資を**戦略型**と呼びます。経営戦略に「直接的に貢献する」とは、率直にいえば、売上拡大に結びつくもの、ということです。たとえば、インターネット経由で自社の商品

---

*1) ERPとは「Enterprise Resources Planning（企業資源計画）」の略で、企業の基幹系業務を統合して管理するシステムのことを意味します。

を販売するためのWebの販売サイト構築や入場券の予約・発券システム構築のようなケースがわかりやすいかもしれません。そのIT投資から確実に一定規模の売上拡大が期待される類のものです。

　また、直接的に売上拡大に結びつくかどうかがわからなくても、間接的に貢献するもの、たとえば、顧客とのリレーションを向上させるような目的のものも、戦略型に分類します。間接的な戦略型投資の具体例としては、SNS構築があります。SNSのサイトから、直接、自社商品を販売することはなくても、消費者がSNSを通じて自社のファンになってくれるなら、将来的には売上拡大に結びつくことが期待できるからです。

■ IT投資プロジェクトの3タイプ

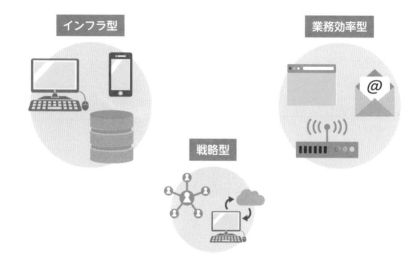

● 投資タイプ別の投資額の実態

　次のグラフは、IT投資プロジェクトが実際にどのくらいの割合で実施されているのかを表したものです。

■ IT投資タイプ比率

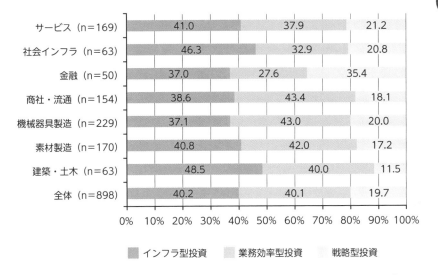

(出典：JUAS「企業 IT 動向調査報告書２０１３」 年度別・業種グループ別 IT 投資タイプ比率)

　この調査結果によれば、インフラ型：業務効率型：戦略型の支出割合が、お
よそ「4:4:2」であることがわかります。つまり、インフラ型と業務効率型で全
体の約８割を占めていることになります。逆にいうと、戦略型のIT投資は、全
体の約２割程度にすぎないことになります。この4:4:2という比率は、この10
年くらい、ほぼ同じような比率で推移しています。この調査結果をどうとらえ
るかは難しい面もありますが、近年、戦略型の投資の必要性が叫ばれている割
には、わが国では、戦略型のIT投資はあまり増えていない印象もあります。

まとめ

▶ IT投資プロジェクトには「インフラ型」「業務効率型」「戦略型」
　の３タイプがある

04　IT投資評価の目的

本節では、IT投資評価を行う人が自分の目的に合ったIT投資評価を行い、正しい評価結果にたどりつくために、そもそも企業活動の中では、誰が何のためにIT投資評価を行うのかを確認していきます。

● IT投資評価の目的は多岐にわたる

　次にIT投資評価の目的を整理していきたいと思います。IT投資評価を担当する人は、評価作業に着手する前に、**自分が何のためにIT投資評価を行うのか**を明確に意識して評価を行うことが重要です。評価の目的に無自覚で評価作業をしていると、間違った評価手法を用いてしまったり、誤った評価結果を出してしまったりすることにもなります。

　企業活動にはさまざまな活動があり、IT投資評価の目的にも実にさまざまなものがあります。ざっと挙げるだけでも、たとえば次のような目的があります。

■IT投資評価の目的

目的1　IT投資プロジェクトの実行可否を判断する

目的2　導入したシステムが期待どおりの効果を上げているか検証する

目的3　全社的な IT コストを最適化する

その他の目的
・財務諸表の適正な作成のため IT 資産の価値を評価する
・税務局からの要請により税務上の効果を把握する、 など

　本書では、左下図の「その他の目的」として挙げた会計処理上の論点以外の3つの目的を、IT投資評価を行う読者にとって重要な目的ととらえ、もう少し詳しく見ていきます。

・目的1　IT投資プロジェクトの実行可否を判断する

　まず、いちばんなじみがあるのが、IT投資プロジェクトの実行可否を判断することではないでしょうか。一般的には、これをIT投資の**事前評価**といいます。

　たとえば、営業担当者にタブレット端末を一斉導入するという投資案件の場合、投資に見合った効果が上がることを経営者に稟申し、投資することに対してゴーサインを出してもらうというケースです。

　この場合、まず「投資額」を算定して、タブレット端末の購入費用、利用者トレーニングなどのイニシャルコストと導入後にかかる保守料や運用費などのランニングコストを見積もって、プロジェクトの総費用を算出します。

　次に、「効果額」として、営業担当者がタブレット端末を利用して効果的に営業活動をした結果に得られる売上の増加見込み額を見積もります。

　そして「投資額」と「効果額」の両者を検討して、投資額に見合った効果が期待できるかを投資の事前にシミュレーションし、投資を実行することの妥当性を評価することが事前評価です。

　事前評価の目的は、社長やCIOのような立場の**経営層が投資の意思決定をするのを支援する**ことです。経営層は、少ない情報の中で、かつ短い時間で、大きな投資の意思決定をしなければなりません。したがって、評価者自身がこの投資案件は実行すべきかどうかを十分検討するだけでなく、経営層に合理的な判断ができるようにわかりやすく報告することも事前評価におけるポイントとなります。

・目的2　IT投資プロジェクトの期待効果を検証する

　次にIT投資評価の目的としてなじみがあるのが、実行されたIT投資プロジェクトが、実際に当初の期待どおりの効果を上げているかどうかを評価する**事後評価**ではないでしょうか。

　たとえば、前述のタブレット端末導入プロジェクトの例で、事前評価のときに売上高が3億円増加するという投資効果を期待していたとすれば、投資の実

行後、実際に3億円売上が増えたかどうかを検証し、期待効果の達成度を評価することが事後評価です。

　事後評価の目的は、事前評価で計画した投資対効果が達成されているかどうかを検証し、達成されていなかった場合、**改善のための対策、アクションプランを考えること**です。うまく達成していた場合でも、そこから**得られた教訓を他のプロジェクトにフィードバックすること**です。

　事後評価を実施することで、事前評価のときに設定したKPI[*1]の予実分析を忠実に行い、改善のアクション結びつけることが重要です。それが会社の業績をよくすることにつながります。

・目的3　全社的なITコストを最適化する

　個別のプロジェクト単位でIT投資の投資対効果を評価することのほかに、会社全体のIT投資を評価し、ITコストの最適化を図ることもIT投資評価の目的の1つです。一般的には、IT戦略委員会などの部門横断の委員会組織やIT企画部門など、全社的な立場から評価を実施できる人が担当されていることが多いかと思います。

　たとえば、全社のITコストを前年度比何パーセント削減しましょう、といった経営戦略が打ち出された場合、各部門のITコストの予算と実績を調査して、部門間での重複コストや削減できる余地を評価し、コスト削減のための対策を提案することが、IT投資評価のゴールとなるケースがあります。この場合、IT投資評価の目的は経費削減ということもできます。

● IT投資評価の目的は評価する人の立場によって異なる

　IT投資評価にはさまざまな目的があることを見てきましたが、目的は何によって決まってくるのでしょうか。**IT投資評価の目的は評価する人の立場によって異なる**といえます。なぜなら、同じ投資案件の評価であっても、評価する人の立場が違えば、その投資案件に関して果たす役割が違い、役割に応じた異なる業務目標があるからです。

　たとえば、営業部門の人が自部門の商品を販売するための商品販売サイトの構築を企画し、そのIT投資の事前評価を行う場合、投資額を回収できるか、自

---

*1) KPI（Key Performance Indicator：重要業績評価指標）とは、企業目標やビジネス戦略を実現するために設定した具体的な業務プロセスをモニタリングするために設定される指標のうち、重要なものを指します。

部門の商品の売上増加がどのくらい見込めるかといった業績目標の達成に
フォーカスした評価をすると思います。一方、システム部門の人は、営業部門
からシステム構築を委託されたのであれば、求められる機能を予算（工数）内
で品質を確保してスケジュールどおりに完了するための指標を設定することが
不可欠と考えられます。

　このように、評価する人の立場が異なれば、評価のときに設定する評価指標
（KPI）がまったく異なってきます。KPIが異なるということは、何を目指して、
何のために評価するのかの目的（目標）も評価内容も異なるということです。

● 判断に迷ったら目的に立ち返る

　筆者がITコンサルティング業務に従事していたころ、「こういうときはどう
判断すればいいのですか」とか、とくに「他社はどうやっているのですか？」と
いうご質問をいただくことがよくありました。しかし、筆者の経験上、一般的
にはこうですよ、とか、他社はこうやっていますよ、という回答をしたところ
で、その人の顔がパッと晴れることはありませんでした。何度か会話をしてい
るうちに、その人が自分のIT投資評価の目的をはっきり意識した瞬間に、あぁ、
そうですね、とご自身で答えを見つけられたように思います。

　IT投資評価の作業ステップは長い道のりです。評価作業の中では、膨大な量
のデータを処理し、会社内の多くの情報を調査・収集することも必要になって
きます。実務を進める中で、その膨大で細かい作業の森林に迷い込んでしまい、
自分が今、何のためにどこに向かって評価をしているのかがわからなくなって
悩む方は少なくありません。道に迷ってどう判断すればよいのか**わからなく
なったら、目的に立ち返る**と、解決の糸口が見えてくることもあります。

まとめ

▶ **IT投資評価にはさまざまな目的があり、目的は評価する人の立
場により異なる**

05 IT投資評価に関わる人の立場と役割

企業の中には、どういう立場の人がどのような形でIT投資評価に携わっているのでしょうか。本節では、IT投資評価に関わる人の立場と役割を整理します。合わせて経営の視点でIT投資評価の全体像を理解するうえで重要な概念も押さえておきます。

● ITガバナンスの概念

IT投資評価に関わる人は、下図のように大きく2層構造の組織体制の中にいます。企業の規模や状況によっては、このようなはっきりした2層構造をとっていない会社も多くありますが、ITガバナンス[*1]が進んでいる企業では、企業の組織を大きく**ITマネジメント層**と**ITガバナンス層**にわけてとらえることができます。

■ IT投資評価に関わる人の立場と役割

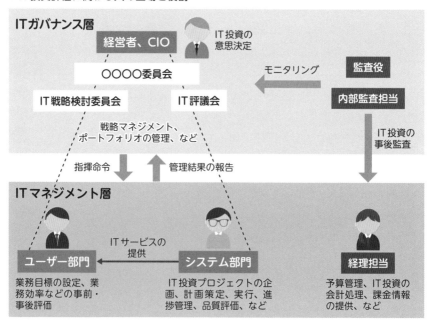

---

*1) ITガバナンスとは、IT戦略の実行が全体最適を目指すように統治されるしくみのことです。

まず、ユーザー部門やシステム部門といったIT投資に関わる実務と管理を担当している部門群を実際の業務をマネジメントしている層であることから、「ITマネジメント層」と呼びます。

そして、経営企画部門やIT企画部門のように各部門やグループ会社全体を管理することを職務とする部署や委員会組織があります。そのような会社全体の視野でITに関与している部署や組織を「ITガバナンス層」と呼びます。

IT投資評価の実務にフォーカスすれば、部門単位の視点で評価を実施するのがITマネジメント層、全社の視点で評価するのがITガバナンス層ととらえればよいでしょう。たとえITガバナンスが未導入の場合でも、個々のIT投資プロジェクトの実行に直接携わる部門の人と全社的な視点でIT投資を管理する人がどこかの部署にいる、ととらえれば、ほとんどの会社に共通する体制であるともいえます。

● ITマネジメント層における評価者の役割

①ユーザー部門

システムのユーザー部門がプロフィット部門[2]であれば、今年度の部門の売上高が何億円といったような定量化された業績目標を経営から与えられていると思います。その業績目標をITという手段を使って達成するのならば、通常、自部門の業績目標の達成するためのIT投資プロジェクトの企画と事前評価を行うことになります。プロフィット部門でなくても、たとえば、ワークフローシステムによって業務効率化をどのレベルまで実現するかという何らかの業務目標があるはずです。

ユーザー部門では、**IT投資の結果、そのような業績目標が達成できるどうかを評価すること、経営目標に沿った期待効果が得られるかという観点**で事前評価し、投資実行後には事前評価どおりに達成したかを事後評価して経営に提示することが重要な役割となります。

②システム部門

システム部門の使命は、ユーザー部門に対してITサービスを提供することです。たとえば、ユーザー部門が利用するシステムの新規導入を請け負うのであ

---

[2] プロフィットとは「利益」のことで、プロフィット部門とは「利益に責任を持つ部門」のことです。製品や顧客に対する活動を行っている事業部門を指します。

れば、具体的にどのようなシステムで実現するのかを企画・設計し、求められる品質で開発して、運用するまでの目標値を決めてプロジェクトを開始しなければなりません。したがって、システム部門での評価では、**いわゆるQ・C・Dと呼ばれるポイント、品質（Quality）、コスト（Cost）、納期（Due）を達成するという観点**で事前評価、事後評価を行うことが重要になります。

③経理部門

　経理部門もユーザー部門の1つであるととらえれば、前述のユーザー部門と同じ立場でIT投資評価を行う役割が考えられます。

　また、他部門で実行されたIT投資の会計処理を適切に行うことだけでなく、実行されたIT投資プロジェクトの個別の費用計上に関して、他部門の人へアドバイスをする役割もあるでしょう。たとえば、ソフトウエア保守料について、向こう1年分の年額を毎年12月に一括で支払う場合、3月決算の会社であれば、当年度には1月から3月までの3ヶ月分を費用計上し、残りの4月から12月までの9ヶ月分を来年度に繰り延べることができます。とくに新規システム導入の初年度には、このような会計処理のルールをIT投資プロジェクトの担当者が知らなかったために、ソフトウエア保守料の年額をすべて開発の一時費用として計上してしまうことが、実務のうえでもときどき起こります。そうすると、本来、翌年のランニングコストの一部とすべき費用をプロジェクトの初年度の一時費用として計上していることになり、プロジェクト初年度のプロジェクト損益を実態よりも悪くしてしまうことになります。

● ITガバナンス層における評価者の役割

①経営企画部門やIT企画部門

　ITマネジメント層の各部門が自部門の立場で自部門の業績目標を達成する役割を持つことに対して、各部門のように自部門には特定の売上目標のような業績目標を持たず、つねに全社的な立場でIT戦略を考えたり、IT投資の管理をしたりするミッションを与えられている部門があります。

　たとえば、経営企画部門の職務の中にIT戦略を管理することが規定されている会社であれば、経営企画部門の中に、IT投資評価をもっぱら担当する人がい

るケースが多いかと思います。また、IT企画部門や運用統括部門のような部署で、全社のIT戦略を検討したり、各部門のシステム利用料の課金管理などを行ったりすることもよくあります。

ITガバナンス層に位置づけられる部署では、各部門で企画、実施されるIT投資プロジェクトが**部分最適に陥ってしまわないよう、つねに全社の視点で、全体最適を目指すという役割**を持っています。したがって、彼らのIT投資評価の観点としては、個別に稟申されてきたIT投資プロジェクトが、経営戦略や全社のIT戦略と照らし合わせて適合しているかどうかや、複数のIT投資プロジェクトを比較して、どちらを優先して実施すべきかといったような観点で評価を行うことになります。

②ITに関する委員会組織・IT評議会

全社的なIT投資評価をどこの部署で担うかは、会社の組織のデザインによってさまざまです。人事組織上の特定の部門が全社のIT投資に関する管理を担うのではなく、部門横断的な委員会組織や評議会が、その機能を担っている会社も数多くあります。委員会組織の場合、IT戦略委員会やIT投資検討委員会というような名称で、全社のIT投資案件の実行可否判断やITコストの最適化などを行っているケースです。

なお、全社的なIT投資評価をどの組織で担当するかは、会社の規模や状況によるため、一概にこういう組織で担当するのがよい、ということはいえません。いわゆる委員会組織やIT評議会は、各部門の長から構成されることが多く、部門間での利害関係の調整が行いやすいというメリットがある反面、構成員が短期的に変更されやすく、全社的なIT投資評価のフレームワークが制定されていないと、一貫性のあるIT投資評価を行うことが難しいというデメリットもあります。

③監査役・内部監査部門

最後に監査役と内部監査部門の役割についても触れておきたいと思います。監査役および内部監査部門は、会社の内部統制の有効性を評価、モニタリングする役割を持っています。わかりやすくいえば、会社の業務がルールどおりに行われているか、社員が不正や間違いを犯して、会社が損害を被らないかどう

かを監視してくれる人々です。

　内部監査部門は、通常、会社の組織体制の中で、どの部門からも独立した部門に位置づけられています。どの部署に対しても、利害関係を持たず、第三者性を持っているため、この第三者性を生かして、より客観的な立場でIT投資プロジェクトの事後評価を支援（助言）することがあります。

● 「プログラム」と「プロジェクト」の概念

　理想的には、ITガバナンス層とITマネジメント層の2層構造の組織体制の中でIT投資評価が行われるという話をしました。この考え方のベースになっているのが、**プログラムマネジメント**と**プロジェクトマネジメント**[3]です。

■ プログラムとプロジェクトの2層構造

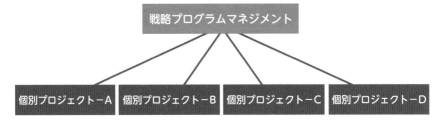

①プログラムマネジメント（戦略マネジメント）

　2層構造の上位の概念を**プログラム**といいます。ここでいうプログラムとは、システム開発でよく「プログラム・モジュール」などというときのプログラムとはまったく別の概念です。会社の戦略をマネジメントの対象とすることから、「戦略マネジメント」とも呼ばれます。

　プログラムマネジメントのおもな機能は、全社の視点で投資対象プロジェクトの選別を行ったり、投資対象プロジェクトの目標値が実現可能かどうかを評価したりすることなどです。いわば、**経営者の立場に立って、全社のIT投資を俯瞰する機能を担っている**のが「プログラム」層で行われる戦略マネジメントです。また、IT投資ポートフォリオの管理を行うこともプログラム層が担う重要な機能です。IT投資ポートフォリオについては本章の中で後述します。

[3]「プログラムマネジメント」と「プロジェクトマネジメント」のさらなる詳細を知りたい方は、PMI（プロジェクトマネジメント協会）が発行している「プログラムマネジメント標準　第二版」の定義などを参考にしてください。

②プロジェクトマネジメント（個別プロジェクトマネジメント）

2層構造の下位の概念を**プロジェクト**といいます。プロジェクトマネジメントは、一般的にもよくいわれる「プロマネ」のことととらえていただいて問題ありません。

プロジェクトマネジメントとは、プログラム層で選定され、実行することが決まった個別のプロジェクトの実行管理をすることです。具体的には個々のプロジェクトの投資計画を立案し、開発プロジェクトの進捗管理や変更管理などを行うことであり、**個々のプロジェクトを成功に導くこと**がプロジェクトマネジメントの役割です。

また、プロジェクトマネジメントには、プロジェクト進行中の実行管理だけではなく、**管理プロセス自体の見直し**も含まれます。プロジェクト完了後に事後評価を行い、その中で発見した教訓を他のプロジェクトの改善のためにフィードバックすることまでがプロジェクトマネジメントの範囲ととらえられます。

■ プログラムマネジメントとプロジェクトマネジメントの機能と役割

マネジメントの レイヤー（層）	マネジメントの 対象	おもな機能・役割
プログラム マネジメント	戦略	・ 投資プログラムの実行管理 　－投資対象プロジェクトの選別 　－経営者視点での目標実現度の評価、など ・ IT投資ポートフォリオの管理 ・ 管理プロセスの見直し 　－IT投資ポートフォリオの見直し 　－投資内容の見直し
プロジェクト マネジメント	個別プロジェクト	・ 選択されたプロジェクトの実行管理 　－個別プロジェクトの投資計画 　－開発プロジェクトの進捗管理、変更管理、など ・ 管理プロセスの見直し 　－投資の事後評価 　－他の投資計画へのフィードバック、など

まとめ

▶ **IT投資に関わる人はITマネジメント層とITガバナンス層にわけてとらえることができる**

06 IT投資プロジェクトの評価タイミング

IT投資評価では、それぞれの評価をどのタイミングで行うのかということも重要な論点です。本節では、プロジェクト単位でIT投資を評価するとき、どのようなタイミングで行うのかについて見ていきます。

● IT投資プロジェクトの評価タイミング

　実際に個別のIT投資プロジェクトのIT投資評価をどのようなタイミングで行っているかは企業によってさまざまですが、評価タイミングは、一般的に下図のような3つのタイミングに整理することができます。ここでのポイントは、評価タイミングは**事前と事後の2回だけではない**ということです。評価のタイミングによって、どのような視点で評価するかも異なってきます。

■ IT投資評価のタイミング

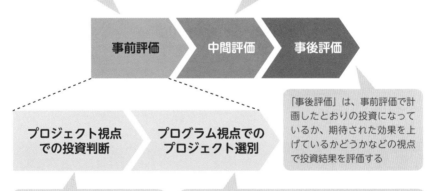

「事前評価」は、経営目標に沿った投資か、目的を効果的に実現する内容か、などの視点で投資可否判断と投資案件の選別を行う

「中間評価」は、事前評価で定めた内容で投資が実行されているか、調達などが適切かどうか、などの視点で監視する

事前評価　→　中間評価　→　事後評価

プロジェクト視点での投資判断　→　プログラム視点でのプロジェクト選別

「事後評価」は、事前評価で計画したとおりの投資になっているか、期待された効果を上げているかどうかなどの視点で投資結果を評価する

「プロジェクト視点での投資判断」は、各投資案件に実行する価値があるか否かを判断する

「プログラム視点でのプロジェクト選別」は、プロジェクト視点で投資価値があると判断された案件を比較検討し、優先順位を明確化、実行する案件を決定する

● 事前評価

　IT投資プロジェクトの実行の事前のタイミングで行われるのが「事前評価」です。事前評価では、おもに次のような観点で投資の可否判断と投資案件の選別を行います。

- ✔ 経営目標に沿った投資内容か
- ✔ 目的を効果的に実現する内容か
- ✔ 投資対効果の試算やKPIは明確で妥当か
- ✔ リスクの見極めは十分か、など

　事前評価は、いつまでに実施するものというルールはありませんが、新規のシステム導入プロジェクトであれば、企画・構想段階から要件定義の前ぐらいまでのタイミングで行われることが多いようです。

　なお、事前評価の回数も1回だけとは限りません。大規模なプロジェクトであれば、企画・構想フェーズ開始時と要件定義完了の直後などのタイミングといったタイミングで複数回、それぞれ、そのフェーズに応じた違った観点で評価されます。IT投資プロジェクトの規模が大きければ大きいほど、評価のタイミングは増えるといえます。

　また、事前評価は、プロジェクト視点かプログラム視点かという観点で、次のように2ステップにわかれます。

・ステップ1　プロジェクト視点での投資判断

　各部門が自部門で企画するIT投資案件の投資対効果を見積もり、その案件に実行する価値があるかどうかを判断します。実行する価値あり、と判断できれば、予算執行のための稟議を申請することになります。

・ステップ2　プログラム視点でのプロジェクト選別

　各部門から申請されたIT投資案件を比較検討し、全社の視点から優先順位を明確にします。全社の視点から優先的に投資する価値があると判断した案件を

承認し、実行を決定します。このとき、同時に申請される他の案件との比較の
ほかに、既存システムの統廃合の可能性やその投資案件を実行することでIT投
資ポートフォリオにどのような影響を与えるかなども検討します。

◉ 中間評価

「中間評価」では、事前評価で定めた投資内容や目標値どおりに投資が実行
されているかどうかを評価します。中間評価では、おもに次のような観点で評
価を行います。

> ✔ 事前評価で定めた投資内容どおりに実行されているか
> ✔ 調達が適切に行われているか
> ✔ 事前評価で定めた目標値の達成が危ぶまれるものはないか
> ✔ プロジェクトマネジメントに問題はないか、など

中間評価を実施するタイミングは、投資プロジェクトが実行フェーズに移っ
てからプロジェクトが完了するまでの間です。

なお、中間評価もプロジェクトの進行中、1回だけ実施されるものとは限り
ません。プロジェクトの期間が長期に亘る場合は、できれば中間評価を複数回
実施することが望ましいといえます。なぜなら、実務では、IT投資プロジェク
トが事前評価のときの計画と照らして、100％計画どおりに実行されることは
ほとんどないからです。長いプロジェクト期間中には、必ず、予想外のことが
起こります。とくに戦略的なIT投資プロジェクトで、新しいITの技術を取り
入れるような場合、今までに経験したことのないトラブルが予想以上に多く発
生し、その解決のために大幅な工数と追加費用がかかることがあります。

**中間評価を実施していれば、そのようなリスクを芽の小さいうちに発見し、
都度、適切な手を打っていくことができます。**予想外のトラブルが発生しても、
予算や工期の超過を許容される範囲内で収束させてプロジェクトを完了するう
えでも、中間評価を実施する大きな意義があります。

● 事後評価

「事後評価」は、事前評価で計画したとおりの投資内容を実行しているか、期待した効果を上げているかどうかなどの観点で投資結果を評価するものです。事後評価では、おもに次のような観点で評価します。

✔ 投資内容は計画どおりか（経営戦略からのズレはないか）

✔ 期待効果を上げているか

✔ 費用・品質・工期の予実分析の結果は妥当か

✔ 運用の目標値を設定して問題なく運用しているか、など

事後評価は、プロジェクトが完了し、本番稼働に入ってから一定期間経過後に行います。たとえば、1か月後、半年後、1年後、5年後といった具合です。**事後評価の評価タイミングも1回で終わりではありません。**

さらに重要なのは、**事後評価を誰が、どのタイミングで、どうやって実施するのかを、事前評価の段階であらかじめ決めておくこと**です。なぜなら、プロジェクトが終わってからそれらを決めようとしていると、結局、何もしないまま時が過ぎていってしまうからです。気がついたときには、KPIの実測値のデータが取れない、もはや評価できる担当者がいない、などといった事態に陥り、然るべきタイミングで事後評価するチャンスを逸してしまうのです。

事後評価の実施時期や実施方法はプロジェクトの規模やライフサイクルによって異なるため、早い段階で一律に決めることは難しいかもしれませんが、少なくとも、誰がいつ事後評価をするかはプロジェクト完了前に決めておきましょう。

まとめ

▶ IT投資評価プロジェクトの評価タイミングは「事前評価」「中間評価」「事後評価」の3段階で、いずれも1回だけとは限らない

07 IT投資ポートフォリオとは

近年、日本でもITガバナンスへの意識が高まり、IT投資ポートフォリオの管理に取り組む企業が多くなってきました。本節では、IT投資ポートフォリオの管理とは何かを確認していきます。

● ポートフォリオとは

　ポートフォリオ（Portfolio）という言葉を普段使われることがあるでしょうか。ポートフォリオとは、もとは書類を運ぶ携帯用のケースを意味する単語で、写真家やデザイナーが自分の作品をまとめた作品集の意味で使っている方は多いかもしれません。しかし、金融や投資の用語では、ポートフォリオは「投資の失敗リスクを避けるために、種類の異なる金融商品を組み合わせること」を意味します。

　投資の世界には「すべての卵を一つの籠に入れるな」（"Don't put all your eggs in one basket."）という有名な格言があります。1つの籠にすべての卵を入れていれば、その籠を落としたときに全部割れてしまいます。投資家も、現金、株式、債権、不動産などの投資対象のどれか1つに集中して投資していると、その価値が下落したときに大損するリスクがあります。**リスクに備えて分散投資することで資産の大幅な目減りを防ごう**というのが、ポートフォリオの考え方の前提です。

■ ポートフォリオの考え方

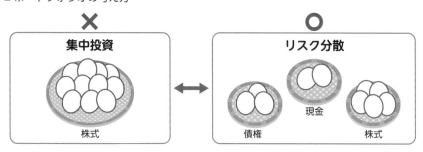

● IT投資ポートフォリオとは

　この考え方をIT投資に応用したのが、**IT投資ポートフォリオ**です。端的にいえば、特定の領域に偏って投資し続けていれば、会社の利益に反する結果に結びつくだろうから、バランスのよいIT投資を目指しましょう、ということです。IT投資ポートフォリオとは、**組織の利益を拡大するために、IT投資テーマを最適な比率で組み合わせること**ととらえることができます。

　IT投資ポートフォリオの管理を行うことの狙いは、経営の視点で全社的なIT戦略の最適化を行うことです。とくにグループ会社やグローバル拠点を数多く持っているような企業グループでは、IT投資ポートフォリオの管理を行うことの重要性は高いといえます。

　下図は、世界各国のエグゼクティブ向けのMBAプログラムにも取り入れられているIT投資ポートフォリオのモデル図です。このモデル図はIT投資ポートフォリオの考え方の1つで、**ITポートフォリオピラミッド**と呼びます。

　なお、このITポートフォリオピラミッドは、ポートフォリオの概念をより具体的に理解していくために紹介するもので、この図のとおりのIT投資の青写真を作ることが望ましい、という意味ではありません。

■ ITポートフォリオピラミッド

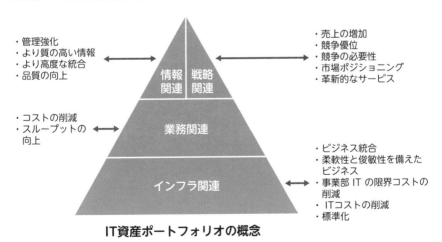

　・管理強化
　・より質の高い情報
　・より高度な統合
　・品質の向上

　・売上の増加
　・競争優位
　・競争の必要性
　・市場ポジショニング
　・革新的なサービス

情報関連｜戦略関連

　・コストの削減
　・スループットの向上

業務関連

　・ビジネス統合
　・柔軟性と俊敏性を備えたビジネス
　・事業部ITの限界コストの削減
　・ITコストの削減
　・標準化

インフラ関連

IT資産ポートフォリオの概念

（出典：ピーターウェイル、マリアン・ブロードベンド「ITポートフォリオ戦略論」(2003年)）

● IT投資ポートフォリオとマネジメントの目的

ITポートフォリオピラミッドでは、マネジメントの目的を基準にIT投資を4つに分類し、この4つの区分ごとに投資内容や目的を管理していきます。

次の表に示すように、ITポートフォリオピラミッドの考え方では、各ポートフォリオの区分に、経営戦略のレベルで達成するべきマネジメントの目的が対応しています。この考え方で重要なのは、**何のためにIT投資ポートフォリオを設定するのか**ということです。ポートフォリオを設定する目的は、企業の経営戦略を実現し、業績を上げることです。そのためには、マネジメントの目的と、IT投資の案件ひとつひとつを必ず結びつけて検討することが重要です。それを比較的容易にする方法の1つが、ポートフォリオ区分をマネジメントの目的という基準で分類して管理する方法と考えられます。

■ITポートフォリオピラミッドの区分とマネジメントの目的

ポートフォリオ の区分	マネジメントの目的	具体例
インフラ関連IT	・ ビジネス統合 ・ 柔軟性と俊敏性を備えたビジネス ・ 事業部ITの限界コストの削減 ・ ITコストの削減 ・ 標準化	全社的に共有化されたITサービスを提供するもの。 例）ネットワーク、大型コンピューター、共有データーベースの管理など
業務関連IT	・ コストの削減 ・ スループットの向上	基本的で反復の多い業務を処理・自動化することを目的としたIT投資。 例）注文処理、在庫管理、売掛金や買掛金の管理システムなど
情報関連IT	・ 管理強化 ・ より質の高い情報 ・ より高度な統合 ・ 品質の向上	マネジメント管理、意思決定、戦略策定、コミュニケーションなどを支援するIT投資。 例）品質管理、経営者情報システム、ナレッジマネジメントシステムなど
戦略関連IT	・ 売上の増加 ・ 競争優位 ・ 競争の必要性 ・ 市場ポジショニング ・ 革新的なサービス	競争優位を得るため、または市場シェアや売上高拡大によって企業のポジショニングを獲得するためのIT投資。

（出典：「ITポートフォリオ戦略論」の情報をベースに具体例を加筆）

● 業種による投資配分の違い

　IT投資ポートフォリオを設定するとき、それぞれのポートフォリオの投資配分やそもそも会社全体の経費の中でIT投資にどのくらいのウエイトをかけるかは、企業によってさまざまです。業種や業態によってITがビジネスに貢献する度合いも違えば、戦略上の目的も異なるため、IT投資の青写真も変わってくるためと考えられます。

　次の表は、世界主要企業140社を対象にIT投資ポートフォリオの投資配分の実態を調査した結果の集計データです。

■ 業種別IT投資ポートフォリオにおける投資配分

	投資配分（%）			
	情報関連	戦略関連	業務関連	インフラ関連
金融業（7）	12%	20%	14%	54%
製造業（98）	21%	12%	13%	54%
小売業・輸送業　（21）	17%	17%	14%	52%
情報・サービス業*　（14）	26%	11%	18%	45%
合計（140）	20%	13%	13%	54%

＊サービス業には専門・科学・技術サービス、ヘルスケアサービス、公共サービス、宿泊・飲食サービスを含む
（出典：「ITポートフォリオ戦略論」より一部抜粋。データは調査当時の2000-2001年時点のもの）

　このデータを見ると、戦略関連への投資配分がもっとも高いのが金融業で、製造業や小売業などは戦略関連への投資配分はあまり高くないことがわかります。

　また、そもそもIT投資にどのくらいの投資額を投入するかも業種によって違いがあります。次の表は、売上高と経費に占めるIT投資額の割合を示したものです。このデータを見ると、小売業ではIT投資に費やしている投資額が売上高の1.3%、経費の1.4%であることに対し、金融業では売上高の3.5%、経費に占める割合は5.2%であり、金融業ではIT投資にかなりのウェイトをかけて投資していることがわかります。そして、金融業の次にIT投資への投資比率が高く、かつ戦略関連への投資配分が高いのは情報・サービス業です。

■ 業種別のIT投資額の割合

	IT投資額の割合 (%)	
	売上高に占めるIT投資額の割合	経費に占めるIT投資額の割合
金融業 (7)	3.5%	5.2%
製造業 (98)	2.2%	2.5%
小売業・輸送業 (21)	1.3%	1.4%
情報・サービス業* (14)	2.0%	2.0%
合計 (140)	2.1%	2.5%

＊サービス業には専門・科学・技術サービス、ヘルスケアサービス、公共サービス、宿泊・飲食サービスを含む
（出典：「ITポートフォリオ戦略論」より一部抜粋。データは調査当時の2000-2001年時点のもの）

　これらのことから、金融業やサービス業では、他の業種と比べてIT投資とビジネスの成果との間に強い関係性があることがうかがえます。もちろん、小売業でも戦略的IT投資がビジネスの成果に与える影響は少なくないのですが、小売業のような売上高と仕入価格との差額が少ないビジネスモデルでは、限られた年度の経費予算の中から一度に多額のIT投資を実行することが難しいということかもしれません。

　このようにIT投資ポートフォリオを具体的にどう設定するかは業種・業態により違いが見られるため、自社のIT投資ポートフォリオを検討する際には、業種別のデータを見て、同業他社の傾向を参考にすることも有益です。

● IT投資ポートフォリオの例

　先に紹介したIT投資ポートフォリオのモデルではIT投資を4つの区分にわけていましたが、次の図のようにさまざまな区分のわけ方が考えられます。

　また、ポートフォリオの数についても2つ以上、何個設定してもかまいません。基本的には、企業が自社の状況や経営戦略に応じて、管理しやすいように自由に決定するものです。ただし、何十区分にも細分化しすぎると管理が煩雑になるので、多くても数区分程度にするとよいでしょう。

■IT投資ポートフォリオの例

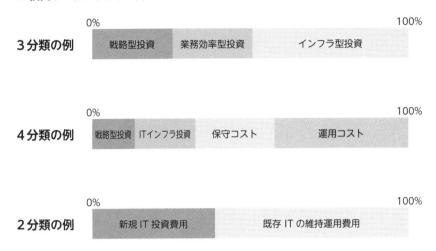

● IT投資ポートフォリオの管理とは

　IT投資ポートフォリオは、作っただけで、そのとおりのIT投資を実現できる
わけではありません。理想のIT投資を実現するためには、IT投資ポートフォリ
オと実際のIT投資を照らし合わせて、実際のIT投資がポートフォリオに近づ
くようにコントロールしていくことが必要です。これを**IT投資ポートフォリ
オの管理**といいます。また、IT投資ポートフォリオの管理を含む全社的なIT投
資の管理全体のことを**IT投資マネジメント**と呼ぶこともあります。

　IT投資ポートフォリオの管理とは、**経営戦略を実現するために、将来、IT投
資を最適な組み合わせに持っていくよう管理すること**です。現状のITコストの
構造を正しく把握したあと、目標とするポートフォリオをベースに投資の閾値
（しきいち）を決めて、新規投資を評価し、全体を管理していきます。つまり、
新しく稟申される個別のIT投資案件を事前評価するときに、もしこの投資案件
が実行されたら、目標とするポートフォリオが崩れないかどうかをチェックし
ていくのです。ポートフォリオを管理するときに用いる閾値のことを**ハードル
レート**ともいいます。目標とするポートフォリオが崩れないようにハードルを
設けておくということです。

● IT投資ポートフォリオの管理の例

ポートフォリオは設定した時点では、あくまで「将来」の青写真です。たとえば、下図のように「新規のIT投資」と「既存のIT運用維持費」の2つの区分でポートフォリオを設定していたとしましょう。投資配分として、「新規：既存」を「40%:60%」と設定したとします。この場合、「40%:60%」という投資配分は、将来実現すべきポートフォリオであって、現在は、その投資配分とはギャップのある状態にあります。そのギャップを埋めるためには、将来に向けてなんらかの手を打っていく必要があります。つまり、各部門から申請されてくるIT投資案件を吟味して、望ましい投資案件を選択、実行していくプロセスを通じて、徐々に「40%:60%」に近づけるようコントロールしていくのです。

■ IT投資ポートフォリオ管理のイメージ

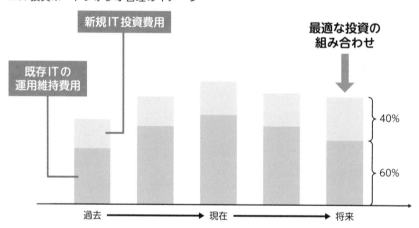

また、IT投資ポートフォリオの管理でコントロールするのは、投資配分のみではありません。ITコストは、何のコントロールもしなければ、通常、総額がだんだん増えていきます。もし、現在のITコストがポートフォリオからギャップがある場合、総額も目標を目指してコントロールしていく必要があります。そのためには、過去からの推移を分析して、なぜ好ましくない方向にITコストが変化しているのかの理由を分析することも重要です。

◉ IT投資マネジメントの成熟度には段階がある

　以上までのところで、IT投資ポートフォリオの管理とはどのようなことかを見てきました。ここまで読み進めてこられた読者の中には、「自社ではこのような管理をまったくしていないけど大丈夫なのか…？」と感じられた方も少なからずいらっしゃるのではないでしょうか。IT投資ポートフォリオの管理のようなIT投資マネジメント活動は、最初からすべての企業で広く行われているわけではなく、段階的に成熟していくという考え方があります。

　次の表は、GAO（米国会計検査院）が提唱しているIT投資マネジメントの成熟度を表すモデルです。IT投資マネジメント活動を「個別プロジェクト志向」で行っている未成熟な段階から、より「企業全体の視点／戦略志向」で行っている成熟した段階まで、5段階で成熟度が上がっていくことを示しています。

■ IT投資マネジメントの成熟度モデル

	成熟度	概要
企業／戦略志向	ステージ5	組織は、選択–制御–評価のプロセスをマスターし、他の優秀な組織と IT投資プロセスのベンチマークをすることで、戦略成果の実現を図ろうとしている
	ステージ4	IT投資プロセスの内、成熟した選択、制御の技法を維持しつつ、IT投資のプロセスとポートフォリオの改良ノウハウの評価に焦点をあてている
	ステージ3	適切な評価基準を有し、統合され、発展を続ける選択–制御–評価プロセスを維持している投資プロセスを用い、良く洗練された IT投資ポートフォリオを開発している
	ステージ2	便益とリスクに関する基準と投資対象プロジェクトを選定する際の組織としての優先度についての認識能力を有している。経営幹部による判断はプロジェクト単位に行われる
個別プロジェクト志向	ステージ1	場当たり的で、体系化されておらず、予測不能な投資プロセスというのがこのステージの特徴である。一般的にプロジェクトの成功／失敗と他のプロジェクトの成功／失敗とはほとんど関連がない

（出典：GAO the U.S Government Accountability Office 米国会計検査院）

　このモデルに従うと、ステージ3以上に達した企業では、IT投資ポートフォリオを開発、管理しているということになります。ステージ3の定義となっている「よく洗練されたIT投資ポートフォリオを開発している」状態とは、もう

少し具体的にいうと、次のような条件をクリアし、何らかのIT投資マネジメントのフレームワークを構築している状態と解釈できます。

- ✔ IT投資の評価基準が制定され、文書化されている
- ✔ 評価基準は全社的に統一、標準化されている
- ✔ IT投資案件の事前評価〜事後評価の一連のプロセスが整備され、運用されている
- ✔ IT投資ポートフォリオが作成され、プログラム視点での投資案件の選択、評価が行われている

　もし、自社では、個別のIT投資プロジェクトの事前評価を担当者レベルで稟申し、都度、CIOや経営者が決裁することを繰り返しているだけ、という状況であれば、まだステージ1かステージ2の段階にいると考えられます。

　なお、ステージ3とステージ4の違いは、一度、構築したIT投資マネジメントのフレームワークやIT投資ポートフォリオを定期的に見直し、改善する活動をマネジメントサイクルに組み込んでいるか否かという点です。

　さらにステージ4に加えて、ある程度の期間、マネジメントサイクルを回してプロセスを進化させ、ベストプラクティスを紡ぎだして他部署に横展開することまでできていれば、ステージ5と考えられます。

　GAOの提唱するこの成熟度モデルはなかなか秀逸なのですが、日本の企業は、残念ながらまだステージ1かステージ2の段階にいることが多いです。

　これからIT投資ポートフォリオの管理に取り組んでいくことを考えていく場合、まずステージ3を目指して、IT投資評価のフレームワークの構築と運用をスタートするとよいでしょう。

| ステージ5：戦略的革新の実現 |
| ステージ4：IT投資プロセスの継続的改善 |
| ステージ3：IT投資ポートフォリオの開発 |
| ステージ2：IT投資基盤の構築 |
| ステージ1：IT投資に対する認識の醸成 |

まとめ

▶ IT投資ポートフォリオの管理とは、組織の利益を拡大するために IT投資テーマを最適な比率で組み合わせ、目標に向けて管理すること

08 IT投資評価の実態と課題

世の中にさまざまなIT投資評価に関するフレームワークやベストプラクティスが存在しますが、それを実践できている企業はあまり多くないのが実情です。本節では、なぜ実践できないのか、実践するためにはどうすればいいのかを考察します。

● IT投資評価の実施状況

　以下のグラフは、経済産業省が平成28年度に実施した情報処理業務に関するアンケート調査において、「IT投資評価の実施状況」を質問したことで得られた回答をグラフで表したものです。

■ IT投資評価の実施状況

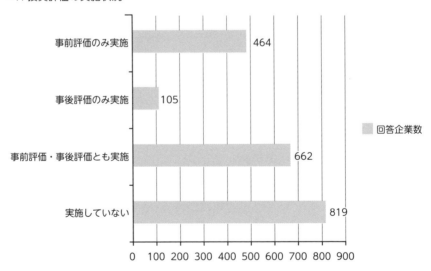

（出典：経済産業省の情報処理実態調査（平成28年度実施）の結果を基に作成。回答企業は国内企業2,050社）

このデータを見ると、IT投資の事前評価も事後評価も「実施していない」と回答した企業がもっとも多く、全体の約4割を占めることがわかります。また、「事前評価と事後評価とも実施」していると回答した企業も、全体の3割強しかいません。なお、通常、1社で複数のIT投資プロジェクトを並行で実施している場合にすべてのプロジェクトで事前、事後評価を実施しているかどうかは問われていないため、「事前評価と事後評価とも実施」していると回答した3割強の企業が、常に「事前評価・事後評価とも実施」しているとは限りません。

● 事後評価を実施しない理由

IT投資の結果、期待する効果が得られているかどうかは、本来、経営者がもっとも気にするところです。しかしながら、前述のグラフからは、事後評価だけは少なくとも実施するという企業は、事前評価のみを実施する企業に比べてずいぶん少ないこともわかります。

なぜ事後評価が確実に行われないのでしょうか。別のアンケート調査において、事後評価を行っていないと回答した企業の担当者にその理由を尋ねた結果、次のような理由が挙げられています。

- ✔本番稼働開始直後は、バックログの解消に追われ、システム導入後の事後評価まで手が回らない
- ✔そもそも誰も事後評価を求めない（ユーザー部門、システム部門の怠慢）
- ✔システム導入前の効果の定量化が不十分なため、導入後の効果と比較できない
- ✔責任の所在が不明確である
- ✔概してシステムの社内ユーザーの評判が悪いので事後評価の実施を躊躇する
- ✔やっても評価されない、など

このような「できない理由」の数々には、事後評価のやり方の問題、組織的な問題、心理的なハードルなど、さまざまな課題が入り混じっているようです。

これらさまざまなできない理由の背景、根本原因の1つに、何のために事後評価を行うのか、つまり事後評価の意義が関係者間で十分共有されていないことがあるようです。

◉ 事後評価を実施することの意義

　いつまでたっても事後評価が行われない状況を打開するためには、もっとも望ましいのは、P.032で解説したITガバナンス体制を導入することです。しかし、ITガバナンス導入という大がかりな話までいかなくとも、1つ視座を上げて、経営の視点で、何のために事後評価を実施するのかを考え、関係者間で共有するだけでも状況は好転すると思います。なぜならば、**事後評価のアウトプットは、必ず次の誰かの仕事のインプットになる**ものだからです。

　たとえば、商品販売サイト導入の事後評価の結果、目標としていた売上高を達成していなかった場合、経営者は、業績を回復するために何らかの手を打つ意思決定をしなければならず、営業部門の担当者は、別の販売網を探すなど、IT以外の手段で売上を拡大するアクションをとらなければならないかもしれません。また、システム部門の担当者は、早急にシステム運用コストを削減して、少しでも投資対効果を改善しなければならないということも考えられます。

　あるいは、事後評価の結果、販売サイトからの売上目標を十分に達成していて、システムのパフォーマンスもよかったとしても、安穏としていいわけではありません。そのうまくいった経験値を会社としてのベストプラクティスに昇華させ、次のプロジェクトに活かしていくことが重要です。

　IT投資評価の事後評価のアウトプットは、必ず、会社の状況をよくするための何らかの取り組みへのインプットになります。その取り組みは、会社の業績の向上、企業の競争力の強化につながります。事後評価の担当者は、次の取り組みへの有意義なインプットになるような事後評価を目指したいものです。

■ 事後評価のアウトプットは必ず次の誰かの仕事のインプットになる

● IT投資評価を実施することの難しさ

IT投資プロジェクトの事後評価がなかなか浸透しないということのほかにも、IT投資評価が現場に根づくことを困難にしているハードルがあります。それは、IT投資の評価を適切に行うこと自体の難しさです。

IT投資評価を適切に行うためには、ITに関する知識と経営の視点の両方が必要なことに加え、次のようなIT投資評価の難しさとその解決方法を知っておくことが、よいIT投資評価を実施することにつながります。

①投資額を正しく把握することの難しさ

IT投資の評価を行うためには、まず評価対象とするプロジェクトなり、事業部なりの「ITコスト」の総額を把握する必要があります。この「ITコスト」の算定というステップが実は少し曲者です。

まず、そもそもどういう費目がITコストにあたるでしょうか。漠然とコンピューター関連費用とは思うものの、会社の中でかかっている費用のうち、どこからどこまでをIT関連とみなせばよいのでしょうか。

さらに、明らかにITコストだとみなせる費用でも、そのうち、どこまでを投資額として算入する必要があるのか、という問題もあります。たとえば、開発プロジェクトの要員コストを算出するとき、外部の協力会社の要員のコストであれば、請求書が送られてきますので、容易に金額を把握できるかもしれません。しかし、社内の要員の人件費はどうやってどこまで算入すればよいのでしょうか。

どうやらITコストの総額を把握することは、目の前に見えている請求書をかき集めて合算すればよいという単純な話ではなさそうです。ITコストの把握については第2章の「IT投資額の算定」で考え方を整理します。

②投資効果を定量評価することの難しさ

商品販売サイトの構築のような戦略型のIT投資では、期待する効果は売上金額や販売機会の増大であり、効果額を金額換算して設定しやすいものです。では、機器更新やセキュリティー投資などのインフラ投資の場合はどうでしょうか。これらの投資から期待する効果を定量的[*1]に評価すること、たとえば金額

---

*1)「定量的」とは、状況や状態を具体的な数値で表現することを意味します。IT投資の効果を定量的に評価する場合でいえば、「年間〇〇円の売上が増大する」や、「納期が〇〇日短縮する」というように何らかの計数で効果を表す場合のことを指します。

換算して評価することはできるのでしょうか。それともユーザー満足度評価のような定性的[*2]な評価指標でのみとらえられるものでしょうか。

　企業活動の中で、大半を占めているのはインフラ型と業務効率型のIT投資でありながら、それらの投資案件の「効果額」をどのように定量化したらよいのかがわかりづらいことが投資評価を困難にしている課題の1つかもしれません。

　結論からいうと、インフラ型・業務効率型のような売上金額に直結しないタイプの投資であっても、定量化して効果額を把握することは可能です。定量化して効果を設定、測定することで、投資対効果をプロジェクト間で比較可能なものにすることができます。したがって、効果の測定指標は、できる限り定性的な指標のみに偏らないようにすることが望ましいといえます。

　売上金額に直結しないような投資案件の効果額の算定方法について詳しくは、第3章、第4章で明らかにしていきます。

③複合効果を切りわけることの難しさ

　商品販売サイトのような新規システムを導入したあと、商品の売上が増加したとき、それは新システムのおかげなのか、営業マンの努力の結果なのか、その切りわけをどう考えたらよいのか、という問題もあります。仮に、新システム導入後、売上が20%増えたとして、そのときに、広告宣伝費をかけたことや販促活動の強化などを同時に行っていれば、売上増加額20%のすべてをIT投資の効果額として算定してしまうと、IT投資の効果を過大に見誤ってしまうことになってしまいます。

　この複合的な因果関係で効果を上げているケースについては、第3章のIT-BSCのところで、解決のヒントを探ります。

④投資効果の持続期間をどう考えるか

　従来、手作業で行っていた業務をIT化したときの人員削減の効果を評価するケースも多いと思います。このとき、削減効果をいつまでカウントしてよいのか、ということも、しばしば評価者を悩ませる課題です。システム導入の翌年まででしょうか。それとも永久にカウントしつづけてよいのでしょうか。

　業務コストの削減効果の評価方法については、第3章のABC/ABMのところ

---

*2)「定性的」とは、定量的とは逆の概念で、「数値・数量で表せないさま」（大辞泉）を意味します。IT投資の効果を定性的に表す場合でいえば、「企業イメージの向上」とか「従業員の満足度が上がった」などのように数値化しづらい種類の効果を「言語表現」で示すこととととらえてもらえばよいです。

でスタンダードな考え方を確認していきます。

■ IT投資評価実施の課題

投資額を正しく
把握するのが難しい

→ 第2章で解説

投資効果を
定量評価するのが難しい

→ 第3章、第4章で解説

複合効果を切りわける
のが難しい

→ 第3章で解説

投資効果の持続時間をいつまで
カウントするのかが難しい

→ 第3章で解説

まとめ

▶ **IT投資プロジェクトの事後評価ができていない企業は多いが、事後評価のアウトプットを会社の業績をアップする取り組みにつなげることが大切**

攻めのIT と守りのIT

　あなたの会社のIT投資は、「攻め」重視ですか？それとも「守り」重視ですか？

　経済産業省が東京証券取引所と共同で2015年から行っている「攻めのIT経営銘柄」（Competitive IT Strategy Company）という企業選定制度をご存知でしょうか。戦略的なIT活用を積極的に行っている企業を公募し、毎年、すぐれた企業を注目企業として選出し、認定する制度です。近年の審査では、ROEのような経営指標よりも、IoT、ビッグデータ解析やAIなどの先進的なIT投資への取り組みをしているかどうかが重視されるようになってきました。

　「攻めのIT」とは、製品やサービスの開発を強化するなどの目的で戦略的に行うIT投資のことで、「守りのIT」とは、業務効率化やコスト削減といった目的で行うIT投資です。電子情報技術産業協会（JEITA）によるアンケート調査では、米国の経営者がIT投資でもっとも重視すると回答したのは、攻めのITであるのに対し、日本の経営者が重視している第1位は、突出して「守りのIT」でした。

■ ITに対する期待 （IT予算が増える理由）

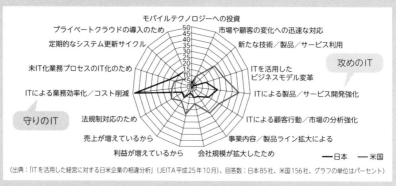

（出典：「ITを活用した経営に対する日米企業の相違分析」（JEITA平成25年10月）、回答数：日本85社、米国156社、グラフの単位はパーセント）

　攻めのIT、守りのITどちらも重要なのですが、このような「攻めのIT」と銘打った制度がスタートした背景には、日本の経営者の意識が大きく「守りのIT」に偏っている実態を少しでも変えたいという政府の思いがあるのかもしれません。攻めのITは、経営戦略の実現を目的に行われる投資であり、とくに中長期的に企業を成長させるための重要な手段であることを考えると、日本の経営者にも、もう少し積極的に戦略型の投資を増やす意識を持ってほしい気もしますね。

　さて、今年はどのような企業が「攻めのIT経営銘柄」として選ばれ、どのような取り組みが戦略型投資として注目されるのでしょうか。

投資額の算定

IT投資を評価するための重要なステップの1つが「投資額」の算定です。投資額の算定を担当する人誰もが抱える悩みに、「どこまでを"ITコスト"として算入すればよいのか？」という問題があります。第2章では、投資額を算定するときに正しい判断をするためのポイントを紹介します。

09 投資額の試算方法

IT投資の投資対効果を評価するための第1のステップは、投資額を算定することです。本節では、新規のシステム導入プロジェクトの投資額の算定に関する基本的な考え方と留意点を確認します。

● 投資額の算定

投資額の算定とは、以下のような分母分子で投資対効果をとらえるなら、分母の「投資額」の部分を算定するステップです。

投資対効果 ＝ $\dfrac{効果額}{投資額}$ ← まずは、ここを正しく算定する

　投資対効果を正しく評価するには、分母の「投資額」を漏れなく適切に算定する必要があります。「投資額」の算定と聞けば、単にIT投資に費やした金額を合計すればよいように思われるかもしれません。しかし、これが一筋縄ではいきません。皆さんの企業では、投資額として分母に算入するためのITコスト、つまりITに関わる支出項目を網羅的に管理し、把握できているでしょうか。何を投資額の算入対象に含めばよいのかは自明のことでしょうか。

● 新規導入プロジェクトの投資額の算定

　IT投資評価の目的にもいろいろありますが、もっとも経営にインパクトを与える度合いが大きいのが、新規システム導入プロジェクトの事前評価です。大規模なプロジェクトであれば、複数の見積もり担当者がそれぞれ担当領域の費用を見積もって、PMが最終的に合算してまとめるのが一般的かと思います。そのときに、各見積もり担当者がバラバラな考え方で費用を見積もっていたら、

プロジェクト全体の投資額の見積もり精度は低いものとなってしまう可能性があります。では、投資額を正しく見積もるにはどのような点に留意すればよいのでしょうか。

IT投資の事前評価としてプロジェクトの投資額を算定する場合、**新規導入にかかるイニシャルコスト（初期費用）とランニングコストを合算**してプロジェクトの総コストを見積もって、投資額とします。

ここで留意したいのは、ランニングコストの見積もりでは、システムをいつまで利用するかの利用年数も見積もり、**システムを利用し終えるまでの年数分のランニングコストを算入**することです。

投資額 ＝ イニシャルコスト ＋ （年間ランニングコスト×利用年数）

● システムのライフサイクルコスト

投資額には、システムを構築してから利用し終えるまでのすべてのコストを算入します。この構築から利用し終えるまでの期間のことを**システムライフサイクル**といいます。いわば、システムの寿命のことだととらえてください。

上記の投資額の計算式では、単純化のために初期構築時のイニシャルコストにランニングコストの利用年数分を加算するとしましたが、厳密には、システムの**ライフサイクルの中で予定されるすべてのイベントにかかる費用**を加えます。これを**システムライフサイクルコスト**と呼びます。システムライフサイクルコストのイメージを次ページの図に示しました。

たとえば、ライフサイクルを7年で見積もったシステムにおいて、機器のリース期間の満了時である4年目に機器のグレードアップをするならば、ライフサイクル期間の途中で**更新コスト**が発生することになります。その場合、機器更新にかかるコストを見積もって、総コストに加算します。

また、どんなシステムも寿命を迎えたときに廃棄する必要が出てきます。そのための**廃棄コスト**も見積もって加算します。廃棄コストとは、廃棄する機器

の撤去費用や賃借ビルから撤去したあとの原状回復費用などです。もし廃棄するソフトウェアや媒体に機密情報が保存されている場合、それを安全に廃棄するためのデータ消去の処理費用も廃棄費用に組み込んでおいたほうがよいケースもあります。

あとほかに、機器やソフトウェアを購入して自社の資産とする場合、耐用年数を迎えるまでの間、**減価償却費用**が発生します。ただし、減価償却費は会計処理上の費用で実際のキャッシュアウトを伴わないため、事前評価におけるプロジェクト費用の試算とはわけて考えてもかまいません。

■ ライフサイクルコストのイメージ

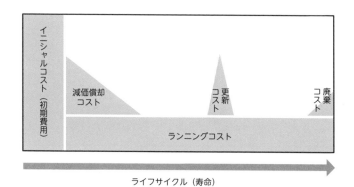

ライフサイクル（寿命）

● イニシャルコストの費用項目例

では、投資額の見積もり方法を具体例で見ていきましょう。まずイニシャルコストです。次の表は、新規にシステムを開発して導入する場合の一時費用の費用項目の例です。これはあくまで一例で、他にもいろいろな項目わけの方法や表記の仕方があります。プロジェクトのケースによっては該当しない費用項目もあります。

イニシャルコストの算定を行うときには、個別のプロジェクトによってケースや見積もり項目がさまざまになることが多いため、作成したプロジェクト見積もりの項目と標準的なイニシャルコストの費用項目とひととおり照らし合わせて、必要な費用項目が算定対象から漏れていないか、チェックするとよいで

しょう。

■ イニシャルコストの費用項目例

分類	費用項目	内訳
ハードウェア費用	機器購入費	コンピューター 周辺機器 その他
	設置費用	
ソフトウェア費用	機器購入費	OS ミドルウェア
	パッケージソフト購入費用	
アプリケーション構築費用	企画・設計費用 コンサルティング費用 開発費用	
ネットワーク構築費用	機器購入費 構築費用	ネットワーク機器 設定費用
移行コスト	運用移管費	
	教育訓練費	ユーザマニュアル作成 トレーニング
	設備費（新設／増設費）	電源 空調

● イニシャルコスト見積もり時の留意点

　大規模なプロジェクトになるほど、見積もり担当者が1人ですべての費用項目を見積もることが難しくなり、必要なコストが投資額の算入対象から漏れるリスクも大きくなります。漏れなくイニシャルコストを算定するためには、評価対象のプロジェクトに関連するものをすべて算入しているか、という目で検証することが重要です。

　たとえば、取引先との受発注システムという業務アプリケーションを新規開発するケースを考えてみます。仮に受発注システムのすべての機能を自社開発し、一切パッケージを使わないのであれば、上記の表の「パッケージソフト購入費用」を算定対象にすることは不要です。しかし、受発注システムのうち、伝票データを取引先に伝送する機能の部分をEDI[*1]パッケージで実現するのであれば、その購入費用を「パッケージソフト購入費用」もしくは「ミドルウェア」

---

*1) EDIとは、企業が取引先と商品やサービスを受発注するときに、注文書や出荷票などの伝票類をデータ交換（ELECTRIC DATA INTERCHANGE）という方法を用いてやりとりするしくみのことです。

の購入費用として算定対象とする必要があります。

　移行コストの中の「設備費」も、個別の開発プロジェクトのイニシャルコストとしては、結果として不要となるケースが多いのですが、本当に不要かどうか確認することは重要です。たとえば、受発注システムのために数多くのサーバー群を設置することによって、既存のマシンルームの電源容量を超えるため電源設備を増設するなら、電源増設費用の増設費用をイニシャルコストとして加算する必要があります。

■ 受発注システムの構成イメージ

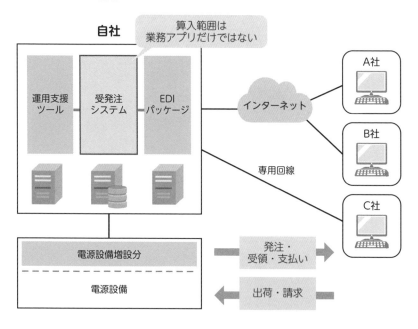

　このように、イニシャルコストに例示されている費用項目には、算入する必要がある場合とない場合があり、その判断にはそれぞれの専門領域での知識も必要になってきますので、**必要な項目に算入漏れがないかどうか、および逆に過大に算入していないかの両面で、見積もり担当者とは別の人が再チェックする**とよいでしょう。

● 移行コスト見積もり時の留意点

イニシャルコストの費用項目について、わかっていても漏らしてしまいがちな項目、もしくは項目には含んでいるものの、見積もりが甘くなりがちな項目があります。それが**移行コスト**です。

移行コストとは、開発フェーズが終了し、本番リリースまでの間に必要となるコスト全般ととらえてください。移行コストには、機器の設置費用のようにキャッシュアウトするものと、キャッシュアウトは伴わないものとがあります。キャッシュアウトを伴わない費用の代表的なものは「運用移管費」、すなわち開発チームから運用チームに業務移管するための費用です。具体的には、本番稼動開始後に運用要員が使用する業務運用やシステム運用に関わるマニュアルの作成とその引き継ぎ作業がおもな中身です。

移行コストの見積もりで注意したいことは、たとえ社内の要員同士で運用移管を行う場合でも、「運用移管費」を明示的にコストとして見積もっておくことです。そうしなければ、いざ運用フェーズに入った時に必要な引き継ぎが省略されてしまったり、運用マニュアル類のドキュメンテーションが不十分になってしまったりすることが往々にしてあります。それが、本番フェーズに入ってからの障害発生の原因になることも少なくありません。

IT投資プロジェクトの事前評価は、要求定義フェーズ前後で行われることを考えると、その段階で「運用移管費」のような不確定要素の多い費用を高い精度で見積もることは難しいかもしれませんが、**不確定要素が多いのならば、そのリスクを見込んだ見積もりをしておくこと**をお勧めします。とくにIT投資プロジェクトの稟議を通すことを目的にイニシャルコストを見積もる場合、つい初期費用の総コストを低く見せたいという心理も働き、運用移管費のような項目の見積もりが甘くなることがありますので、ここはあとあとのリスクをよく考えてしっかり算定をしたいところです

● ランニングコストの費用項目例

さて、次にランニングコストについても、イニシャルコストと同様、プロジェクトに必要な費用項目を洗い出し、試算していきましょう。次の表は、ランニ

ングコストの費用項目の一例です。

■ ランニングコストの費用項目例

分類	費用項目	内訳
機器費用	レンタル用 リース料 ハードウェア保守料	コンピューター 周辺機器 ネットワーク機器
ソフトウェア費用	ソフトウェア保守契約料	OS ミドルウェア ユーティリティ
運用費	人件費	アプリケーション保守開発費 システム運用管理費 データエントリー費、など
	外注経費	外注派遣要員人件費 運用業務委託料 処理サービス料、など
ネットワーク費用	ネットワーク回線利用料	
設備費用	マシンルーム利用料 電力使用料、など	
その他	消耗品費 補修費 移送費 その他諸経費	

　ランニングコストの評価においては、このような標準的な費用項目と照らして重要な漏れがないかをチェックするとともに、ひとつひとつの費用項目の見積もり金額が妥当かどうかを慎重に評価することが重要です。なぜなら、ランニングコストは、イニシャルコストと違い、毎年システムのライフサイクル全体にわたってかかる費用であり、小さな誤差と思っていてもライフサイクル全体で評価したときに大きな金額的インパクトを持つこともあるからです。

● 投資額の試算例

　イニシャルコストとランニングコストの算出方法のポイントを押さえたうえで、次にIT投資プロジェクトの全体コストの算出方法を具体例で確認しておきたいと思います。この例ではライフサイクルを5年と見ていますが、より変化

の早い分野であれば、ライフサイクルを3年と見る場合もあります。その場合は、年間のランニングコストに3年を乗じて考えます。

　ここでのポイントは、IT投資プロジェクトの実行可否判断をするようなときに、**ランニングコストを単年度だけで考えないこと**です。ランニングコストを何年分見積もるかによって、費用対効果の試算結果は変わってくることもあり、実行可否の判断さえ左右されることもあります。

■ 投資額の試算例
□イニシャルコスト (単位：百万円)

費用項目	金額
ハードウェア構築費用	23.0
ソフトウェア構築費用	22.8
アプリケーション構築費用	36.2
ネットワーク構築費用	7.5
移行コスト	12.0
合計	101.5

□ランニングコスト (単位：百万円)

費用項目	金額
ハードウェアリース料・保守料	2.4
ソフトウェア保守契約料	5.8
運用費（人件費・外注経費）	18.6
ネットワーク回線利用料	2.2
設備費用、その他	1.1
合計	30.1

□システムのライフサイクル
　5年

□プロジェクト総コストの試算例
　（計算例）101.5百万円 + 30.1百万円 × 5年 = 252.0百万円

まとめ

▶ 投資額はイニシャルコストとシステムのライフサイクル期間中のランニングコストと更新コストや廃棄費用も含めたコストの総額ととらえる

10 クラウド環境利用の場合の考え方

近年、IT投資プロジェクトにおいてクラウド環境の利用が活発になってきたことで、従来とは異なる考え方で投資額の試算を行うケースも増えてきました。本節では、クラウド環境を利用したIT投資を評価するうえでの留意点を整理します。

● クラウド利用のメリット

クラウド利用の場合の個別の論点に入る前に、そもそもクラウドに関する基礎概念をいくつか整理しておきたいと思います。

クラウドの利用が大きな広がりを見せているのは、企業はクラウド利用により、おもに次のようなメリットを享受することができるためと考えられます。

- ✔ 自社ではインフラ構築のための要因を抱えておかなくてよい
- ✔ 少ない初期費用で信頼性の高い環境をスピーディーに導入できる
- ✔ 需要の急激な変化にも柔軟に対応できる
- ✔ BCP（事業継続計画）の有益な手段となりうる
- ✔ 「所有」から「借用」に変えることで経営上のメリットがある

● クラウドのサービス形態による3分類

クラウド環境は、クラウド事業者から提供を受けるサービス形態の違い、もしくはクラウドコンピューティングのレイヤー（層）の違いによって、次の表のように IaaS、PaaS、SaaS の3つに分類することができます。

■ サービス形態によるクラウドの分類

分類名称	意味	イメージ
IaaS (Infrastructure as a Service)	ユーザーがクラウド業者からインフラ部分のサービス提供を受けるもの。インターネット経由で仮想サーバー環境や共有ディスクなどのサービスを利用することが一般的	キャンプ場やキッチン付のゲストハウスを借りて、食材や調味料を持ち込んで好きなように料理して食べる
PaaS (Platform as a Service)	IaaSに加えて、OSやミドルウェア環境を含む、アプリケーション実行用のプラットフォームまでサービス提供を受ける形態	料理教室で、すでに下ごしらえの済んだ食材や備付の調味料を使って、短い時間で調理して食べる
SaaS (Software as a Service)	ソフトウェアの機能をインターネット経由で必要な期間だけ必要な量を利用するサービス形態。電子メールやグループウェア、業務用アプリケーションパッケージなどをユーザー側で導入せずに利用できる	レストランでの食事。すべて料理された状態で提供され、必要なものを必要なだけ注文すれば、すぐに食べられる

⦿ クラウドの契約形態による分類

　さらに、クラウドは契約形態の違いによっても、いくつかの種類に分類されます。プライベートクラウドには、「所有型」と「借用型」があり、どちらを利用するかによって、会計処理上の扱いが異なります。

■ クラウドの契約形態による分類イメージ

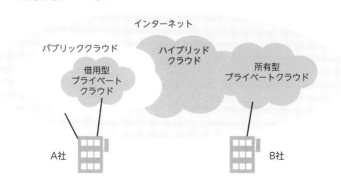

■ クラウドの契約形態による分類

分類	意味
パブリッククラウド	1つの「公共の」クラウド環境を不特定多数のユーザーで相乗りして借用する形態。低コストで利用できる反面、サービスレベルはすべてのユーザーで同一で、自社独自のカスタマイズや運用変更はできない
プライベートクラウド（借用型）	クラウド事業者の所有するクラウド環境の一部を自社で占有して利用する形態。自社独自のシステム構成やセキュリティの強化などが自由にできる。「ホスティング型」、「ホステッド型」ともいう
プライベートクラウド（所有型）	ハードウェア、ソフトウェアともに自社の資産として購入して環境構築し、利用する形態。「オンプレミス型」ともいう。所有型クラウドの場合、会計処理は、自社購入の場合と同じ扱いとなる
ハイブリッドクラウド	パブリッククラウドとプライベートクラウドの利点を組み合わせた形態。 たとえば、機密性の高いシステムはプライベートクラウドで構築し、それ以外のシステムをパブリッククラウドで構築すると、全体のコストパフォーマンスを上げられる

● クラウド利用の場合のイニシャルコストの取り扱い

　自社でサーバーなどのITリソースを購入せずに、100％クラウド環境を利用してシステム構築した場合、初期構築のコストをどのように考えればよいでしょうか。

　たとえば、新規に販売管理のアプリケーションを自社開発して導入するときに、インフラ部分をプライベートクラウドでIaaS環境を利用して構築した場合、サーバー構築費用はどこに算入すればよいでしょうか。サーバー購入相当額をイニシャルコストに算入すべきでしょうか。それとも、サーバーにかかる費用を全額、ランニングコストに算入してよいでしょうか。

　もし初期構築フェーズにおいて、機器設置のための費用やコンフィグ設定費用などの**一時費用が一切かからないのであれば、全額、ランニングコストに算入してよい、というのが原則的な考え**です。たとえ、初期構築において何億円ものハードウェアを自社占有で導入した場合でも、構築費用相当分をすべて月額利用料としてクラウド事業者へ支払うのであれば、すべてランニングコストと考えることができます。

　ただし、「原則的な考え」としたのは、プライベートクラウドには、「オンプレミス型（所有型）」と「ホスティング型（借用型）」があり、オンプレミス型で構築した場合、会計処理上の扱いが自社購入の場合と同じになるケースがありうるためです。所有型のクラウドで初期構築した場合は、機器やソフトウェアなどの取得費用を資産として計上し、減価償却を行うことになります。特定のIT投資プロジェクトの投資額を算定するという目的では、クラウド環境の会計処理上の扱いが「費用」なのか「資産」なのかをとくに意識する必要はありません。しかし、全社的なIT資産ポートフォリオの管理を行う立場の方は、クラウドならすべて費用扱いというわけではなく、所有型のプライベートクラウドでは資産扱いされるケースがあることを知っておくとよいでしょう。

● ランニングコストでのクラウド利用料の取り扱い

　次に、ランニングコストとしてのクラウドの利用料をどこに分類して管理するかの話です。ここにも、多くの方が悩む論点があります。

　たとえば、ランニングコストの費用項目を大きく「機器費用」、「ソフトウェア費用」、「運用費」、「その他」の4つに分類していた場合、クラウド事業者への月額利用料は、このうちのどこに分類すればよいのでしょうか。

■ クラウド事業者への月額利用料はどこに分類される？

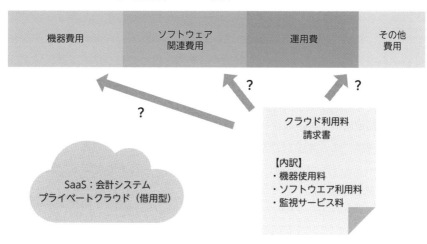

クラウド事業者からは、毎月、クラウド利用料の請求書を受け取っていますが、機器使用料、ソフトウェア使用料、監視サービス料がすべて合算されており、金額ベースでの内訳がわかりません。金額の内訳がわからない以上、「機器費用」か、「ソフトウェア費用」か、「運用費」あたりのどれかに一括で乗せてしまうか、それとも、それぞれに三等分して計上するか、あるいは「その他」に入れるか…悩ましいところです。

クラウド利用料は、P.064の表で示したランニングコストの費用項目でいえば、**運用費の外注経費の中の処理サービス料として管理する**ことが1つの解です。仮に機器のレンタル料が金額的ウェイトの大部分を占めるような場合、本来、機器費用である性質の費用を「運用費」に分類することに違和感がある方もおられるかもしれません。そのような場合は、機器費用に分類して管理することも間違いではありません。ただ、3種類の費用の金額的なウェイトがいちばん高い費目に分類するという方針で管理する場合、将来、その金額的なウェイトが変わったときに分類先を変更しなければなりません。クラウドは処理のピークに応じて柔軟に利用量を変更できることが特徴と考えれば、将来的な金額ウェイトの変化で分類を頻繁に変更しなくてよい管理方法のほうがよいでしょう。

● クラウド利用の場合のライフサイクルコストのイメージ

前節でライフサイクルコストのとらえ方をお伝えしたときは、オンプレミスですべてを構築することを前提にしていましたが、クラウド環境でシステムを構築する場合は、ライフサイクルコストのとらえ方も変わってきます。

クラウドで構築する場合、初期費用がかからない分、ランニングコストの絶対額が多くなる傾向があり、更新コストや廃棄コストといったイベントの費用が月々の利用料の中に吸収され、まとまった一時費用として発生しなくなることなどが特徴です。オンプレミスの場合でもクラウドの場合でも、システムのライフサイクル（寿命）を通じて、すべてのイベントとそのコストを管理することが重要である点は同じです。

■ オンプレミスとクラウドでのライフサイクルコストのイメージ

オンプレミスで構築する場合のライフサイクルコストのイメージ

ライフサイクル（寿命）

クラウドで構築する場合のライフサイクルコストのイメージ

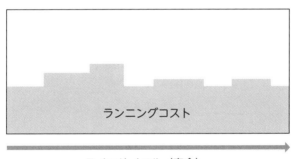

ライフサイクル（寿命）

まとめ

▶ クラウド利用の場合、イニシャルコストが発生せずすべてランニングコスト扱いとなるが、所有型のプライベートクラウドでは、会計処理上の扱いは自社購入の場合と同じ資産扱いとなるケースがある

11 ITコストの分類管理

本節では、IT投資の投資額の算入対象にするべき費用のことを「ITコスト」ととらえ、ITコストを正しく把握するための費用項目の分類管理の基本的な考え方をいくつかの分類例を通じて確認します。

● ITコストを分類管理することの意義

IT投資の投資対効果を適切に評価するためには、「投資額」を正しく評価することが欠かせません。もし投資額に参入するべきコストが漏れていれば、投資額を過小評価することになり、それは投資対効果を過大評価することにつながります。投資額を適切に評価するためには、社内のIT資産に対して、どのような費用項目でITコストが発生しているのかを網羅的に把握しておくことが望まれます。そのためには、ITコスト、すなわち年間で会社が支出している情報システム関連の費用項目を体系的に分類管理することが役立ちます。

本節では、投資額を正しく評価するためにITコストを分類管理するときのポイントをいくつかの分類例を通じて解説します。

● 新規投資／既存運用費での分類例

次ページに示した費用項目の分類例は、会社の中のすべての情報システムのコストを新規IT投資費用か既存のITの維持運用費用かで2つに大別したのち、さらに投資内容によって「アプリケーション」、「インフラ」、「情報システム付帯」、「運用費」と分類した例です。

このように整理することで、新規導入するときに担当者がイニシャルとランニングコストを見積もるのに必要な費用項目が漏れていないかの確認がしやすくなります。

■ 新規投資／既存運用費で分類した例

<table>
<tr><td rowspan="15">全情報システムコスト</td><td rowspan="5">新規IT投資費用</td><td rowspan="2">アプリケーションシステム</td><td>自社開発アプリ</td><td>自社社員費用
外部委託費用</td></tr>
<tr><td>外部アプリ</td><td>アプリ購入
社員費用
外部委託費用</td></tr>
<tr><td>ICTインフラ</td><td colspan="2">サーバーマシン、ストレージ、ネットワーク、端末系、ミドルウエア</td></tr>
<tr><td>情報システム付帯</td><td colspan="2">オフィス機器、電源空調設備、土地家屋、ユーティリティ、消耗品、データ類購入、保険料、など</td></tr>
<tr><td rowspan="10">既存IT運用維持費用</td><td rowspan="4">既存アプリケーションシステム</td><td colspan="2">自社資産償却費用</td></tr>
<tr><td>自社資産保守料</td><td>自社社員費用
外部委託費用</td></tr>
<tr><td colspan="2">借用資産使用料</td></tr>
<tr><td>借用資産保守料</td><td>自社社員費用
外部委託費用</td></tr>
<tr><td rowspan="2">既存ICTインフラ</td><td>HW/SW使用料</td><td>サーバーマシン、ストレージ、ネットワーク、端末系、ミドルウエア</td></tr>
<tr><td colspan="2">HW/SW保守料</td></tr>
<tr><td rowspan="2">情報システム付帯</td><td>オフィス機器</td><td>償却費用、借用費用、保守費用</td></tr>
<tr><td colspan="2">電源空調設備、土地家屋、ユーティリティ、消耗品、データ類購入、保険料、など</td></tr>
<tr><td rowspan="3">運用費用</td><td>自社社員費用</td><td>システム管理、コンピューター運用、ネットワーク運用、端末系運用、ヘルプデスク運用、データ入力作業</td></tr>
<tr><td colspan="2">外部委託費用</td></tr>
<tr><td colspan="2">アウトソーシング費用</td></tr>
</table>

● どこまでがITコストなのか

　前述の表で例示した費用項目をご覧になっていかがでしょうか。電源空調設備や土地家屋などもITコストとみなして管理されているでしょうか。

　ITコストを定義し費用項目の分類をする際に気をつけなければならないことは、**コンピューター関連のコストだけがITコストではない**ということです。なぜならば、IT投資の定義のところでお話したとおり、システムを運用維持す

るうえでなくてはならないものにかかるコストは、すべてIT投資の一部であり、ITコストだからです。たとえば、コピー機などの「オフィス機器」や、マシンルームに設置される作業机などの什器も、それが評価対象であるシステムを稼働するうえで欠かせないものであれば、投資額の一部をなすITコストです。あるいは、自社のマシンルームが賃貸ビルの一室であり、賃料が発生しているなら、「土地家屋」にかかる費用もITコストとみなす考え方もあります。

● 年間のIT支出に着目した分類例

次の表は、経済産業省の「情報処理実態調査」[*1]の中で、アンケートの協力企業に前年度のIT関連の年間支出額を質問するときに設定されている費用項目を一覧にしたものです。ここに示された費用項目は、多くの一般的な企業に共通するITコストの費用項目でもあるので、自社で管理する費用項目の体系を検討するうえで参考にすることができます。

この調査で使用されているITコストの分類方法では、情報システムにかかる全コストが「ハードウェア関連費用」、「ソフトウェア関連費用」、「サービス関連費用」、「その他費用」の4つに大きく分類されています。

■ 情報処理実態調査の費用項目

大分類	中分類	小分類	具体例
ハードウェア関連費用	コンピューター・周辺機器関連費用	コンピューター・周辺機器関連支出	電子計算機本体(汎用コンピューター、パソコン、サーバーなど) 印刷装置(プリンター、プロッターなど) その他(スキャナー、OCR、ハブ、ルーター、端末装置など) 外部記憶装置(DVDドライブなど) 表示装置(ディスプレイなど)
		その他	各機器のレンタル/リース料 機器の導入に伴う諸掛

*1) 資本金3000万円以上、および従業者数50人以上の民間事業者を対象に5000社前後の企業から回答を得た結果が経産省のWebページにて公開されています。同業他社の水準との比較のベンチマークとして利用してもよいでしょう。

ハードウェア関連費用	通信機器関連費用	通信機器関連支出	固定電話機 FAX、PBXなどの交換機 ラジオ、テレビ受信機 デジタルカメラ 携帯電話機 携帯情報端末 ビデオ機器 ICレコーダ マイクなど
		その他	各機器のレンタル／リース料 機器の導入に伴う諸掛
	その他の情報機器関連費用	その他の情報機器関連支出	コピー機（複合機を除く） 電気計測機 理化学機械器具 分析機 試験機 計量機 医療用機械器具など
		その他	各機器のレンタル／リース料 機器の導入に伴う諸掛
ソフトウェア関連費用	ソフトウェア関連費用		パッケージソフト 委託開発費 自社開発ソフトなど
	その他		無形固定資産として計上されない ソフトウエア ソフトウエアのレンタル／リース料
サービス関連費用	処理サービス料		SaaS、ASP使用料など
	運用保守委託料		運用保守の業務委託料
	情報セキュリティ関連専門サービス料		情報セキュリティポリシーなどに関する策定支援 情報セキュリティの技術支援、評価、脆弱性診断 情報セキュリティ監査 情報セキュリティに関する教育研修 情報セキュリティに関する監視・モニタリング 情報セキュリティインシデント・事故対応 情報セキュリティインシデントに関する証拠保全（フォレンジック）など
	その他サービス関連支出		データ作成／入力費 教育・訓練費用 外部派遣要員人件費など

	通信関連支出	通信回線の年間使用料
	人件費関連支出	システム部門などの社内要員人件費
その他 費用	その他支出	コンピューター室の借室料 償却費 電力料 共益費または補修費 消耗品費 輸送費 データセンターの利用料

● 情報処理実態調査での4分類の金額的ウェイト

　次のグラフは、経済産業省の「情報処理実態調査」の結果からわかる1企業あたりの年間IT関連支出額を表したものです。

　この年度の集計結果で、4分類の金額的なウェイトを見てみると、「ハードウェア関連費用」が18.6％、「ソフトウェア関連費用」が41.4％であり、ハードウェアとソフトウェアの費用が全体の6割程度を占めていることがわかります。従来はハードウェア関連費用のウェイトがもっとも高かったのですが、近年、ハードウェアとソフトウェアの費用の比率が逆転しました。

　第1章でお話ししたIT投資ポートフォリオの管理をするときに、この比率は参考になりそうです。自社のITコストをこの分類に合わせて集計してみて、どこかのカテゴリーが突出して高くなっていないか、あるいは低すぎないかなどの分析に利用してもよいかもしれません[*2]。

■ 情報処理実態調査での年間IT支出額

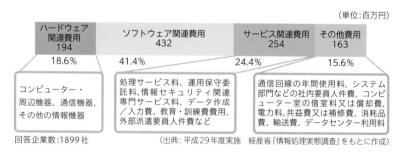

（単位：百万円）

ハードウェア 関連費用 194	ソフトウェア関連費用 432	サービス関連費用 254	その他費用 163
18.6%	41.4%	24.4%	15.6%

コンピューター・周辺機器、通信機器、その他の情報機器

処理サービス料、運用保守委託料、情報セキュリティ関連専門サービス料、データ作成／入力費、教育・訓練費費用、外部派遣要員人件費など

通信回線の年間使用料、システム部門などの社内要員人件費、コンピューター室の借室料又は償却費、電力料、共益費又は補修費、消耗品費、輸送費、データセンター利用料

回答企業数：1899社　　（出典：平成29年度実施　経産省「情報処理実態調査」をもとに作成）

*2) 情報処理実態調査の支出金額には、コンピューター・周辺機器関連とソフトウェア関連費用、およびコンピューター室の設備に関する「当期減価償却費」が含まれています。減価償却費は、会計処理のうえで費用計上する費用であって、実際にキャッシュアウトを伴う費用ではないためキャッシュアウトする費用だけを管理対象にしている場合の金額と比較するときは留意が必要です。

○ 情報処理実態調査の4分類からの検討

　経産省の情報処理実態調査でのITコストの費用項目は、カテゴリーごとにかなり細かい内訳まで示されており、必要な費用項目を漏らさないという意味ではわかりやすく構成されたことが伺えます。ただ、この分類方法は、あくまでアンケート調査として支出額を網羅的に把握するために設定された分類であり、そのまま日常のITコストの管理に採用するとなると、少しやりづらい点も出てきます。

　たとえば、システムの運用に従事している人件費はどのように把握すればよいでしょうか。外部の要員に運用保守を委託している費用は、「運用保守委託料」であり、社内の派遣要員にかかる費用は「外部派遣要員人件費」です。これらは「サービス関連費用」に分類されていますが、システム部門の社内要員の人件費は、「その他費用」に分類されています。システムの運用にかかる費用を把握するにも必要に応じて複数のカテゴリーから費用を合算して把握する必要があります。

　ネットワーク関連のランニングコストが毎年どのくらいかかっているのかを知りたい場合はどうでしょうか。情報処理実態調査の項目分類では、「通信回線の年間使用料」は「その他費用」に含まれています。ネットワーク機器のリース料は「ハードウェア関連費用」に含まれ、ネットワーク監視用ソフトウェアの保守料は「ソフトウェア関連費用」、ネットワーク機器の設定費用は「サービス関連費用」といったように多くのカテゴリーに分散しています。それらの費用項目を足し算して初めてネットワーク関連の費用が把握できます。

■ 情報処理実態調査での分類方法をそのままITコストの管理に採用するのは難しい

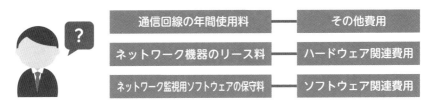

通信回線の年間使用料	その他費用
ネットワーク機器のリース料	ハードウェア関連費用
ネットワーク監視用ソフトウェアの保守料	ソフトウェア関連費用

　このように、情報処理実態調査での分類方法をそのままコスト管理の枠組みに採用すると面倒な作業が発生することはありそうです。

● ITコストの費用項目の分類例

　ならば、どうすればよいのでしょうか。ITコストの費用項目の分類は、自社がどのようなITコストを重点的に管理したいのかを明確にし、その管理目的によって設計すればよいということになります。

　たとえば、前ページで述べたネットワーク関連費用と人件費を把握しづらいという課題をクリアしたいのであれば、下図のように5分類にする方法も考えられます。

■ ITコストの5分類の例

　ネットワーク関連のランニングコストを「ネットワーク費用」、システムの運用に従事している人件費を「運用費」として計5分類としています。

　ITコストの費用項目の分類方法に決められたルールはありません。**自社のビジネス形態や管理目的に応じて、管理しやすいように分類方法を決める**ことがポイントです。同じ種類のコストをグルーピングして費用項目に漏れがないように管理するとよいでしょう。

● IT資産管理によるIT資産の見える化

　本節の最後に「IT資産管理」についても触れておきたいと思います。たとえ費用項目を網羅的・体系的に整備できたとしても、サーバーやPCなどのIT資産が何台、どこにあって、どんなソフトウェアが入っているか、漏れなく把握できていないと、会社全体のITコストを正しく把握できません。それを可能にするのがIT資産管理です。

　IT資産管理で難しいのが機器にインストールされているソフトウェアの管理

です。ハードウェアなら、何が何台あるか視覚的にすぐ確認できますが、ソフトウェアは、いちいち起動して中を見なければわからないため、管理に時間がかかります。従来は、エクセルなどで資産管理台帳を作って手作業で管理していましたが、最近は人手による管理の限界を迎え、IT資産管理ツールを導入する企業が増えてきました。ツールを使えば、機器のスペック情報やソフトウェアのバージョン情報などを自動収集してくれるため、管理台帳を更新する手間を大幅に削減できるメリットがあります。

■ IT資産管理によるIT資産の見える化

ただし、IT資産管理ツールを導入すればIT資産管理はOKではありません。ツールが管理対象にするのは、あくまでツールのエージェントがインストールされた機器のみです。休眠状態でロッカーに保管されている機器などもライセンス費用などのITコストが発生しているなら、定期的な棚卸作業などのタイミングで別途把握し、管理対象にする必要があります。

ツールを使うか否かに関わらず、**すべてのIT資産を台帳管理し、調達、移管、定期棚卸、廃棄にいたるまで、IT資産のライフステージのイベントごとに台帳を更新管理しておくことがポイント**です。そうすることにより、ITコストの算定対象を正しく把握できるだけでなく、知らない間にソフトウェアのライセンス違反をするリスクを避けることもできます。

まとめ

▸ **コンピューター関連だけがITコストではなく、投資額に算入するITコストの範囲は評価の目的と状況によって決まる**

12 機器費用算定上の留意点

本節では、とくに判断に迷うことの多い機器費用の取り扱いの例を通じて、「どこまでをITコストとみなして投資額に算入すべきか？」という問題の解決方法を考察します。

● ハードウェア関連費用とはどこまでか

ITコストをP.078の図のように「ハードウェア関連費用」、「ソフトウェア関連費用」、「ネットワーク関連費用」、「運用費」、「その他費用」の5分類で管理することにした場合、「ハードウェア関連費用」のうち、どのような機器の費用を「ITコスト」と考えればよいでしょうか。

まず、コンピューター本体や周辺機器の購入費用や保守費は間違いなくハードウェア関連費用でしょう。端末はどうでしょうか。サーバーに接続されている専用端末は含むとして、オフィスの事務用パソコンは含むのでしょうか。OA機器として使っているコピー機やFAXはどうでしょうか。

■ ハードウェア関連費用の内訳の例

ハードウェア関連費用	ソフトウェア関連費用	ネットワーク費用	運用費		その他費用

コンピュータ	周辺機器	付帯設備	PC購入費	N/W機器費用	コピー機FAX	その他OA機器	記録媒体	・・・
← どこまで？ →					？	？	？？	

＊付帯設備とは、マシンルーム空調や電源設備、消火設備など、コンピュータ機器の運用に付帯する設備

どこまでを ITコストとしてのハードウェア機器とみなすかは、IT投資評価の実務のうえで、非常に悩む人が多いのも実情です。たとえば、コピー機の場合、まったく同じ機種でもサーバーと接続してプリンターとして使用している

ものもあれば、スタンドアローンでOA機器として使っているものもあります。プリンターならばITコストで、スタンドアローンのコピー機はOA機器だからITコストではない、という判断になるでしょうか。その場合、何がハードウェア機器の判断基準になるでしょうか。IPアドレスの有無でしょうか？

● ITコストか否かの判断基準

「ハードウェア関連費用」の内訳を明示して社内で共有するためには、「何をITコストに計上するハードウェアとみなすか？」を定義しなければなりません。しかし、**ハードウェアの定義を誰にとっても納得いく形で一意に細かく定義することは不可能**です。

なぜなら、ITコストとして計上すべきハードウェアは、IT投資を評価する人と状況によって異なるからです。たとえば、ある人は、IT投資プロジェクトの実行責任者の立場で、プロジェクト事前評価を行うためにハードウェアの投資額を算定する場合、自分のプロジェクトで使用するサーバーやパソコンなどの機器が算定対象になるかと思います。しかし、またある人が、全社的なITコストの管理者の立場で、ハードウェアの維持管理費用の削減をするために現状のハードウェア資産にかかっている全コストを算出する必要がある場合、サーバーやパソコンなどの機器だけでは不十分です。

このように**何をハードウェア関連費用に含めるかは、評価する人の立場と評価の目的によって異なってくる**ため、各カテゴリーの費用項目の内訳には、どんなケースでも含める項目以外はあえて細かく定義する必要はなく、投資評価の目的に応じてピックアップできるようにしておけばよいと思います。

● 機器費用の算定例その1　特定プロジェクトの損益管理の場合

次の図は、特定のIT投資プロジェクトの損益の評価として機器にかかる費用を算定する場合、どこからどこまでをプロジェクトのハードウェア関連の投資額に算入するかを示した例です。投資額算定の目的は、特定のプロジェクトの原価となる機器費用を算定することです。したがって、そのシステムが本番稼動中に使用するハードウェアの費用を算入することが望ましいといえます。

この例では、「コンピューター」、「周辺機器」、「コンソール端末購入費」のほかに、付帯設備として「専用電源」、「専用空調増設費」が算入対象となっています。このケースで注意が必要なのは、付帯設備にかかる費用です。このプロジェクトのサーバーや周辺機器を設置するために、専用のマシンルームの区画を用意し、専用の電源設備や空調設備を増設するならば、その費用も当プロジェクトの投資額として算入する必要があります。

この例での「何をITコストとして算入するかどうか」の判断基準は、**プロジェクトの直接費用かどうか**です。

■ プロジェクト損益管理として機器費用を算定する場合

直接費						間接費				
コンピュータ	周辺機器	コンソール端末購入費	付帯設備				エンドユーザ用PC	コピー、FAX	・・・
			専用電源増設費	専用空調増設費	共用の電源設備	共用の空調			

ITコストとみなす機器費用

評価の目的	特定の投資案件のプロジェクトの損益管理のために、当該プロジェクトの原価となる機器費用を算定したい
前提条件	・新規でシステムを構築・導入するプロジェクト ・プロジェクト専用の電源と空調を使う ・端末は既存のパソコンを使用するため購入なし
考え方	機器をプロジェクトの「直接費」と「間接費」に分類し、「直接費」に分類されるものをITコストとみなす
「ITコスト」とみなす基準	プロジェクトの直接コストであるか否か

●機器費用の算定例その2　情報資産の機器費用の場合

もう1つ、機器費用を算定する別のケースを考えてみたいと思います。次の図は、情報資産の棚卸をすることで不要な機器を洗い出し、全社で削減できるITコストを算出する場合の例です。

この例では、機器費用の算出対象は、「コンピューター」、「周辺機器」、「PC購入費」、「コピー機、FAX」、「OA機器」、「記憶媒体」となっています。これら

を算出対象とする判断根拠は何でしょうか。評価の目的は、全社の「情報資産」の棚卸による不要機器の洗い出しです。したがって、判断基準はその**機器が情報資産**かどうかです。

そもそも「情報資産」って何？と迷ったら、データを保存できる機器かどうかと考えていただければと思います。電源や空調もITをサポートする重要なハードウェアではありますが、このケースにおいては「情報資産」には該当しないため、除外しています。

■ 情報資産の棚卸として削減対象の機器費用を算定する場合

情報資産						非情報資産			
						付帯設備			・・・
コンピュータ	周辺機器	PC購入費	コピー機、FAX	OA機器	記録媒体	空調設備	電源設備	・・・	

⟵　ITコストとみなす機器費用　⟶

評価の目的	全社の情報資産を棚卸して不要な機器を洗い出し、ITコストの削減余地を算定したい
前提条件	周辺機器に含まれるプリンター、コピー機、FAX、OA機器にもデータ保存機能がある
考え方	機器を「情報資産」と「非情報資産」に分類し、「情報資産」に分類されるものをITコストとみなす
「ITコスト」とみなす基準	「情報資産」であるか否か

ここまで、「ハードウェア関連費用」をどこまで投資額に含めるかは、評価をする人や状況によって異なることを見てきました。「ソフトウェア関連費用」や「運用費」などについても、機器費用と同様、評価の目的と「ITコスト」とみなす基準を明確にしてから、具体的な投資額の算定に入るとよいでしょう。

まとめ

▷ **何をハードウェア関連費用に含めるかは、投資評価の目的で判断すればよい**

13 社内人件費算定上の留意点

本節では、機器費用と並んで判断に迷うことの多い社内人件費の取り扱いの例を通じて、「どこまでをITコストとみなして投資額に算入すべきか?」という問題の解決方法を考察します。

● 「社内人件費」とはどこまでか

　もう1つ判断に迷うことの多い費用項目に**社内人件費**があります。IT投資評価でいう「社内人件費」とは、**システムの運用維持管理に従事するすべての社内要員のことであり、派遣要員などの社外の要員を除くすべての要員の費用**だと考えてください。社内人件費は、投資額の算定のときだけでなく、業務改善型のシステム投資の効果額の算定でも重要な指標となるため、しっかり考え方を押さえておきたいところです。

　経済産業省の情報処理実態調査の費用分類では、「社内人件費」という費用項目があり、「その他費用」というカテゴリーに分類されています。「社内人件費」と一言でいっても、さらにその内訳は、システム部員やヘルプデスク要員、利用部門のIT担当、エンドユーザーなど、いろいろ考えられます。

■社内人件費の範囲

| システム部員 | ヘルプデスク要員 | IT担当 | エンドユーザー |

社内人件費と言ってもいろいろな人がいる

　では、社内のどういう人の人件費までをITコストとみなせばよいのでしょうか? まず、システム部門の要員の人件費は、ITコストの最たるものとして異

論はないでしょう。しかし、CIOはどうでしょうか。日本では明確にCIOを置いていない企業も多いため、IT担当役員と言い換えたほうがよいかもしれません。IT担当役員の人件費をITコストとみなすべきでしょうか。あるいは、パソコンの資産管理をする要員はどうでしょうか。パソコンの機器選定とインストール作業はシステム部門の要員が行うけれども、パソコンに資産管理番号シールを貼ったり現物棚卸をしたりする作業を他の固定資産と一緒に総務部の人が行っているような場合、総務部の人件費はITコストなのでしょうか。

■ 社内人件費の内訳の例

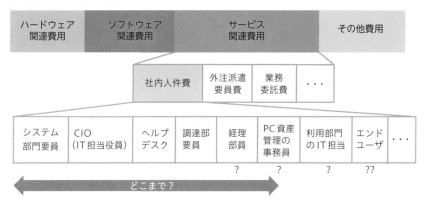

● 社内人件費に算入するか否かの判断基準

社内人件費のうちどこまでをITコストに算入するかについても、機器費用と同様、IT投資評価を行う人の立場と何を目的に投資額を算定しようとしているかによって異なります。

たとえば、特定の新規システム導入プロジェクトの投資対効果を評価する一環で、社内人件費を算出する場合、導入に携わった社内の要員の工数をすべて合算するのが妥当と考えられます。しかし、たとえば全社的なITポートフォリオ管理の一環でITコストとしての全社の人件費をとらえる場合、個々の導入プロジェクトに関与している要員の人件費だけでは不十分です。

このように**IT投資評価の目的に沿って、算入対象とする費用項目を合理的な理由とともに特定していく**とよいでしょう。

● 人件費は対応工数で算定する

　ここまでは、機器費用をどこまで算入するかを検討するプロセスと考え方は同じですが、人件費の場合はさらに考慮点があります。

　機器費用の場合は、1台とか2台とかのように、ハードウェア1筐体をさらに細かく分割して考えることはありませんでしたが、人の場合は、常に要員1名、2名という単位で投資額に算入できるとは限りません。要員1名で複数の業務を担当している場合、算入対象となる要員を特定したあと、その要員の人月単価を100％算入してしまうと、実態より過大に評価することになってしまいます。

　したがって、**人件費は、「対応工数」、つまり評価対象のシステムに従事する時間数という単位で考える**のが基本です。

$$\text{社内人件費} = \underset{\substack{\text{評価対象システムに} \\ \text{従事する時間数}}}{\text{対応工数}} \times \text{要員の時間単位}$$

　なお、「社内人件費」には、評価対象のシステムを稼働させるために必要なすべての社内要員の対応工数を正確に積算して算入することが望ましいですが、あらかじめ特定のシステムへの対応工数が正確にわからない場合は、想定、約束事で概算を計算するのが一般的です。たとえば、「この人は1か月のうち6割、このプロジェクトに関与する人である」という想定であれば、0.6人月という形で係数化し、それに要員の時間単価を乗じて人件費を算出します。

● 社内人件費の算定例その1　特定プロジェクトの損益管理の場合

　では具体的に、社内人件費に含める費用項目の範囲が評価目的によって異なる例を見ていきましょう。

　次の図は、特定のIT投資プロジェクトの損益の評価として社内人件費を算定する場合に、どこからどこまでをプロジェクトの社内人件費に算入するかの考え方を示した例です。投資額算定の目的は、特定のプロジェクトの原価とみなすべき社内人件費を割り出すことです。

■ 特定プロジェクトの損益評価として社内人件費を算定する場合

直接費				間接費				
プロジェクトに関する外注経費など	システム部要員（運用管理・保守開発の社内SE）	ヘルプデスク		CIO	PC資産管理の事務員	エンドユーザ	・・・
		専用ヘルプデスク要員	共用ヘルプデスク要員（PC操作など）				

⟵ ITコストとみなす機器費用 ⟶

評価の目的	特定のIT投資プロジェクトの事後評価として、保守開発費用、運用費用となる社内人件費を算定する場合
前提条件	プロジェクト専用のヘルプデスクを設置している
考え方	評価対象システムの保守・運用に直接従事する要員の対応工数を直接費、それ以外を間接費と分類し、直接費を「ITコスト」とみなす
「ITコスト」とみなす基準	評価対象システムの保守・運用を担当する社内要員か否か

　上図の例では、「システム部要員」と「ヘルプデスク」の要員のうち「専用ヘルプデスク要員」分を「社内人件費」とみなしています。

　「システム部要員」の人件費のうち、評価対象としているシステムの保守開発、運用管理に従事している要員の対応工数相当分を算入します。

　この例で少し注意が必要なのが、「ヘルプデスク」です。ヘルプデスクは窓口を一本化していろんな種類の問い合わせを一括で受けたのち、問い合わせの内容によって対応する要員をわけていることも多いと思います。この例では、評価対象とする業務システムの操作は専門的な知識が必要であるために専用ヘルプデスク要員を置いているケースです。この場合は、専用ヘルプデスク要員の人件費のみを算入し、パソコンの操作などの一般的な問い合わせへの対応を行う別の共有ヘルプデスク要員の人件費は除外します。

● 社内人件費の算定例その2　全社のITコストとして算定する場合

次に「社内人件費」を算定する別のケースも考えられます。次の図は、IT投資ポートフォリオ管理の一環で、全社のIT資産の管理にかかる総コストを洗い出す目的で、社内人件費を算定する場合の考え方を示した例です。

この例では、「社内人件費」に算入する対象は、「システム部要員」、「ヘルプデスク」、「PC調達・資産管理の事務要員」、「EUD」[1] としています。

これらを算出対象として区別する判断根拠は何でしょうか。このケースでは、評価の目的は、全社のIT資産の維持管理に関わるすべての社内要員の洗い出しです。したがって、判断基準は、自社のIT資産の構築、維持管理に関与している社内要員か否かです。

■ IT投資ポートフォリオ管理で全社のITコストを算定する場合

IT資産の管理に関わる要員					その他の管理要員		
システム部要員	ヘルプデスク	PC調達・資産管理の事務要員	エンドユーザコスト		経理部員	法務部員	・・・
			EUD	Futz			

ITコストとみなす機器費用

評価の目的	全社のIT投資ポートフォリオ管理として、人的な運用コストの比率を下げるために不要な管理工数を洗い出し、削減可能額を算定する
前提条件	全社のITコストをHW（ハードウェア）費用、SW（ソフトウェア）費用、運用費用の3分類で管理している
考え方	自社の従業員の中で、システムに関与しているすべての要員の人件費を「ITコスト」とみなす
「ITコスト」とみなす基準	自社のIT資産の構築、維持管理に関与している社内要員か否か

エンドユーザーコストについては、少し考慮が必要です。この例では、エンドユーザーコストのうち、EUD、つまりエンドユーザーで開発に携わっている利用部門の要員だけをITコストとみなして算入しています。IT資産の維持管理

---

[1] EUDとは、「エンドユーザー開発（End User Development）」のことで、利用部門のユーザー自身がシステムの開発業務を行います。

に関与している利用部門の要員コストのうち、Futz[2]のようなエンドユーザーが勤務中に遊んでいる時間も、本来、エンドユーザーコストに含むべきではありますが、この例は、そこまでエンドユーザーコストを厳密に考えない例としました。

また、「経理の事務員」についても、考慮の余地があります。機器の購入費用の支払い処理などの経理処理を行う人の工数も、本来、ITコストに含むべきですが、この例では、あえて除外としています。実務のうえでは、量的な重要性が低い、つまり、無視できるほどの工数であるため算定外とするというケースも考えられます。

「社内人件費」の中で、エンドユーザーコストやシステム部門の要員以外の部門をどこまで含むかは、自社の実情に合わせて柔軟に考えて決めるとよいでしょう。エンドユーザーコストの詳細については、次節で解説します。

● 内製／外注による要員コストの違い

IT投資プロジェクトに関連する「社内人件費」の最たるものは、システム開発などに従事しているエンジニア、つまりシステム部門の要員です。しかしながら、純粋に自社のシステム部門の要員だけでシステム開発や運用保守業務のすべてを担うことはあまり多くないのではないかと思います。とくに大規模なIT投資プロジェクトでは、社内要員のほかに、さまざまな契約形態と指揮命令系統の外部委託先の要員が入り混じった形でプロジェクト体制を組むことが一般的です。

この場合、システム開発や運用保守業務に関わる要員のコストは、システムを内製するか外注するか、また、外注する場合でも契約形態の違いにより、費用項目がわかれます。

次の表は、IT投資プロジェクトにおいてシステム開発や運用保守業務の一部を外部へ業務委託する場合の費用項目と契約形態、指揮命令系統を整理したものです。

---

[2] Futzとは、私用のメール作成時間や個人目的のインターネット閲覧時間など、勤務中に業務外のことを行うこと全般を指します。

■ 内製／外注による要員コストの費用項目分類

分類	費用項目	契約形態	指揮命令系統	例
人件費	社内人件費（システム部門など）	雇用契約	自社	・システム部門SE要員 ・利用部門のインフラ担当、EUC担当など ・調達部門の要員、など
外注経費	業務委託費	請負契約	供給元（ITベンダ側）	・システム運用委託費 ・システム開発委託費 ・コンサルティング費用、など
	外部派遣要員費	派遣契約	供給先（自社）	・常駐SE要員 ・常駐オペレーター ・データエントリー要員、など

　IT投資評価において、要員のコストを算定するときには、評価対象のプロジェクトで、どれだけの要員がどのような形で体制に組み込まれているかを一度、このような形で洗い出して整理することも有用です。なぜなら、業務部門に外部委託先の調達を任せているような場合、IT投資評価者が知らないところで、委託先の要員調達を行っていて、それが算入対象から漏れることがあるためです。たとえば、営業部門が販売管理システム開発プロジェクトの企画・構想段階で、営業戦略策定プロセスに関する上流コンサルティングを外部に委託していたなら、その費用も「業務委託費」に分類される「コンサルティング費用」の中に含める必要があります。

　IT投資プロジェクトにおける要員コストを算定するときには、社内人件費以外にも「業務委託費」、「外部派遣要員費」などの外注経費にも漏れがないようにすることがポイントです。

◯ プロジェクト管理のコスト

　大規模なIT投資プロジェクトでは、社内要員と外注要員が入り混じってプロジェクト体制が組まれることが多くあります。その場合に投資額の算入対象から漏れがちな要員コストについて、押さえておきたいポイントがあります。そ

れがプロジェクト管理のコストです。

たとえば、次の図のような開発プロジェクト体制でIT投資プロジェクトを実行するとします。

■ プロジェクト管理のコストの考え方

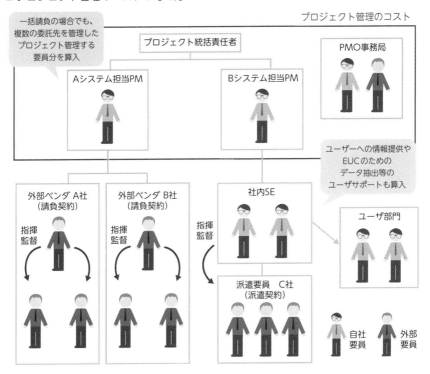

一括請負の場合でも、複数の委託先を管理したプロジェクト管理する要員分を算入

プロジェクト管理のコスト

プロジェクト統括責任者

Aシステム担当PM

Bシステム担当PM

PMO事務局

ユーザーへの情報提供やEUCのためのデータ抽出等のユーザサポートも算入

外部ベンダ A社
（請負契約）

指揮監督

外部ベンダ B社
（請負契約）

指揮監督

社内SE

指揮監督

ユーザ部門

派遣要員　C社
（派遣契約）

自社要員　　外部要員

このプロジェクトでは、開発する基幹システムがA、Bの2つのサブシステムにわかれています。AシステムをA社とB社に請負契約で外部委託しています。そして、Bシステム は、社内SEおよび、社内SEの指揮監督下で開発業務を担当するC社の派遣要員で行うという体制です。

まず外部ベンダA社との契約は請負契約ですので、A社の開発要員への指揮監督を行うのもA社の管理者です。したがって、A社に委託した システムのプロジェクト管理のコストは、A社に支払う業務委託費の中に含まれていると考えることができます。B社も同様、請負契約ですので、Aシステムのプロジェ

クト管理コストはB社との業務委託費の中に含まれます。

　なお、請負契約とは、委託先が完成した成果物に責任を持つ契約形態であるため、開発要員への指揮監督の責任は委託先側にあり、プロジェクト管理の責任も委託先側にあると考えます。

　次にBシステムの開発体制は、社内SEと派遣要員の混合型です。この場合、派遣要員が行う開発業務への指揮監督を行うのは、社内SEの役割になります。したがって、C社の派遣要員を指揮監督するSEの工数分も開発要員のコストに含めます。

　このようなプロジェクト体制の場合に、上記のような開発業務に直接従事する要員以外に**プロジェクトマネージメントのみを行っている要員のコストも要員コストとして算入する必要がある**ことに留意が必要です。

　たとえば、この例のようにAシステムは請負契約での外部委託先のみでシステム開発している場合でも、外部委託先が複数ある場合、複数の外部委託先を束ねる役割を持ったPM要員（プロジェクトマネージャー）を配置しているケースが多くあります。その場合、そのPM要員がAシステムの開発に直接関与していなくても、外部委託先を束ねる役割を担っているなら、プロジェクト管理のコストとして算入する必要があると考えます。

　また、Bシステムのように社内SEが開発業務を行っている場合も同様、プロジェクト管理を担当している要員のコストを算入します。

　さらに、PM要員とは別に、PMO（プロジェクトマネージメントオフィス）と呼ばれる事務局が設置されている場合、PMOのコストも要員コストに算入する必要があります。PMOとは、プロジェクト全体の進捗管理や内外の関係者との調整などを担っている人たちです。PMO事務局の要員コストを算入対象から漏らさないよう、留意が必要です。

　システム開発のプロジェクトの要員コストには、**開発SEのコストだけでなく、プロジェクト管理を担当する関係者全員の工数相当分を漏れなく算入する**ことがポイントです。

● 作業工数を表す単位について

　人件費を算定するときには、人の頭数を表す「人数」ではなく、「対応工数」

でカウントし、必要な作業工数に要員の時間単価を掛け算するのが基本であることは、これまでにお話してきました。しかし、人件費を算定する前に、その業務の作業ボリュームが「何人分ぐらいの業務量なのか？」を把握したい局面は多くあると思います。その場合の単位は「時間」ではなく、「人数」を表す単位であることが求められます。作業工数を人の単位で表す方法には、用途によりいくつかの種類があります。次の表に代表的なものをまとめました。それぞれ目的に応じて使いわけるとよいでしょう。

■ 代表的な作業工数を表す単位

単位（読み方）	意味	用途や用例
人時（にんじ）	ある作業を1時間で終えるのに必要な人数（1人時は1人で1時間かかる作業。2人なら30分で終わる作業も同じ1人時）	0.5人時、0.25人時というように1時間未満を小数点で表して使われることも多い。休憩時間なども考慮して正確に労働時間を評価したいときに用いるとよい
人日（にんにち）	ある作業を1日（通常8時間）で終えるのに必要な人数	プロジェクトや部署で一連の業務がどのくらいの作業量かを表すときに一般的によく用いられる
人工（にんく）	人日と同じ意味	もともとは建設業界で職人の工賃を表す用語。近年は建設業以外でも人日と同じ意味で使われることがある
人月（にんげつ）	ある作業を1ヶ月（通常20日間）で終えるのに必要な人数	1ヶ月は、休日を含まない労働日という意味で20日で換算することが多い。30日や31日ではないことに注意
FTE（エフティーイー）	人日をフルタイムの労働者に換算した人数。FTEは、フルタイム当量（Full Time Equivalent）の省略形	1日の所定内労働時間が8時間で、週5日働くことが標準の会社なら、1日8時間で週3日働く契約社員は、0.6FTE。1日6時間で週5日働く時短勤務者は、0.75FTEとなる。FTEを用いることで、勤務形態の違いを加味できる

■ まとめ

▶ 社内人件費の要員コストも評価の目的と状況により異なるが、プロジェクト管理のコストも忘れずに投資額に算入する

14 TCO (Total Cost of Ownership) とは

最近、「TCO」という言葉がメディアで何の解説もなく使用されることも多くなってきました。本節では、TCOのもともとの概念と投資額算定の実務で利用するうえでの留意点を押さえておきます。

● TCOとは

　TCOとは、Total Cost of Ownershipの略語で、直訳すると「所有することのコスト」です。もともと1990年代、アメリカの調査会社ガートナーグループが提唱したもので、一言でいえば**ITコストには所有に関する全コストを算定することが望ましい**という考え方です。たとえば、パソコンのITコストとは、パソコンの購入費用やソフトウェアのライセンス費用などの資産コストだけではなく、それは氷山の一角にすぎない、ということです。90年代、汎用コンピューター時代から分散型コンピューターに移行したことによって、エンドユーザーに関するコストが無視できなくなってきたことが背景にあります。

■ 目に見えるコストは氷山の一角に過ぎない

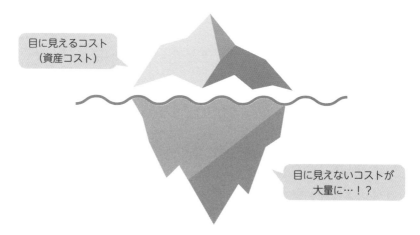

目に見えるコスト
（資産コスト）

目に見えないコストが
大量に…！？

● TCOの費用項目は4分類

　もともとガートナー社が提唱したTCOの考え方に従って、TCOとして定義される費用項目を示したのが次の表です。もともとのTCOの考え方では、ITコストは、「資産コスト」、「技術サポートコスト」、「管理のコスト」、「エンドユーザーコスト」の4つに分類されます。

■ TCOの費用分類

TCOの費用分類	費用項目
資産コスト	ハードウェア、ソフトウェアの購入原価、運用管理サポートツールなど
技術サポートコスト	ハードウェア、ソフトウェア、ネットワークのサポート、分散環境の運用管理、ヘルプデスク、データ管理、教育、エンドユーザーへの情報提供など
管理のコスト	方針策定と実行計画、会計と財務、組織の管理、IT資産の購買、IT資産の管理、契約、監査など
エンドユーザーコスト	サーバー管理、パソコン管理、EUD、IT研修、自主学習、Futz、ピアサポート、システム障害、自宅作業、電話サポート

　次に4分類それぞれの中身をもう少し詳しく見ていきます。

● 「資産コスト」とは

　資産コストとは、ハードウェアやソフトウェアの購入原価のことです。特定のアプリケーションシステムを構成するハードソフト以外にも、運用管理サポートツールのような共通基盤にかかるコストもすべて含めて考えます。IT投資プロジェクトのイニシャルコストを見積もるときに検討する範囲のコストと考えていただければ、比較的イメージはつきやすいかと思います。

● 「技術サポートコスト」とは

　技術サポートコストとは、システム部門の要員がIT資産に関わるサポート対

応をするコスト全般ととらえていただければよいかと思います。代表的には、システム障害が発生したときのサポート対応やヘルプデスク窓口を設けてユーザーからの問い合わせに対応するコストなどです。

　技術サポートコストの内訳の1つに「エンドユーザーへの情報提供など」というのがあります。これは、利用部門から何らかの非定型な作業依頼を受けて、システム部門の人が対応する作業のことです。たとえば、営業部門から、毎月の売上レポートで表示されない金額の明細を今月だけ出してほしいとか、A社の売上分析するためのこういうデータを抽出してほしい、といったようなイレギュラーな依頼への対応にかかる時間を金額換算したものです。

　このようなシステム部門が何となくサービスの一環で利用部門へ提供しているような作業についても、すべて「ITコスト」として計上しましょう、というのがTCOの考え方です。

● 「管理のコスト」とは

　管理のコストの内訳として示された項目は、少し抽象的なので何のコストかピンとこないかもしれません。具体的にイメージしていただくために、たとえば、全社員にタブレット端末を導入するようなケースを想定していただけるとわかりやすいかと思います。

　内訳に示した「方針策定と実行計画」というのは、タブレット端末導入プロジェクトを実行するにあたって、どういう目的でどのような端末を何台、誰に配布するかなどを決めて計画書に落とし込む作業にかかる人件費のことです。また、タブレット端末の購入に伴って経理部門での支払いなどの経理処理が発生しますので、その人件費も「会計と財務」という管理のコストの1つになります。さらに、たとえば購買部門の人が全部署のタブレット端末を一括購買していてその管理工数も無視できないのであれば、「IT資産の購買」も管理のコストとみなす必要があるかもしれません。

　そして、おそらく**「管理のコスト」の中で最たるものが、「IT資産の管理」**です。「IT資産の管理」とは、導入プロジェクトが完了したあとも毎年必要となってくる管理作業、いわばランニングコストととらえていただいてもよいと思います。これには、次のようなものを含め、IT資産を所有していることで必要とな

るすべての管理作業にかかるコストを含みます。

> ✔ セキュリティ管理 (ウィルス対策管理、ID・パスワードなどの登録・変更管理、安全なデータ消去、など)
> ✔ 資産管理 (現物管理、定期的な棚卸作業、原価償却の管理、など)
> ✔ ライセンス管理、契約管理
> ✔ 定期メンテナンス、保守費用
> ✔ 危機管理 (障害対策・災害訓練などにかかる費用)

　P.095の表の内訳の最後に示した「監査」とは、たとえば導入したタブレット端末を利用した業務に対する業務監査や情報セキュリティ監査などを実施するなら、その監査を実施するための外注費や監査を受ける社内要員の対応時間にかかるコストのことです。「監査」もまた「IT資産の管理」と同様、基本的に毎年か定期的に実施することが一般的なため、保守的に評価するなら、ボリュームは小さくとも、「管理のコスト」の1つに認識したほうがよいと考えられます。

　以上のように、TCOの考え方では、特定のIT投資プロジェクトの担当者の立場からすれば明らかに間接的と思われるコストまで、徹底してITコストに含めて考えます。「管理のコスト」とは、**IT資産を保有するために必要となるすべての社内要員の工数や経費支出を積算したもの**ととらえられます。

● 「エンドユーザーのコスト」とは

　TCOの費用分類の中で、もっとも特徴的なのがエンドユーザーのコストです。「エンドユーザーのコスト」とは、**利用部門でエンドユーザーが費やしている「目に見えないコスト」**のことです。エンドユーザーコストの内訳をさらに具体的な作業内容として示したものが、次の表です。

　この表を見ると、エンドユーザーが費やしている「目に見えないコスト」がこんなにもたくさんあるのか、と驚かれるかもしれません。

■ エンドユーザーコストの作業内容

作業内訳	作業内容
サーバー管理、PC管理	利用部門が自部門で購入、管理しているサーバーやパソコンの運用管理のために費やしている時間
EUD	End User Developmentの略。利用者が自部門または自分で使うシステムの開発に費やしている時間
IT研修	エンドユーザーが社内外のITに関する研修に参加している時間
自主学習	エンドユーザーが自分でシステムの操作方法や関連知識・スキルを習得している時間
Futz（ファッツ）	私用のメール作成時間、勤務中のゲーム、個人目的のインターネット閲覧時間
ピアサポート	同僚からの問い合わせ対応、パソコンの不具合調査に費やしている時間
システム障害	システムやネットワークの障害で業務がストップしていたアイドルタイム
自宅作業	エンドユーザーが自宅からリモートでシステムの運用管理やトラブル対応などをしている時間
電話サポート	エンドユーザーが社外から電話でトラブル対応や問い合わせ対応などのサポートをしている時間

　これらの「目に見えないコスト」を目に見えるようにするためには、エンドユーザー部門の要員全員にアンケート調査をして、それぞれの作業時間を回答してもらい、それを集計するしかありません。一部、「自宅作業」の時間などはリモート接続の時間をシステム的に計測したりすることもできるかもしれませんが、エンドユーザーコストの作業時間数のほとんどは、本人に聞かないとわからないものです。

　エンドユーザーコストの算出のためには、上の表に例示されるような作業にかかった時間をできる限り把握し、その要員ごとの人件費の時間単価を掛けて算出します。

エンドユーザーコスト
＝ エンドユーザーの作業にかかった時間数 × 要員の時間単価

● TCOの算定例

　以上のようなTCOの考え方に従って、実際にパソコン1台にかかる年間の TCOを調査した結果が次の表です。この調査結果によれば、TCOの4分類の うち、**もっとも大きな比重を占めているのがエンドユーザーコスト**です。

　調査年度はガートナー社がTCOを提唱しはじめた当初のものですが、この 調査結果が新聞に発表された当時は、エンドユーザーコストをITコストとして 認識している企業は少なかったため、多くの企業がこの事実を衝撃を持って受 け止めました。

■ TCOの算出例

（参考）パソコン1台にかかる年間コストのTCO調査例

TCOの費用項目	費用（ドル）	コストの比率
資産コスト	2,520	21%
技術サポート	1,560	13%
管理コスト	2,520	21%
エンドユーザーコスト	5,400	45%
合計	12,000	100%

（出典：日経新聞1998年6月22日 ガートナー・グループの調査より作成）

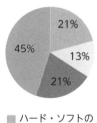

- ■ ハード・ソフトの 購入原価
- ░ 技術サポート
- ■ 運用管理のコスト
- ■ エンドユーザの オペレーション

● エンドユーザーコストをどこまで含めるか

　IT資産を保有することに伴うすべてのコストをITコストとして算出しようと いうのが、TCOの理念です。その理念に従って、エンドユーザーコストを厳 密に評価すると、非常に大きなコストになっているケースが少なからずあるの も事実です。

　しかしながら、前述したエンドユーザーコストの中には、算出が難しいもの も多くあります。たとえば、利用部門の人にアンケート調査するにしても、勤

務中にゲームをしている時間やシステム障害の発生している間に喫煙ルームに行って一時間雑談していた時間などをはたして正直に報告してくれるでしょうか?実際には、なかなか高い精度で把握するのは難しい面もあります。

エンドユーザーコストを算定する場合は、実情を踏まえて自社ではどこまでを算入範囲にするかを検討して決定し、その範囲で算出するとよいでしょう。

● TCOを計測するときの留意点

IT投資プロジェクトの導入に伴ってTCOを把握し、それをIT投資評価の投資額として採用する場合、基本的には、システムのライフサイクル期間中、**TCOを定期的に同じ方法で継続調査**することをお勧めします。

TCOの評価プロセスでは、非常に多くの費用項目が登場します。3年、5年というライフサイクルの間に評価担当者が変われば、投資額の算入の対象としていた費用項目が変わってしまうことがあります。そうなると、投資額の算定根拠に一貫性がなくなり、その結果、IT投資対効果の評価結果の信頼性も低くなりますので、留意が必要です。たとえば、エンドユーザーコストの把握のために、毎年、同じアンケート調査項目で細かい工数調査をする場合、変動要素の大きいもの、サーバー管理、PC管理、EUDにかけている工数のみを継続調査し、他の項目は1年目の実測値を2年目以降も概算値として使用するというような方法も考えられます。

TCOの評価では、細かい費用項目の積算が多くなるため、評価方法そのものの管理も重要です。長いライフサイクル期間中、できる限り評価方法に一貫性を持たせることがポイントです。

● クライアントPCのTCOの明細管理の例

クライアントPCのTCOの最適化を図るには、次の表のような明細一覧を作成し、ライフサイクルにおける作業ごとの所要時間、作業頻度、年間コスト総額、1台あたりの所要コストを把握・管理するとよいでしょう。

■ クライアントPCのTCO明細表（クライアントPC：1,000台の例）

作業明細		所要時間	頻度 回/年	人件費 円/時間	年間合計 円	年間コスト 円/台	比率
1 PCの購入／導入にかかる時間とコスト	PC比較検討、見積もり依頼	100.0	2	5,000	10,000,000	10,000	
	PC一式のリース料金		0		50,000,000	50,000	
	マウスなどの周辺機器		0		2,500,000	2,500	
	キッティング（セットアップ）		0		2,500,000	2,500	
	年間保守		1		9,000,000	9,000	
	設置／調整	1.0	0	5,000	1,250,000	1,250	
						75,250	35%
2 PCの回収／廃棄にかかるコスト	回収と廃棄	2.5	0	5,000	3,125,000	3,125	
	運送代		0		800,000	800	
						3,925	2%
3 ヘルプデスクにかかる時間とコスト	ヘルプデスクの人件費（兼任）	6,400.0		5,000	32,000,000	32,000	
	クライアントの問い合わせ時間	1.0	1,000	5,000	5,000,000	5,000	
	オンサイト対応作業	2.0	50	5,000	500,000	500	
						37,500	17%
4 資産管理台帳による全クライアントPCの一元管理にかかる時間とコスト	資産管理台帳の登録／更新	0.1	3,000	5,000	1,500,000	1,500	
	バージョンアップ時の調査／対応	0.2	2,000	5,000	2,000,000	2,000	
						3,500	
5 利用者の異動などによるPCの移動／再設定にかかる時間とコスト	移設費	3.0	0.25	5,000	3,750,000	3,750	2%
	配送費		0.25		650,000	650	
						4,400	2%
6 OSやソフトウェアのバージョンアップにかかる時間とコスト	バージョンアップの検証、支援など	180.0	6	5,000	5,400,000	5,400	
	クライアントのインストール作業	2.0	4	5,000	40,000,000	40,000	
						45,400	21%
7 セキュリティパッチやウィルスのパターンファイル配布にかかる時間とコスト	OS、Officeなどのパッチの検証	24.0	24	5,000	2,880,000	2,880	
	クライアントのパッチ作業	0.5	3	5,000	7,500,000	7,500	
	ウィルスパターンファイル更新	0.2	6	5,000	36,000,000	36,000	
						46,380	21%
合計					216,355,000	216,355	

※人件費は派遣社員も含んだ平均値

✎ **まとめ**

▣ TCOとは所有することのすべてのコストのことであり、投資額にはTCOを用いることが望ましい

15 共通費の配賦の考え方

共通費とは、マシンルームの賃料や光熱費など複数のプロジェクトで共通で使用するリソースにかかるコストのことです。本節では、事前評価の段階で概算値を見積もるために、共通費をどのようにして算定するのかを押さえておきます。

● チャージバックシステム（課金システム）

個別のプロジェクト単位に金額がわからないような共通的な費用は、全社で配賦基準を決めて、各事業部に**配賦**されることが一般的です。

「配賦」とは、リソースの使用者に対して使用量に応じて費用負担してもらうよう費用を割り振ることをいいます。たとえば、マシン室の賃料であれば、「スペース利用料」といったような費用項目を用い、個別のプロジェクトの機器がマシンルームの中で占めているスペース（平米数）を実測し、それに全社で決めた平米単価を乗じて、月々の使用料を割り出し、使用者に負担してもらいます。そのようにして決められた金額を使用者に課金することを、**賦課する**といいます。共通費の配賦のしくみは、対象のリソースや対象部署が多いと、人手による管理が煩雑になることから、多くの場合、システムで自動化されています。このような共通費の配賦を管理するシステムは、**チャージバックシステム（課金システム）**と呼ばれています。

チャージバックシステムが運用されている企業では、既存の他のシステムでどのような費用項目がどういう基準で配賦されているかを知ることで、今後のIT投資プロジェクトでどのくらいの共通費がかかるのかの概算額を推測することができます。

● 共通費の費用項目と配賦基準の例

では、共通費の配賦額が一般的にどのようなロジックで決められるのかをモデル例を通じて見ていきたいと思います。次のような3つの状況のもとにシス

テムを利用している企業X社のケースを考えます。

②

投資額の算定

X社の状況

- ・賃貸物件のオフィスビルの1フロアを借りて、自社のマシンルームとして使用している
- ・当社では3つの事業部門が3つのビジネスを展開しており、それぞれに情報システムを持ち、自社マシンルーム内で運用している
- ・コピー機1台を3つのシステムでプリンターとして共用している
- ・出力用紙やトナーなどの消耗品は総務部が一括購入し、マシンルーム内で在庫管理をしている

このモデル例の場合、おおよそ次の表に挙げられるような費用項目が共通費の項目として考えられます。

■ 共通費の費用項目と配賦基準の例

費用項目	備考	年間金額	配賦基準
家賃	フロアの賃貸料	11,994,000	面積比
共益費	ビルの管理料	240,000	面積比
電気代		2,465,000	面積比
水道代		46,800	人数比
消耗品費	出力用紙、プリンターのトナー、CD-ROMなど	2,468,500	使用割合
機器賃借料	プリンターのリース料など	1,042,500	使用割合
減価償却費	空調、UPS（無停電電源装置）、消火設備など	1,655,000	人数比
委託費	清掃業者、廃棄業者など	888,000	人数比
備品修繕費	清掃業者、廃棄業者など	300,000	人数比
雑費		120,000	人数比
合計		21,219,800	

このモデル例では、賃借物件にマシンルームを設置しているので、フロアの賃貸料やビルの管理料、電気代や水道代などの光熱費など場所を使用するためのリソースにかかるコストが共通費としてかかってきます。また、プリンター

を3つの事業部で共有して使っているので、プリンターにかかるリース料や出力用紙も共通費として計上し、使用分に応じて按分することになります。

そして着目いただきたいのが、**配賦基準**です。配賦基準とは、何をもってそのリソースの使用比率を決めるか、ということです。この例では、費用項目の内容によって「面積比」、「使用割合」、「人数比」という異なる配賦基準が設定されています。

たとえば、家賃であれば、マシンルームのスペースの量をもって按分するのが妥当と考えられるため、「面積比」が配賦基準となります。また、プリンターで使用する用紙やトナーなどの消耗品は、使った分だけ負担するのが妥当であることから、「使用割合」が配賦基準になっています。

● 配賦率の例

次に、「面積比」、「使用割合」、「人数比」の3つの配賦基準を使って、具体的にどのように各事業部への配賦を行うのかを見ていきます。配賦基準が決まったら、次のステップは「配賦率」を割り出すことです。次の表は、各配賦基準にしたがって、各事業部の配賦率を試算した例です。

■ 配賦率の例

□面積比で配賦するもの

事業名	使用面積（平米）	配賦率
管理	56.1	49.8%
A事業	23.5	20.9%
B事業	19.8	17.6%
C事業	13.3	11.8%
計	112.7	100%

□人数比で配賦するもの

事業名	役員・職員の人数	配賦率
管理	11	34.4%
A事業	7	21.9%
B事業	6	18.8%
C事業	8	25.0%
計	32	100%

□使用割合で配賦するもの

事業名	用紙の枚数	配賦率
管理	25,123	39.5%
A事業	2,943	4.6%
B事業	30,001	47.2%
C事業	5,550	8.7%
計	63,617	100%

　まず、「面積比」で配賦するものの配賦率は、マシンルームの使用面積の平米数を基準にして決めるとします。その場合、配賦率は、その事業部が使っているフロアの面積が全体の面積の何パーセントを占めるかを計算した結果になります。このパーセンテージを面積比で配賦するとした費用項目を按分するときの比率として使用します。Ａ事業部であれば、20.9％が面積比で配賦される費用項目の配賦率になりますので、この比率で、「家賃」、「共益費」、「電気代」を負担するということになります。

　同じように「使用割合」で配賦するものの配賦率を用紙の枚数で決めるとします。その場合、配賦率は、プリンターで印刷する用紙の枚数の実績値になります。用紙なら、たとえば30001枚を使っているＢ事業部が、47.2％の割合で、「消耗品費」、「機器賃借料」の費用を負担するということになります。「人数比」についても同様です。

● 配賦のしくみは受益者負担が基本

　ちなみに、配賦基準は、必ずしも費用項目ごとにリソースの性質に応じて異なるものを設定しなければならないという法律はありません。事務処理を省力化するために、すべて一律に「人数比」を配賦基準として採用しても、社内の関係者が納得して負担してくれるなら、それで問題ありません。しかし、実際には、妥当性と公平性の観点から、複数の配賦基準を採用しているケースがほとんどです。

　たとえば、先の表の例で、すべてを人数比で按分するなら、「管理」の部門を除けば、事業部門の中でＣ事業部の職員の人数がもっとも多いため、すべての共通費の費用を事業部門の中でもっとも多くの割合で負担することになります。もしあなたが、Ｃ事業部の人であれば、自部門で8.7％しか用紙を使用しないにもかかわらず、Ｂ事業部の３万枚もの用紙代の大半を負担することについて、どう思うでしょうか。Ｂ事業部のビジネスが拡大していけば、用紙の出力枚数もさらに増えるかもしれません。もし、すべてを人数比で配賦するなら、さらにその増分も、Ｂ事業部よりもＣ事業部のほうが多く負担することになります。何か明らかにおかしいと感じますよね。

　このような不公平感を生まないためにも、また、プロジェクトの原価をより

正しく配分するためにも、**配賦のしくみは、「受益者負担」をベースにすること
が望ましいと考えられます。受益者負担とは、リソースを利用することで便益
を受ける人がそのコストも負担するという考え方です。**

　もし、これから配賦のしくみを設計し、課金システムを構築しようとしてい
るなら、とくに用紙代や電気代などビジネスの拡大や縮小に連動して変化する
ような費用項目は、受益者負担となるように配慮して設計するとよいでしょう。

● 共通費の配賦額の計算例

　配賦率が算定できたところで、共通費の配賦額を算定した例が次の表です。
各費用項目の「年間金額」列に示された金額に対して、「面積比」、「使用割合」、「人
数比」のそれぞれ、各事業部の配賦率を掛け算して算出した金額が、各部門の
配賦額になります。配賦額の課金方法には、年額を一括で年度末に課金するケー
ス、月次ベースで実績に応じて翌月に課金するケース、あるいは年間金額で計
算し、それを12分割して予定額で毎月、各事業部に賦課し、翌年に実績値と
の差額を調整するケースなどいろいろな方法があります。

■ 共通費の配賦額の計算例

費用項目	年間金額	配賦基準	管理	A事業	B事業	C事業
家賃	11,994,000	面積比	5,970,394	2,500,967	2,107,198	1,415,441
共益費	240,000	面積比	119,468	50,044	42,165	28,323
電気代	2,465,000	面積比	1,227,032	513,997	433,070	290,901
水道代	46,800	使用割合	16,088	10,238	8,775	11,700
消耗品費	2,468,500	使用割合	974,836	114,196	1,164,114	215,354
機器賃借料	1,042,500	人数比	411,694	48,227	491,630	90,949
減価償却費	1,655,000	人数比	568,906	362,031	310,313	413,750
委託費	888,000	人数比	305,250	194,250	166,500	222,000
備品修繕費	300,000	人数比	103,125	65,625	56,250	75,000
雑費	300,000	人数比	41,250	26,250	22,500	30,000
合計	21,219,800		9,738,042	3,885,826	4,802,515	2,793,417

　なお、この例では電力料の配賦基準に「面積比」を採用しましたが、大型汎用機を複数の部門で使っている会社では、「CPU使用量」を採用しているケースもあります。面積比よりもCPU使用量のほうが、より電力料との相関関係が強いとも考えられるため、可能であれば、より相関関係の強い指標を配賦基準に採用すると望ましいと思われます。

　チャージバックシステムがすでに導入されている企業では、このような共通費の計算ロジックは、システムに組み込まれていて、ふだん、あまり意識することがないかもしれません。しかし、共通費の配賦方法は、企業によってさまざまな個別ケースがあり、ブラックボックス化されているからこそ、IT投資評価を行ううえで、基本的な考え方を押さえておきたいところです。

　今後、分散サーバーの再統合が進み、統合サーバーの時代を迎えるにつれ、共通費に関わるコスト管理においても、大型汎用機時代の集中管理の考え方が再び役に立つかもしれません。

まとめ

▶ 複数プロジェクトで共通で利用する設備や光熱費などの共通費は、使用量に応じて配賦されることが多いが、これも投資額の一部

COLUMN 減価償却費ってITコストなの？

　IT投資評価に関してよくある質問に、「投資額を評価するときに減価償却費を含めなくてもよいのでしょうか？」というものがあります。

　減価償却費とは、期末決算時に経理部門が固定資産の耐用年数に基づいて行う「減価償却」という手続の結果、算定される会計上の費用です。なぜ減価償却費というものがあるかというと、会社の「利益」を均等に配分するためです。たとえば100万円のコンピューターを購入した年度に100万円全額を一括で費用計上して、その年度だけ赤字になるのを減価償却により避けられます。減価償却のおかげで、税務署も税金を会社の利益に基づいて合理的に徴収できるのです。

　減価償却費のことを、コンピューターなどの資産を購入したあとで年々支払う「分割払い」のことと勘違いしている人がときどきいるのですが、減価償却費は、会社が実際にお金を支払う「支出」ではありません。したがって、投資額を見積もりするときに、ハードウェアやソフトウェアの購入費用をイニシャルコストとして算入して、さらにランニングコストとして毎年の減価償却費を加算する必要はありません。

　また、使用中のコンピューターの減価償却がまだ終わっていないからという理由で買い換えを渋る経営者がいますが、これもあまり意味がありません。たとえば、償却期間5年の100万円のサーバーを3年目に買い替えた場合、あと2年分の20万円×2年＝40万円の費用計上ができなくなるのが惜しい気がしますが、買い替えにより現行のマシンを廃棄した場合、40万円分を除却損として計上できます。減価償却されなかった部分もその資産を処分すれば必ず費用となる仕組みになっているので、買い換え時期を検討するとき減価償却中かどうかはあまり気にしなくてよいでしょう。

■ 100万円のサーバーを購入した場合の「減価償却」の考え方

3章

投資効果の
評価方法

IT投資の「投資効果」を評価することが大事な
のはわかるけど、どうやって評価すればいいの
か？　投資効果の評価はどうしても主観的に
なってしまう…と感じる人は非常に多いです。
第3章では、投資効果を評価するための客観的
な物差しとなる評価手法の考え方と使い方をモ
デル例とともに確認していきましょう。

Chapter 3 投資効果の評価方法

16 効果額の試算方法

IT投資の投資対効果を評価するための第2のステップは、効果額を評価することです。本章では、IT投資の評価で一般的に広く用いられている評価手法を、基本的な考え方とその使用方法をモデル例とともに確認します。

● 効果額の評価

効果額の評価とは、以下のような分母分子で投資対効果をとらえるときの分子にあたる「効果額」を評価するステップです。

$$投資対効果 \ = \ \frac{効果額}{投資額} \longleftarrow 評価方法を知る$$

分母にあたる投資額の算定ができ、そして「効果額」が求められれば投資額との対比により、全体の投資対効果を評価することができます。ここで留意しなければならないのは、「効果額」の評価が過大になってしまわないようにすることです。そのためには、まず合理的な根拠をもって効果額を見積もること、そして、投資額と効果額の評価の範囲を同一にすることがポイントです。

● 財務的手法と非財務的手法

一般的に広く用いられているIT投資の評価手法は、大きくわけて**財務的手法**と**非財務的手法**に分類することができます。

「財務的手法」とは、IT投資の投資効果を何らかの財務指標で評価する手法です。たとえば、インターネットの販売サイトを構築し、そこからどれだけ収益がアップしたかを「売上高」や「利益」といった財務指標で評価するケースです。企業の業績、収益への効果をもっともダイレクトに評価する方法といえま

す。

一方、**「非財務的手法」とは、投資効果を財務指標以外の指標で評価する方法**を指します。たとえば、ユーザー満足度調査によって「操作性の向上」やシステムの「レスポンスタイムの向上」などといったシステム面の指標で評価したり、「顧客からの問い合わせ件数」といった業務面の指標で評価したりするケースです。非財務的手法も企業の財務数値への貢献度を直接的に評価するものではないとはいえ、IT投資評価のうえで非常に重要です。

■ 評価手法の分類

分類	評価手法	何を指標とするか
財務的手法	ROI（投資利益率／投資回収率）	投資額に対する回収額（利益）の割合
	回収期間法	投資額をどれくらい早く回収できるか
	NPV法（正味現在価値法）	割引キャッシュフローの総和
	IRR法（内部収益率法）	NPVが0になるときの割引率
	ABC/ABM	業務コストの削減量
非財務手法	妥当性評価	世間相場、同業他社のベンチマークなど
	ユーザー満足度評価	利用者のアンケート調査結果
	SLA（サービスレベル合意）	システムのサービス水準
	情報セキュリティ投資の評価	リスクの大きさ
	IT-BSC	CSF、KPIの達成度

● 評価手法の選び方

前述のIT投資プロジェクトの評価手法とは、IT投資に限った特殊な手法ではなく、元来は金融商品の評価手法であったり、経営管理の手法であったりするものをIT投資の評価に応用したものがほとんどです。近年は、インターネットを少し検索すれば、投資評価手法に関する詳細な情報が大量に表示される時代になりました。しかし、逆に情報が多すぎて何をどう利用すればよいかわからなくなった方もいるでしょう。情報の洪水の中から自分にとって本当に必要な

情報のみを取り出すためには、評価手法の選び方、考え方の基本を知っておくことが大事です。

● 投資タイプによって適する評価手法は異なる

IT投資の評価手法は、評価対象とするIT投資プロジェクトの特性、投資タイプによって異なります。つまり、**IT投資プロジェクトの投資タイプに応じて、適した評価手法がある**ということです。

IT投資は、3つのタイプに分類できることを第1章でお話しました。P.022の表のように投資タイプを「インフラ型」「業務効率型」「戦略型」の3つに大別した場合、その投資タイプに応じて、おおよそ向いている評価手法とそうでない手法があるということを表したのが次の表です。

■ 投資タイプと適する評価手法

評価手法	投資タイプ		
	インフラ型	業務効率型	戦略型
ROI			○
回収期間法	○		○
NPV法			○
IRR法			○
妥当性評価	○	○	
ユーザー満足度評価	○	○	
SLA	○	○	
情報セキュリティ投資の評価	○	○	
ABC/ABM		○	
IT-BSC		○	○

なお、この対応表は、評価手法は投資タイプによって向き不向きがあるのだな、というくらいにとらえていただければと思います。この表で○印がついていない評価手法をその投資タイプのIT投資プロジェクトの評価にまったく適用

できない、という厳密なものではありません。

● 複数の評価手法を組み合わせて使用する

　「投資タイプと適する評価手法」の表では、1つの投資タイプに対して、適する評価手法の欄に複数の○印がついており、1対1で対応していないことがわかると思います。これには、1つの投資タイプに対して向いている評価手法がいくつかあるという意味のほかにも、もう1つ意味合いがあります。それは、**通常、1つのIT投資プロジェクトを評価するときには、複数の評価手法を組み合わせて使う**ということです。なぜなら、1つの評価手法を単独で使用すると、その評価手法が持っている1つの尺度のみで評価をすることになり、その結果、誤った評価結果につながってしまうこともあるためです。

　たとえば、投資タイプ「戦略型」であれば、ROIや回収期間法といった財務的手法のほかに、非財務的手法のIT-BSCにも○印がついています。これは、財務的手法でIT-BSCを用いて経営戦略との適合性を評価すれば、財務的手法だけで評価するよりもよりバランスのとれた評価を行うことができる、ということを意味しています。なお、複数の評価手法の組み合わせ方については、第4章で事例を交えて考察します。

まとめ

▶ **IT投資の評価手法は財務的手法と非財務的手法に分類することができる**

▶ **財務的手法はIT投資の投資効果を何らかの財務指標で評価する手法**

▶ **非財務的手法は投資効果を財務指標以外の指標で評価する方法**

▶ **IT投資プロジェクトのタイプによって適する評価手法は決まり、通常、複数の評価手法を組み合わせて使う**

17 財務的手法～ROI

本節からは、財務的手法に分類される評価手法、つまりIT投資の効果を「財務指標」を用いて評価するおもな手法をモデル例とともに解説します。まずは、ROIから見ていきます。

● 財務的手法は投資効果の経営へのインパクトを評価できる

　IT投資プロジェクトの実行において、企業の経営者がもっとも関心を寄せるのは、「IT投資をした結果、財務的な効果は上がっているのか？」です。しかしながら、この素朴な質問に対して、即座に的確な回答をするのはさほど容易ではありません。経営者のこの質問に社内の誰も回答できず、経営者が客観的なIT投資の評価が行われないことへ不満を抱き、さらには、せっかく多額のIT投資をしたのに効果を上げていないのではないかという疑念をもってしまうことも少なくありません。近年、IT投資が「財務効果」を上げることへの経営者の期待や要求は厳しくなって、IT投資評価の担当者には、より正確な評価結果が求められることが増えてきています。

　IT投資が企業経営にどれくらいのインパクトを持つかを評価できるのが財務的手法です。本節から、財務的手法の代表選手であるROI、回収期間法、NPV法、IRR法の考え方と使い方を見ていきましょう。

● ROI (Return On Investment：投資利益率／投資回収率) とは

　ROI（アールオーアイ、またはロイ）は、もとは株主などが、ある投資案件が投資に見合う利益を生み出すかどうかの判断に利用するもので、IT投資に限らず、企業内の投資案件の検討に広く用いられています。計算式がシンプルでわかりやすいことから、IT投資の評価でもよく利用されています。

　計算式は次のとおりです。

$$ROI = \frac{利益}{投資額} \times 100\,(\%)$$

・どういうケースに向いているか

ROIは、評価指標として、財務上の「利益」に焦点をあてるため、新たな**ビジネスを創出するような戦略型のIT投資の評価**に向いています。

たとえば、インターネットで商品を販売するシステムを新規導入する投資案件が複数あり、そのうちのどれが最も企業にキャッシュフローをもたらしてくれる収益性にすぐれた案件かをそれぞれのROIを比較検討するケースなどが考えられます。

・使い方

分子には、評価対象とするIT投資から得られる「利益」、分母には「投資額」を持ってきます。

分子の「利益」とは、本来は「利益＝売上－コスト」で計算される利益の部分を意味しますが、IT投資の場合、特定のシステムの新規導入によって得られる売上の増分を算定することはできても、IT以外のコストの部分まで特定することは難しいため、「利益」を「売上の増分」と置き換えて運用してもよいと思います。

分母の「投資額」には、TCOを用います。TCOには、システム管理費用やユーザー教育にかかるコスト、システムの廃棄費用に至るまで、システムのライフサイクル期間中のすべてのコストを算入することが重要です。

このようにして計算した結果、**ROIが大きいほど収益性にすぐれた投資案件であると判断**することができます。

・モデル例

　では、ROIをどう使うかをモデル例を通じて見ていきましょう。次のモデル例では、A案、B案、C案の3つのIT投資プロジェクトの回収計画が挙げられています。この3つの事案をROIで評価すると、どれに投資をするべきと考えられるでしょうか？

■ ROIのモデル例

(単位：万円)

	アウトフロー（投資額）	インフロー（回収額）			
		1年目	2年目	3年目	4年目
A案	450	100	110	115	150
B案	450	230	140	100	90
C案	450	110	110	110	110

　まず、この表の見方ですが、「アウトフロー」という項目は、IT投資の「投資額」、すなわち初期費用の支出のことだと思ってください。この例では、いずれの案件も最初の投資額450万円でシステムを初期構築した、ということです。「インフロー」とは、毎年、入ってくるお金、すなわち「回収額」のことです。A案であれば、1年目に100万円、2年目に110万円…という形でもたらされる収入額をインフローと呼びます。

　また、このケースでは、システムのライフサイクルを4年とみなしているため、インフローが4年目まで記載されていると考えてください。

　それぞれの案件のROIを評価すれば、次のようになります。

$$A案の\ ROI = \frac{-450 + 100 + 110 + 115 + 150}{450} \times 100\% = \frac{25}{450} \times 100\% = 5.5\%$$

$$B案の\ ROI = \frac{-450 + 230 + 140 + 100 + 90}{450} \times 100\% = \frac{110}{450} \times 100\% = 24.4\%$$

$$C案の\ ROI = \frac{-450 + 110 + 110 + 110 + 110}{450} \times 100\% = \frac{-10}{450} \times 100\% = -2.2\%$$

まず分母には、投資額である450万円を持ってきます。それから、分子にインフローの合計金額を持ってきます。最初は、投資の実行により450万円の支出（アウトフロー）が発生しますので、これを「マイナスのインフロー」とみなして、「-450」とし、1年目に入ってくる金額をこの金額に足し込んでいきます。

　それぞれのROIを計算すると、B案が24.4％となり、いちばん大きい値であるため、B案がもっとも有利な投資案だということになります。

・使用上の留意点

　ROIは、シンプルでわかりやすい反面、**単独で利用すると目先の利益を追い、長期的な戦略に反する判断をしてしまう可能性**があります。

　なぜなら、ROIでは、インフローの「合計額」のみを判断の尺度にするためです。

　具体的に説明します。モデル例の表で1年目から4年目までの回収額を比較すると、A案が475万円、B案が560万円、C案が440万円となり、B案がもっとも多くの収益力の高い投資案です。投資額が同額の場合、回収額のもっとも大きなB案のROIがもっとも高い値となり、すぐれた投資案ということになります。

　ところが、A案からC案の投資案件は、インフローの流れが異なることに着目してください。合計の回収額の多寡だけでB案を最優先すべき投資案と判断すべきなのでしょうか。

　B案のインフローは、1年目がもっとも大きな収益を生み、年を追うごとに得られる収益は少なくなっていくことが予想されています。いわば、経営環境の変化によって陳腐化するスピードの速いビジネスへのIT投資とみなすこともできます。他方、A案は、1年目は得られる収益が少ないものの、2年目以降、高い水準の収益を生み、徐々に収益を拡大していくことが予想されています。これは、たとえば、1年目は顧客を獲得するために戦略的にサービスの利用料を割引してスタートし、顧客数が一定数以上に達したあとは、自社が競争優位に立ち、収益を独占できるというビジネスモデルを実現する投資案かもしれません。

　しかしながら、ROIだけで評価をしていると、このケースではA案は収益力の低いプロジェクトであると判断され、投資の選択肢から消えてしまいます。

たとえ**A案が会社の長期的な経営戦略に合致したよい投資案であっても、ROI だけで判断すると、より高い回収額を稼ぐB案のほうが優先されてしまう**のです。

　このように、ROIでは、一定期間の収益の合計額のみに着目するため、単独で使用すると経営戦略上の利点や長期的な視点が抜け落ち、誤った判断をしてしまう可能性もあることに留意が必要です**ROIを使用する場合、BSCや定性的指標など、経営戦略上の考慮点を評価できる手法と組み合わせて使用する**とよいでしょう。

まとめ

- ▶ **ROIはある投資案件が投資に見合う利益を生み出すかどうかの判断に利用する手法**
- ▶ **ROIは新たなビジネスを創出するような戦略型のIT投資の評価に向いている**
- ▶ **BSCや定性的指標など経営戦略上の考慮点を評価できる手法と組み合わせて使用するとよい**

18 財務的手法〜回収期間法

財務的手法に分類される評価手法の2番目として、回収期間法を見ていきます。回収期間法も、ROIと同様、IT投資に限らず、企業内の投資案件の検討に広く用いられています。

● 回収期間法（Payback Period Method）とは

回収期間法は、IT投資のために支出した額が、その後どの程度の期間で回収できるかで投資の可否を判断するものです。収益性よりもむしろ安全性を検討するのに用いられる指標ともいえます。

回収期間法の概念をあえて簡略な計算式でいい表すなら、下記のようになります。

$$\text{回収期間} = \frac{\text{投資額}}{\text{投資額に追いつくまでの年々のキャッシュフロー}}$$

この計算式だけを見てもピンとこない方も多いと思いますので、図解すると次のようになります。投資額が年々のインフローの合計に追いつくポイントを計算で求め、回収期間を算出します。

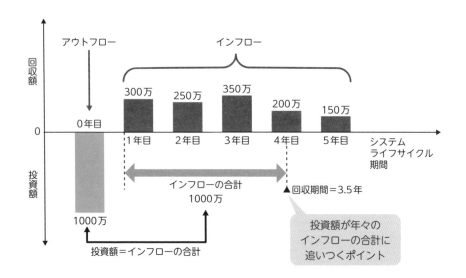

・ **どういうケースに向いているか**

　回収期間法は、投資した金額がどのくらいの期間で回収できるかに着目することから、**変化の激しい環境下でのIT投資の採算計算**に向いているといえます。

　たとえば、消費者向けの新しいビジネス実現のためのアプリ開発案件のような競争の激しい案件などをイメージいただければと思います。そのようなケースでは、リリース後、あっという間に他社に模倣されたり、予想以上にすぐ飽きられてユーザー離れが起こったりする状況が考えられ、投資した資金をいかに早く回収できるかが重要な判断基準になります。変化の激しい経営環境で、大きな損失を避けるための意思決定をしたいケースなどに向いているでしょう。

・ **使い方**

　回収期間法では、まず基準（目標）とする回収期間を仮定し、その基準よりも回収期間が早いか遅いかで投資の可否を判断します。たとえば、5年で回収できることを判断基準とし、見積もった回収期間が4年であれば、投資を実行、6年であれば投資を見送る、という判断をします。

　回収期間は短ければ短いほどよいという判断になります。比較すべき投資案件が複数ある場合、回収期間が短いほうをよりすぐれた投資案件とみなします。

・**モデル例**

　では、回収期間法についてのモデル例を見ていきましょう。次の例では、A案、B案の2つのIT投資プロジェクトの回収計画が挙げられています。これらの事案を回収期間法で評価すると、どちらに投資するべきと考えられるでしょうか？

■ 回収期間法のモデル例

（単位：万円）

	アウトフロー（投資額）	インフロー（回収額）				
		1年目	2年目	3年目	4年目	5年目
A案	400	150	150	120	100	100
B案	400	50	100	150	180	400

回収期間法を用いてA案の回収期間を算出すると、次のようになります。

$$\frac{400万}{年々のインフロー} \Longleftrightarrow \overset{1年目}{\frac{150万}{150万}} + \overset{2年目}{\frac{150万}{150万}} + \overset{3年目の途中}{\frac{100万}{120万}}$$

3年目の途中で回収額の合計が400万に追いつく

$$\therefore 回収期間 = 1 + 1 + 0.83 = 2.83年$$

　まず投資初年度に発生する投資額は、400万円です。その400万円を回収できる時点、つまり1年目以降に得られるキャッシュフローを加算していって等しくなる時点を考えます。このケースの場合、1年目に150万円分回収でき、2年目にもさらに150万円分回収できるため、2年目時点で300万円分、回収できることがわかります。400万円を回収するまでのあと残り100万円を回収できるのはいつかと考えると、3年目には120万円のキャッシュフローが得られることから、3年目の途中で回収できることがわかります。その3年目のいつの時点かを、分子100万円を3年目に得られるキャッシュフローの分母120万円で割り算することで計算すると、約0.83年であることから、A案の回収期間は、2.83年であると算定できます。

同様にB案の回収期間は、次のように計算できます。

$$\frac{400万}{年々の\\インフロー} \Longleftrightarrow \frac{50万}{50万} + \frac{100万}{100万} + \frac{150万}{150万} + \frac{100万}{180万}$$

4年目の途中で
回収額の合計が
400万に追いつく

$$\therefore 回収期間 = 1 + 1 + 1 + 0.55 = 3.55年$$

　A案とB案の回収期間を比べると、A案の回収期間がより短いため、A案が好ましい案件であるということになります。

　ちなみに、回収期間法でよくある間違いに、この計算式をROIと分母分子を逆にしたものであると解釈し、分母のキャッシュフローを5年分合計してその値を投資額で割り算してしまう人がいます。一瞬、そのように計算しても算出できそうな気がしますが、答えはまったく異なったものになります。うっかりそのように計算すると、A案、B案の投資判断もこのモデル例では逆転してしまいますので、注意しましょう。

・使用上の留意点

　回収期間法は、計算が容易で判断基準が明確である反面、**回収期間経過後の損益やキャッシュフローを考慮しないことや、判断基準とする期間の設定が難しいなどの欠点**があります。

　たとえば、このモデル例では、A案が3年目の途中で回収でき、B案は4年目の途中で回収できるため、ライフサイクル期間が5年あるにもかかわらず、5年目のキャッシュフローはまったく考慮されていません。ライフサイクル期間全体のキャッシュフローの総額を比較すると、A案が620万円、B案が880万円です。このケースでは、B案のほうが、より高い回収額を得られる投資案です。しかしながら、回収期間法では、より早く回収できるA案がより好ましい案件と判断され、高い収益力をもつB案が棄却されるということが起こっています。

　このように、回収期間法では、**回収期間経過後の損益の見込みは評価結果に**

反映されないため、回収期間が過ぎたあとも長い期間システムを利用する場合には、留意が必要です。

　もう1つの留意点は、判断基準とする期間を合理的に設定するのが難しい点です。単独の投資案件の実行可否を回収期間法で判断する場合、評価にあたって判断基準となる回収期間を設定する必要があります。この基準となる期間を合理的な根拠を持って設定するのが難しい場合、実行可否の結論に十分な説得力が持てなくなることもあります。

　たとえば、競争の激しいビジネスモデルを実現するIT投資のケースで、リリースしてから3年までがビジネスの勝負だから、基準となる回収期間を3年と設定した場合、「A案の回収期間は3年より短いため投資を実行するべき」、「B案は3年より長いため投資を見送るべき」、という結論となります。しかしながら、もし基準となる期間を4年とした場合、A案もB案も回収期間が4年を下回るため、両方とも「この投資案を実行するべき」という結論になります。このように、**基準となる期間の設定次第で結論が変わってしまうこと、誰もが納得のいく合理的な基準期間の設定ができるとは限らない**ということが、単独の案件の投資可否を回収期間法で評価する場合の難しい点だと思います。

　したがって、回収期間法は、ROIと同様、複数の評価手法と組み合わせて利用するとともに、とくに陳腐化の早いビジネス領域でライフサイクル期間があまり長くない案件や回収期間の長短の判断が重視される案件に使用すると効果的でしょう。

まとめ

▶ **回収期間法はIT投資のために支出した額がどの程度の期間で回収できるかで投資の可否を判断する手法**

▶ **回収期間法は変化の激しい環境下でのIT投資の採算計算に向いている**

19 貨幣の時間的価値

これまで紹介したROIや回収期間法の欠点をカバーする評価手法として、DCF法（Discounted Cash Flow：割引現金収支法）を次の節で紹介します。その前に本節では、貨幣の時間的価値という重要な概念について話しておきます。

● 貨幣の時間的価値とは

　貨幣の時間的価値とは、かんたんにいえば、**今日もらえる100万円と来年の今日もらえる100万円は同じ価値ではない**、ということです。

　今日もらう100万円と来年もらう100万円では、どちらのほうが価値が高いでしょうか？　急にそんなこと聞かれても考えたことがない、と思われるかもしれません。

　たとえば、もし今日もらった100万円を銀行で定期預金にして1年後に引き出したら、預金金利がついた金額で払い出されることを考えれば、1年後にもらう100万円のほうが同じ100万円でも価値が低いことをイメージいただけるでしょうか。この超低金利時代では、そんな微々たる利息分のことを考えることに意味はあるのか？と感じる方もいるかもしれません。しかし、投資案件を比較評価するときには、「貨幣の時間的価値」を考慮するかしないかで、投資評価の結果が大きく変わってくることがあります。

　また、**将来には不確実性がある、つまり、将来には想定外のことは必ず起こる**という考え方に立てば、来年の今日もらえるはずの100万円が本当にもらえる保証はありません。そう考えても、将来のお金よりも現在のお金のほうが同じ金額でも価値が高いことに納得感を持っていただけるでしょうか。

■ 将来のお金よりも現在のお金のほうが同じ金額でも価値が高い

● 割引率とは

　ROIや回収期間法では、前述のような「貨幣の時間的価値」が存在すること
を考慮に入れていません。つまり、1年目に入っている100万円も5年後に入っ
てくる100万円もまったく同じ価値とみなしています。しかし、**将来の100万
円のほうが現在の100万円より価値が低いのであれば、投資案件の比較をする
ときにも、当然、そのことを割り引いて考えなければならない**はずです。

　われわれがIT投資案件を比較して判断するのは「いま現在」ですから、将来
の100万円が現在の100万円より価値が低いのであれば、**将来のお金の価値を
現在の価値に置き換えて考える必要**があります。ファイナンスの世界では、こ
のことを**「割り引く」(＝Discount する)**といいます。将来のお金の価値を現
在のお金の価値に割り引くときには、**割引率 (r) を使って、将来のお金の金額
を (1＋r) ％で割り算**して、現在のお金の価値に変換します。

　割引率は、次の節で述べるDCF法を理解するためにとても重要な概念です
ので、ここで基本的な意味合いを押さえてください。

まとめ

- ▶ **将来のお金よりも現在のお金のほうが同じ金額でも価値が高い**
- ▶ **割引率を使って将来のお金の価値を現在の価値に置き換えて考
  える必要がある**

20 財務的手法〜NPV法

DCF法とは、DCF（割引キャッシュフロー）を用いて投資案件の収益性を評価する手法で、投資家や企業の投資評価の実務で広く一般的に用いられています。本節では、DCF法の代表的な評価手法であるNPV法を紹介します。

● DCF法（Discounted Cash Flow：割引現金収支法）とは

　まずは**DCF法**（ディーシーエフ法）のお話です。DCF（割引キャッシュフロー）とは、収益（将来にわたるキャッシュフローと将来の売却価値）をある一定の割引率で割り引いて現在の価値に変換した合計のことです。

　DCF法の代表的なものに、**NPV法（Net Present Value：正味現在価値法）**と**IRR法（Internal Rate of Return：内部利益率法）**があります。

　この「割引キャッシュフロー」という考え方を理解しておくことが、IT投資評価のうえでも非常に重要です。本節と次節では、DCF法の代表的な評価手法であるNPV法とIRR法を紹介します。

● NPV法（Net Present Value：正味現在価値法）とは

　NPV法（エヌピーブイ法）とは、Net Present Valueの頭文字をとったもので、日本語では、「正味現在価値」と呼ばれています。NPVは次の計算式で算出することができます。これは、「NPV（正味現在価値）とは、**PV（現在価値）の総和から初期投資額を差し引いたNETの金額**である」ということを表しています。

　PV（Present Value:現在価値）とは、将来のお金を現在の価値に割り引いたときの価値のことです。前節の貨幣の時間的価値のところでお話ししたとおり、同じ額面のお金でも将来と現在で価値が異なるため、将来のお金の価値をFV（Future Value：将来価値）と呼び、現在のお金の価値をPVと呼んで区別しているととらえてください。

$$NPV = \sum_{N=0}^{n} CFn / (1+r)^n$$

$CF_0, CF_1, \ldots CF_n$：年ごとのキャッシュフロー

n：期間（年）
r：割引率

なお、PVの総和から差し引く初期投資額は、この計算式で、$n=0$のとき、すなわち「0年目」[*1]に投資額分のマイナスのキャッシュフローが生じるという形で織り込まれています。

そういわれても、Σなんて数式、遠い昔に習ったけど忘れたなぁ…という方のために、NPVを言葉で書き表せば、次のようになります。これは前述の数式とまったく同じことを言葉で表したものです。こちらのほうがピンとくるという方は、こちらでNPVの意味合いを掴んでみてください。

NPV ＝ 将来キャッシュフローを割引率で割り引いた現在価値 ― 初期投資額

・どういうケースに向いているか

NPV法では、貨幣の時間的価値を考慮した評価を行うため、貨幣の時間的価値を考慮しない評価手法に比べ、将来キャッシュフローの価値をより適切に評価することができます。したがって、**比較的システムライフサイクルの長い投資案件や戦略型の投資案件**の評価に向いています。

・使い方

単独の投資案件を評価する場合、**NPVがプラスであれば投資実行、マイナスであれば投資しない**という判断をします。

複数の投資案件の中から投資対象を1つ選択する場合は、**NPVが大きいほど価値ある投資案件である**と判断します。

---

*1) 現在価値や将来価値の算定を行うとき、0年目は現在のことを意味します。1年目は「現在」から1年後のことです。
IT投資評価では、0年目がシステム構築の初期費用が発生する年度だと理解してもらえればOKです。

・モデル例1：NPVで単独案件の投資可否を判断する

　では、モデル例を使って、NPV法である1つのIT投資案件の実行可否を判断する場合の評価方法を見ていきたいと思います。

　初年度に300万円を投資し、5年目までに将来キャッシュフローをもたらすような投資案件です。この正味現在価値（NPV）を求め、この投資を可決するかどうかを考えてみましょう。なお、割引率は5%とします。

■ 単独案件のケース

（単位：万円）

アウトフロー （投資額）	インフロー（回収額）				
	1年目	2年目	3年目	4年目	5年目
300	90	80	70	60	50

※割引率は5%

　このモデル例を、NPV法の計算式に従って計算していくと、次のように整理することができます。

（単位：万円）

n年目	CFn：n年後CF	r：割引率	$CFn/(1+r)^n$： n年後割引額	NPV
0	-300	1	-300	-300
1	90	1.05	85.71	-214.29
2	80	$(1.05)^2$	72.56	-141.73
3	70	$(1.05)^3$	60.46	-81.27
4	60	$(1.05)^4$	49.36	-31.91
5	50	$(1.05)^5$	39.17	7.26

　まず初年度に300万円の投資をするため、「0年目」にマイナス300万円のキャッシュフローが発生すると考えます。0年目は、キャッシュフローを現在価値に割り引いて考える必要はないため、割引率は「1」となります。すなわち、この時点でNPVは投資額と同じマイナス300万円となります。

　次に1年目には、90万円のキャッシュフローが得られます。ただし、この金

額を割引率5%で現在価値に割り引く必要がありますので、1.05で割り算します。その結果、85.71万円が、1年目に得られる90万円の現在価値であることがわかります。

この1年目のキャッシュフローの割引現在価値85.71万円を前年のNPVの−300万円に加算した結果が、−214.29万円となります。これが1年目のNPVの値です。

・投資可否の結論

同様のことを2年目以降も5年目まで繰り返すと、5年目でNPVは7.26万円であるという結果が得られます。

したがって、**この投資案の正味現在価値（NPV）がゼロより大きいため、この投資案は可決すべき**、という判断になります。

・投資に価するライフサイクル期間の算定

なお、このケースでは、4年目から5年目にかけて、NPVの値がマイナスからプラスに転じていることがわかります。このことは、もしこの投資案のシステムライフサイクル期間が5年よりも短ければ、NPVはゼロより小さいという結論になり、この投資案は否決するべき、という判断になることを意味しています。

NPVの値は、システムライフサイクル期間をどのくらいの期間で見積もるかによっても異なってきますので、このように試算してみることで、この投資案は、少なくも5年は使い続けなければ投資するに値しない、というようなことも算定できます。

以上が、NPV法を使ってIT投資プロジェクトを単体で実行可否を評価するときの考え方です。いかがでしょうか。NPV算出の計算式だけを見ていると難しく感じるかもしれませんが、表にして整理してみると、意外とすっきり考え方の原理原則が見えてきたのではないでしょうか。

・モデル例2：NPVで複数案件を比較する

では次に、複数の投資案をNPV法で比較して、どちらが有利な案件かを評

価する方法を考えていきましょう。モデル例のＡ案とＢ案の２つの投資案のそれぞれについて、NPVを算出して比較します。このケースでは、割引率を2.5％とします。

■ 複数案件をNPVで比較するモデル例

	アウトフロー	インフロー				
		1年目	2年目	3年目	4年目	5年目
Ａ案	400	150	150	120	100	100
Ｂ案	400	50	100	150	180	400

※割引率は5％

Ａ案とＢ案のNPVは、以下のように計算できます。

Ａ案

$$NPV = -400 + \frac{150}{1.025} + \frac{150}{(1.025)^2} + \frac{120}{(1.025)^3} + \frac{100}{(1.025)^4} + \frac{100}{(1.025)^5}$$
$$= 179.5$$

Ｂ案

$$NPV = -400 + \frac{50}{1.025} + \frac{100}{(1.025)^2} + \frac{150}{(1.025)^3} + \frac{180}{(1.025)^4} + \frac{400}{(1.025)^5}$$
$$= 399.9$$

したがって、**Ｂ案のほうが NPV が大きいため、より好ましい案件**という判断となります。

・使用上の留意点

さて、ここまで注意深く読んでこられた読者の中には、あることにお気づきの方もおられるかもしれません。NPV法のモデル例2で示されたアウトフローとインフローの数値は、回収期間法のモデル例の数値とまったく同じです。同じモデル例に対して、回収期間法でＡ案とＢ案を評価したときの評価結果はどうだったでしょうか。回収期間法で評価したときは、Ａ案のほうが回収期間が

より短いために好ましい投資案件だという結論でしたね。

　このように、**まったく同じ投資案件の評価でも、評価手法が違えば結論が変わってくる**ことが起こり得ます。なぜ結論が異なったかというと、回収期間法では、貨幣の時間的価値を考慮しませんでしたが、NPV法では、貨幣の時間的価値を考慮したためです。とくに長期の案件になればなるほど、結論が大きく異なってくることがあります。したがって、評価手法を選択する場合には、**ライフサイクル期間の長いIT投資には、貨幣の時間的価値を考慮した評価方法を選ぶ**ことに留意するとよいでしょう。

まとめ

▶ NPV法は「正味現在価値」と呼ばれ、現在価値の総和から初期投資額を差し引いた金額である

▶ NPV法は比較的システムライフサイクルの長い投資案件や戦略型の投資案件の評価に向いている

21　財務的手法〜IRR法

本節では、DCF法のもう1つの代表的な評価手法であるIRR法を紹介します。IRR法は、NPV法と並んで投資家や企業の投資判断の実務で広く用いられており、IT投資の評価にも応用されています。

● IRR法（Internal Rate of Return：内部収益率法）とは

DCF法には、NPV法のほかに**IRR法**（アイアールアール法）と呼ばれる手法があります。IRRとは、Internal Rate of Returnの頭文字をとったもので、日本語では**内部収益率**または**内部利益率**と呼ばれています。これは、投資した金額に対してどのくらいの利益が生まれるかを表す指標で、いわゆる利回りととらえていただければわかりやすいでしょう（正確にはIRRと利回りは異なりますが、本書ではその違いの説明は割愛します）。

次の式をご覧ください。

$$\sum_{N=0}^{n} CF_n / (1+r)^n = 0$$

$CF_0, CF_1, \ldots CF_n$：年ごとのキャッシュフロー
n：期間（年）
r：IRR

IRRとは、NPVがゼロになるときの割引率です。単独の投資案件を評価する場合は基準となる収益率を設定し、IRRがその基準以上であれば投資する、基準を下回るなら投資を見送る、という判断をします。複数案件の評価であれば、IRRが高いほうの案件が好ましい案件であると判断します。

NPV法では、システムライフサイクル期間中に入ってくるキャッシュフロー

の現在割引価値の合計（NPV）がゼロ以上ならば投資する、という考え方でしたが、IRRは、入ってくるキャッシュフローから得られる利回りがある水準以上なら投資する、という考え方ととらえてもらえればよいでしょう。

・どういうケースに向いているか

　IRRは、最初に決まった割引率を設定しなくてよいことから、キャッシュフローしか予測できない投資案件や将来の不確実性の高い投資案件の評価に向いています。また、ビジネスモデルやシステムライフサイクル期間が異なっていても「収益率」を比較できることから、種類の異なる投資案件の比較検討にも向いているといえます。

・使い方

　複数案件を比較する場合、**IRRが高いほど有利な投資案件**と判断します。単独案件の投資可否を判断する場合は、社内投資基準をIRR 何パーセント以上、というふうに決めておき、その基準の収益率をクリアする案件であれば投資を実行、基準の収益率を下回る場合は見送り、という判断をします。この場合、自社の過去の投資案件の収益の実績値などから社内投資基準の水準を適切に設定することによって、採算性の悪い投資案件を見送るという意思決定に利用することもできます。

・モデル例

　日本に本社、そしてアメリカと中国に子会社を持ち、それぞれの国で異なるビジネスを展開する企業があるとします。本社を含む3つの拠点それぞれに自社製品の販売管理システムの新規構築プロジェクトを企画して社内稟議を上げてきたとします。3つのビジネスは経営戦略上、同じくらい重要だけれども、IT部門のマンパワーの関係から3つのIT投資プロジェクトを同時には実行できないとき、どの国の案件から先に投資に着手するのがよいでしょうか。

　IT投資で実現するビジネスの種類も異なれば、投資する国も違う状況では、両者の収益予測もライフサイクル期間も、IT投資の資金を調達するためのコストも異なってくるでしょう。そのような場合に、IRRを使って、それぞれのIT投資プロジェクトの利益率を比較して判断するというケースを考えてみましょ

う。

■IRRで3案を比較するモデル例

（単位：万円）

	アウトフロー	インフロー			
		1年目	2年目	3年目	4年目
日本	400	150	150	120	100
中国	350	50	100	150	100
アメリカ	350	110	110	110	—

　たとえば、日本向け、中国向け、アメリカ向けの投資案という3つの投資案
件があり、それぞれ表に示すとおりのアウトフローとインフローがあるとしま
す。このモデル例では、アメリカ向けのみシステムライフサイクルが3年であ
るため、4年目のインフローが想定されていないととらえてください。

　IRRは、手計算すると結構大変なのですが、Excelの標準機能でIRR関数が提
供されています。アウトフローとインフローを入力した範囲を指定すれば、誰
でもかんたんに算出することができます。

■ExcelによるIRRの算出

	A	B	C	D	E	F	G	H	I
1		アウトフロー	インフロー				IRR		
2			1年目	2年目	3年目	4年目			
3	日本	-400	150	150	120	100	12.3%		=IRR(B3:F3)
4	中国	-350	50	100	150	100	5.0%		
5	アメリカ	-350	110	110	110	0	-2.9%		
6									
7									

　日本案、中国案、アメリカ案のIRRを算出すると、次のようになります。

・ **日本案のIRR** 　　= 12.3 ％
・ **中国案のIRR** 　　= 　5.0 ％
・ **アメリカ案のIRR** = -2.9 ％

　算出されたIRRの値を比較すると、もっとも大きい 日本の投資案が有利な
投資案ということになります。もしすべての投資案件を実行することが前提で、

その優先順位を決めるなら、日本→中国→アメリカの順番にIT投資を実行していくのが望ましい、という判断になります。

　もし基準となる収益率を10%として投資する案件を選択するというケースなら、日本案と中国案の投資案件を可決、アメリカ案を見送り、という判断になります。

まとめ

▶ **IRR法は投資した金額に対してどのくらいの利益が生まれるかを表す指標**

22 非財務的手法～妥当性評価

本節では、財務指標以外の指標を用いてIT投資を評価するおもな手法をモデル例とともに確認します。投資効果の定量的な評価が一見難しそうに思えるIT投資をどのように評価するか見ていきましょう。まずは、妥当性評価からです。

● 非財務的手法とは

非財務的手法とは、IT投資の効果額を財務指標ではない指標を用いて評価する手法のことです。非財務的な手法は、財務的手法に勝るとも劣らず、重要なものです。前節まででお話しした財務的手法はIT投資が財務数値に与える効果をダイレクトに評価するという意味で経営者に重要な判断材料を与えるものの、単独で使用すると判断を誤ることにつながりかねない側面がありました。したがってIT投資評価の実務では、複数の評価手法、とくに非財務的手法も組み合わせて使うことがとても重要です。

また、IT投資プロジェクトには、財務指標で評価しづらい性質のものも多くあります。その代表選手はセキュリティ投資でしょうか。投資効果が財務数値に直結しないタイプの投資案件の投資効果を定量的に評価することはできるのでしょうか。答えはYESです。

● 妥当性評価とは

妥当性評価とは、投資効果を問うのではなく、競合他社の優良な事例や世の中でベストプラクティスとして知られる事例との比較によって、投資額が妥当かどうかの判断を行うものです。「世間相場と比較して費用が高くなっていないかどうか」ということが判断基準となるもので、他社事例との比較や相見積もりによる比較が評価の方法となります。

比較のための指標のことを「ベンチマーク」と呼ぶことから、妥当性評価のことをベンチマーキングともいいます。計算式で表すと次のようになります。

投資額　＜　妥当な金額＊

＊世間相場、同業他社の事例、自社の過去実績など

・どういうケースに向いているか

　妥当性評価は、法律の改正や制度変更への対応、老朽化したインフラへの投資などの必ず実施せざるをえないタイプのIT投資案件の評価に向いています。たとえば、税率や社会保険制度が変わることによって、財務会計システムの改修を行うといったケースをイメージするとよいでしょう。法改正に対応するシステム改修の場合、費用対効果の試算がいくら悪かったからといって「投資しない」という選択肢はありません。また、インフラの老朽化もしかりです。突然故障しても業務影響が出ないようなシステムでない限り、投資対効果が低いからという理由でインフラの更新自体を中止するという選択肢は取れないことが多いでしょう。つまり、**実施することは決まっているけれども、自社が果たしてリーズナブルな金額で実施しようとしているかどうかをチェックしたい**、というケースで用いると考えてもらえればと思います。

・使い方

　妥当性評価では、**イニシャルコストのみでなく、ランニングコストも含めて総額を評価**します。ランニングコストを含めるということは、評価対象となる案件のシステムライフサイクル期間まで想定して評価するということです。

　また、システム開発案件の妥当性評価であれば、**求められる機能をいかに費用対効果よく入手するか**という観点で判断することもポイントです。たとえば、消費税の変更対応という案件であれば、すでに法改正への対応済みのパッケージを導入する場合のコストを世間相場として把握し、自社で改修対応する場合と比較検討し、有利なほうを選択するといった具合です。

　インフラ増強の投資であれば、RFP[*1]を作成して複数のベンダーへの相見積もりを実施し、よりリーズナブルな見積もりをしたベンダーを選択する、また同等のスペックのマシンを購入するときの世間相場を調査し、自社が購入予定としているものの価格と比較します。

[*1) RFPとは、提案依頼書（Request For Proposal）といい、必要な要件を明示して複数の発注先候補へ見積もり依頼を行うときに使用する文書のことです。]

・モデル例

　ここまでのお話はあたりまえといえばあたりまえの話で、手法というほどの
ものではないとお感じになった方もおられるかもしれません。確かに他社事例
や世間相場の金額をインターネット上の公開情報や市場調査会社からデータ購
入することなどで入手できれば、その金額と自社での見積もり金額を比較すれ
ばよいだけの話です。しかしながら、他社事例や世間相場の情報を入手するこ
とが難しいこともあるかと思います。

　以下のモデル例では、他社事例の情報の入手が難しい場合に、自社の過去の
コスト実績を利用して、投資額が妥当かどうかを評価する方法を紹介します。

●状況
・**基幹業務システムが老朽化したため自社開発で全面刷新する**
・**前年度の売上高500億円**

●ベンチマークとする指標
・**基幹業務システムの年間ITコストは売上高比1%程度**
・**開発費用と運用保守費用の比率は「3：7」**
・**システムライフサイクル期間は5年**

　　　年間ITコスト　＝　500億（売上高）　×　1%　＝　5億円

　次に、基幹業務システムを刷新した後のシステムライフサイクル期間につい
ても過去の実績から判断して5年と想定すれば、ランニングコストの総額は次
のとおりです。

　　　今後5年間のランニングコスト　＝　5億円　×　5年　＝　25億円

　そして、過去の自社開発のプロジェクトのコスト実績の開発費用と運用保守
費用の比率が3：7であったことをベンチマークとすれば、全体費用と開発費
用は次のように算出することができます。

全体費用　＝　25億円　÷　0.7　≒　35.7億円

開発費用　＝　35.7億円　×　0.3　≒　10.7億円

　したがって、今回見積もった基幹業務システムの開発費用が約10.7億円を下回っていれば、妥当であるという判断になります。

・使用上の留意点

　妥当性評価では、通常は、ベンチマークとして同業他社のITコストに関する外部データを利用します。そのとき、どういう会社を「同業他社」とみなすかについて1つ留意点があります。同業他社を選ぶときには、できれば業種よりも業態の近いところと比較することをお勧めします。なぜならば、業種が同じでも業態が大きく違えば、あまり他社の水準が参考にならないこともあるためです。

まとめ

▶ **妥当性評価とは競合他社の優良な事例などとの比較によって投資額が妥当かどうかの判断を行う手法**

23 非財務的手法 〜ユーザー満足度評価

非財務的手法の1つとして、本節ではユーザー満足度の評価について解説します。エンドユーザーとしてアンケート調査に協力したことがある人であればおなじみの方法かもしれません。

● ユーザー満足度の評価とは

ユーザー満足度評価とは、提供されたシステムが、システムの利用者の要求や期待をどの程度、満たしているかをアンケート調査などで評価する手法です。アンケート調査は、目的に合致した評価指標を設定して評価することで、IT投資の効果を評価する手法として有用なものとなります。

・どういうケースに向いているか

費用対効果が見えにくい社内システムのような案件やインフラ投資などの投資効果が財務指標と直接結びつきにくい案件に、ユーザー満足度の評価を効果的に利用するとよいでしょう。

・使い方

エンドユーザー向けの満足度評価では、利用者がシステムに対して満足しているかどうかを測るため質問項目をアンケートに設定し、満足度を5段階評価などで回答してもらい、計数化します。満足度の段階は3段階でもかまいませんが、3段階評価では評点が真ん中に集中してしまい、どの項目に課題があるかがあまり明確にならない可能性があります。選択式で満足度を回答してもらう場合も、各評価項目に自由記述欄を設け、アンケート実施が形式的なものにならないように留意しましょう。

・モデル例

エンドユーザー向けの満足度評価のアンケートの質問項目のイメージを次に

例示します。質問項目には、システムの可用性（使いたいときに使えるか）や機能、性能、操作性など、多角的な観点から質問することがポイントです。

■ エンドユーザー向け満足度アンケートの例

■Aシステムについてお聞きします。		1 満足	2 ほぼ 満足	3 普通	4 やや 不満	5 不満
問1	Aシステムはあなたが使いたい時に常に使える状態ですか？					
問2	提供される機能（照会画面、出力帳票）に満足していますか？					
問3	性能（応答時間、出力時間）に満足していますか？					
問4	処理結果や出力結果は正確ですか？					
問5	操作性（使いやすさ）には満足していますか？					
問6	Aシステムはあなたの業務の効率化に役立っていますか？					
問7	サポート体制（障害対応、情報提供）に満足していますか？					
問8	Aシステムの教育研修は十分だと思いますか？					
：	：					

・使用上の留意点

　ユーザー満足度評価は、アンケートの集計結果が良好な場合は問題ないのですが、結果がかんばしくない場合、プロジェクトの関係者の立場を忖度して関係者に評価結果が共有されないことがあります。また、システム本稼動後にトラブルが多発していたりして、悪いアンケート結果が出ることが予想される場合、そもそも実施が回避されたり、実施されても、質問項目が形式的なものになってしまったりすることがあります。

　そのような事態を招かないためには、**事前評価の段階でユーザー満足度評価を誰が、いつ、どのような指標で行うか、および目標とする評点を具体的に決めておくこと**がポイントです。

まとめ

▸ **ユーザー満足度評価とは利用者の要求や期待をどの程度満たしているかをアンケート調査などで評価する手法**

24 非財務的手法〜SLA

本節では、財務指標に結びつけてIT投資の効果を評価するのが難しいケースにおいて、SLA（サービスレベル合意）を評価指標に活用する方法を解説します。

● SLA (Service Level Agreements) とは

SLA は、ユーザー企業とベンダーとの間で取り決められる、開発や運用保守のサービス水準についての合意事項のことです。「サービス仕様」または「サービス保証」とも訳され、サービスの提供者（ベンダー企業など）とサービスを受ける者（ユーザー企業など）との間で、サービス品質をコストに見合ったものにするために取り決める数値目標です。ユーザー企業とベンダーが互いに目指す「目標」という意味で、**SLO (Service Level Object)** と呼ぶこともあります。

SLAは、本来、投資効果を測定するための手法ではありませんが、システムのサービス水準という尺度でIT投資の目的達成度を定量的に評価できることから、IT投資評価の手法としても活用されています。

● SLAが満たすべき要件

SLAで設定する目標は、一般に次のような要件を満たしている必要があります。SLA作成時にはこれらのことを意識し、IT投資評価の指標として活用できるような良質なSLAを作成しておくとよいでしょう。

✓**意味があること（Meaningful）**
　　業務遂行に対して意味のない指標はSLAとして妥当ではない
✓**数値化が可能であること（Countable）**
　　客観的に評価できる指標であること

（サービス提供側とサービスを受ける側で評価がわかれる可能性があるような指標はSLAとして妥当でない）

✓制御可能であること（Controllable）

サービス品質を目標に近づけるための何らかの手段が存在するような指標であること

✓監視可能であること（Measurable）

評価指標が継続的かつ安価に監視できるものであること

■ SLAの例

Aシステムの運用に関するSLA

1. システムオペレーション
   ①サーバー運用
      1. サービス提供時間帯は24時間365日（計画停止を除く）。
      2. サービス稼働率は99.9％以上とする。（基幹業務サーバーのみ）。
      3. サーバー故障時の復旧時間は1時間以内とする。
      4. センターから24時間パフォーマンスの遠隔監視を行う。
      5. オンライン処理の平均応答時間は3秒以内とする。
      6. バッチ処理の平均応答時間は4時間以下とする。
      7. バックアップ方法は日次でフルバックアップとする。
      8. セキュリティ対策としてサーバーのパスワードを3ヶ月に1回、決められた手順に従い変更する。
   ②ネットワーク運用
      1. 年間のネットワーク停止回数は3回以内とする。
      2. 年間のネットワーク停止時間合計は1時間以内とする。
      3. ネットワーク障害の復旧時間は1時間以内とする。
2. ヘルプデスク
      1. 電話による問い合わせ受付は24時間365日。
      2. 問い合わせ応答時間帯は9:00-17:00。
      3. 問い合わせコールには5回以内に応答する。
3. システム変更
      1. 定期的な保守停止は実施の30日前までにメールで通知し、委託元の了承を得た上で実施する。
      2. 年2回の定期バージョンアップを行う。
4. 月次報告
      1. 毎第5営業日に前月の運用実績報告を行う。
      2. 報告には応答時間、ディスク使用量、CPU使用率の最大、最小、平均値を含み、性能上の問題点は速やかに報告すること。

・どういうケースに向いているか

　SLAは、サービス水準を評価の指標とすることから、システムの運用品質が重視されるシステムや投資効果を財務指標に直接結びつけにくいインフラ投資案件などに向いています。とくに財務的にキャッシュフローをもたらさないシステムを定量的に評価することができることから、社内の基幹業務システムの再構築のような案件の成果を経営層にアピールするときにも有用です。また、顧客向けのヘルプデスクサービスの効率化などを目的とした戦略的IT投資の評価にも活用できます。顧客向けのシステムの場合、財務効果の評価に加えて、SLAによる非財務効果を組み合わせて評価するとよいでしょう。

・使い方

　SLAの項目は、前ページの例のように、取り決め事項を定量化して表記していることが一般的です。しかし、多くの場合、契約文書に記載されたSLA項目の内容をそのままでは、IT投資の評価指標として利用しづらいことが多いでしょう。SLAの項目をIT投資の評価に活用するためには、次のように**従来の定量化されたサービス水準をゴール（目標）を表す数値や算式などに変換する**ことがポイントです。

■ 従来のSLAの定量化

ヘルプデスク	問い合わせ対応時間帯 9：00 － 17：00
サーバー運用	センターから24時間遠隔監視

■ 「SLA」化された評価指標

ヘルプデスク	当日中に回答業務を完了する 問い合わせ件数比率が80％以上
サーバー運用	1年間のサーバー停止回数を3回以内

● SLAによる評価のモデル例

　では、SLAを使ってIT投資プロジェクトの評価をする方法をモデル例で見て

いきましょう。

・状況

> 基幹業務システムをグループ全社で統一するために、全社共通のERPシ
> ステムを海外子会社の集中サーバーに導入し、各拠点から利用をスター
> トした。その結果、日本からの端末のレスポンスタイムが大幅に悪化し
> たため、サーバーを緊急に増強するための投資を行うこととなった。

・SLAによる目標値の設定

このケースでは、大幅なレスポンスの悪化を改善することが課題であるため、
レスポンスタイムなどを含むSLAの項目を投資効果の評価指標として設定し
ます。たとえば、「端末でのオンライン入力から表示までの時間が3秒以内の
割合」という「指標」をレスポンスタイムという SLA 項目として定義します。
そして、そのレスポンスタイムが3秒以内である割合という指標を「90%以上」
達成していればよしとする、というようなことを「目標値」として決めます。

■ SLAによる目標設定と評価の例

SLA項目	定義	目標	実績	達成度
レスポンスタイム	端末でのオンライン入力から表示までの時間が3秒以内の割合	90%以上	95%	A
稼働率	計画稼働時間に対する実績稼働時間	98.8%以上	99.6%	A
問い合わせ数	障害に関する問い合わせ数	20件未満/月	5件/月	A
バッチ処理時間	月次決算処理にかかる時間	4時間以内	5.7時間	B

・SLAによる投資効果の評価

投資の実行後、目標としていたSLAを実際にどこまで達成したかを計測し、
その達成度合いを評価します。たとえば、レスポンスタイムのSLA項目であ
れば、90%という目標に対して、実測値が95%だったため、達成度はA（良好）
と評価する、という具合です。

● ヘルプデスクのサービスレベル評価

　最近、従来の電話応答によるヘルプデスク業務をAIやチャットなどを活用して効率化するようなIT投資も盛んに行われるようになってきました。しかし、ヘルプデスク業務の自動化がどんなに進んでも、従来の電話による応対が完全になくなることはないでしょう。たとえば、ヘルプデスクの問い合わせで顕著に多いのが、パスワードの失念です。なりすましのリスクを低減するためには、電話とメール等、複数の方法による本人確認も必要です。

　電話によるヘルプデスク業務のサービスレベルは、**電話放棄率（電話呼損率）、回答時間、一次回答率といった指標により評価**できます。とくに顧客向けのヘルプデスクの場合、これらの指標が示す値が悪いと、顧客満足度に大きな悪影響を与えます。IT投資の前後でこれらの指標を計測し、その変化を投資効果として評価することも有用でしょう。

■ ヘルプデスクのサービスレベル評価項目

・電話放棄率（電話呼損率）$= \dfrac{（取ることができなかった電話の本数）}{（掛かってきた電話の本数）} \times 100$

・回答時間（平均）　　　$=$　1回の応答に掛かった時間の平均値

・一次回答率　　　$= \dfrac{（1回目の電話で問題が解決できた相談の件数）}{（全相談件数）} \times 100$

（出典：「情報システムに係る政府調達へのSLAガイドライン」情報処理推進機構（2004年3月））

まとめ

- ▶ SLAはユーザー企業とベンダーとの間で取り決められる開発や運用保守のサービス水準についての合意事項のこと
- ▶ 要求すべきサービス水準を数値や算式などに変換して評価する

25 非財務的手法 ～情報セキュリティ投資の評価

本節では、これまで解説してきた評価手法では効果を説明しづらいセキュリティ投資の効果を評価する方法を紹介します。情報セキュリティ投資の評価をするには、リスクの大きさを定量化する方法があります。

● 情報セキュリティ投資の評価の難しさと重要性

　情報セキュリティへの投資の効果をどのように評価するかは、昔から多くのIT投資評価の担当者を悩ませてきました。情報セキュリティ投資は、IT投資の中でも質的に重要で、かつ無視できない金額的ウェイトを持っているにもかかわらず、その投資効果を定量的に示すのが難しいためです。

　近年、ますますプライバシーデータの取り扱いを定めた法律は厳しくなる傾向にあります。万一、自社が個人情報の取扱いで法律違反をしたり、顧客情報の漏洩事故が起きたりした場合、会社が受けるダメージは計り知れません。今後、経営者には情報セキュリティ投資への意思決定をさらにスピーディに行うことが求められるでしょう。それは、IT投資評価担当者にとって、経営者の意思決定を支援するための的確な投資評価を行う腕の見せ所でもあります。

● セキュリティ投資の目的はリスクの低減

　セキュリティ投資の目的は、会社にとってのリスクの低減です。情報セキュリティ投資にフォーカスするなら、その目的は、ITリスクを軽減させることです。皆さんは「ITリスク」といわれると、どのようなリスクをイメージされるでしょうか。まず思い浮かぶのが、情報漏洩事故やサイバー攻撃、ウィルス感染など、IT独特のリスクかもしれません。しかし、ITリスクとは、**コンピューターに直結したリスクだけではなく、会社の組織体制の不備やSEのスキル不足、自然災害にいたるまで、じつに幅広い範囲のリスク**が含まれます。

　情報セキュリティ投資とは、コンピューターだけが対象ではなく、システム

の安全運転を脅かすようなあらゆる種類のリスクを考えてそれを低減させるために行う投資だととらえてください。

● 情報セキュリティ対策の種類

ここでもう1つ押さえておきたいのは、通常、1つのITリスクを低減させるために必要な情報セキュリティ対策は、1つではないということです。なぜなら、**情報システムとは、組織的、技術的、物理的、人的な条件がすべて良好であってはじめて、うまく運用できる**ものだからです。たとえば、情報漏洩事故を防ぐためにファイヤーウォールを構築し、サーバーへのログインの都度、ユーザーIDとパスワードを入力させるといった「技術的対策」をしても、利用者が自分のユーザーIDとパスワードを付箋に書いてパソコン画面に貼りつけたり、他の人とユーザーIDを貸し借りしたりしていては、不正アクセスによる情報漏洩事故を防ぐことはできません。つまり、利用者のセキュリティ意識の向上や教育、訓練という人的な対策も技術的対策と合わせて必ず必要だということです。

情報セキュリティ対策は、大きく4つの領域にわけることができます。これら**4つの領域のどれかに偏ることなく情報セキュリティ対策を実施することが望ましい**という点を、投資評価をする対象範囲を検討するうえでの参考にしてください。

■ 4つの情報セキュリティ対策の領域

対策の領域	具体的対策例
組織的対策	情報セキュリティの組織体制づくり、情報資産に対する責任、分類、情報資産の持ち出し管理、など
技術的対策	利用者認証、アクセス制御、権限管理、ログ管理、暗号技術の利用、ファイアウォール、など
物理的対策	コンピュータや通信装置の保護、情報資産の施錠管理、ゾーニング、訪問者や情報資産の受け渡し業者の管理、など
人的対策	情報セキュリティポリシー、セキュリティの意識向上・教育・訓練、機密保持契約、懲戒手続、など

● セキュリティ対策費用の考え方

　セキュリティ対策を検討するとき、「対策費用」と「被害費用」を合計した総費用が最小になるような対策が最適であると考えます。

　セキュリティ対策をたくさん実施すればするほど対策費用は高くなり、その分、いざセキュリティ事故が発生したときの被害費用は小さくできます。逆にいえば、対策費用を少なく抑えれば抑えるほど、被害費用が大きくなってしまうということでもあります。

　したがって、これらがうまくバランスする地点、つまり、対策費用のグラフと被害費用のグラフの交差点に近いところで、会社が支払う対策費用と被害費用の総費用がもっとも小さくなると考えます。そこを目指してセキュリティ対策の内容をプランニングするのが、費用対効果の高いセキュリティ投資を実行するためのコツです。

　情報セキュリティ投資案件の事前評価では、このような考え方でセキュリティ対策が選択されているかという目でも評価するとよいでしょう。

■ セキュリティ対策費用と被害費用の関係

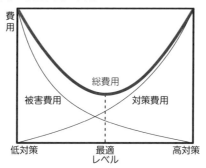

● リスクの定量化

　被害費用と対策費用の合計が最少になるところを目指すのなら、対策費用を積み上げ算で見積もるのと同じように、被害費用がいくらになるのかも見積もる必要があります。被害費用を見積もるときには、**リスクが顕在化したときにどのような損失があるかを予想して、リスクを定量化（金額換算）する**ことが

ポイントです。そのときに役に立つのが、**リスク方程式**の考え方です。

計算式は次のようになります。

$$リスク = 予想損失額 \times 発生確率$$

リスクの大きさは、「予想損失額」つまり、リスクが顕在化したときに会社が被ると予想される損失を金額換算した値に、そのリスクの顕在化が発生すると予想される確率を掛け算して算出します。

■リスク方程式では予想損失額を見積もる

セキュリティ事故にあった
システムの復旧費用

被害にあった
個人顧客への見舞金

業務がストップする
ことで失われる収益

顧客離れによる売上高の
予想低下額

○ 予想損失額の見積もり

では、「予想損失額」の見積もりをどのように行うかについて、1つの考え方を計算式で紹介します。たとえば、個人情報が大量に流出し、会社が大きなダメージを受けるような情報漏洩事故の予想損失額を見積もる場合、次のような考え方で見積もりをしていくと、被害費用を漏れなく見積もることができます。

$$予想損失額 \quad = \quad 表面化被害 \quad + \quad 潜在化被害$$

$$表面化被害額 \quad = \quad 一次的な被害額 \quad + \quad 二次的な被害額$$

$$一次的な被害額 \quad = \quad 損失利益 \quad + \quad 復旧費用$$
$$損失利益 \quad = \quad 時間あたりの売上 \quad \times \quad 停止時間$$
$$復旧費用 \quad = \quad 復旧人件費 \quad + \quad 代替システム購入費$$
$$二次的な被害額 \quad = \quad 補償、補填、損害賠償$$

$$潜在化被害額 \quad = \quad 業務の潜在化被害 \quad + \quad 業務外の潜在化被害$$

$$業務の潜在化被害 \quad = \quad 人件費単価 \quad \times \quad 被害人数$$
$$\times \quad IT業務依存度 \quad \times \quad 停止時間$$

(出典：NPO日本セキュリティネットワーク協会)

「予想損失額」は、大きく「表面化被害」と「潜在化被害」の2つにわけてとらえます。「表面化被害」とは、セキュリティ事故が発生したときに、実際に会社が支出しなければならない復旧のための費用などの「財務的なダメージ」のことです。「潜在化被害」とは、目に見えた金銭支出は伴わないものの、対外的な業務のストップやサービスレベルの低下といった「財務的なダメージ以外の被害」のこととととらえてください。

・表面化被害額

表面化被害額には、**一次的な被害額**と**二次的な被害額**があり、それぞれに見積もって双方を合計します。さらに、一次的な被害とは、**損失利益**と**復旧費用**の合計と考えます。

「損失利益」とは、セキュリティ事故の影響で業務がストップすることで失われる収益のことです。これは、本来、正常に業務を続けていたらば得られたであろう収益はいくらかと考えて見積もってください。たとえば、ネット販売サイトが不正アクセスを受け、顧客情報が流出によって5時間サービス停止に陥った場合、通常、5時間販売サイトを運営して得られる売上が100万円なら、その金額を損失利益として見積もります。

「復旧費用」とは、文字どおり、セキュリティ事故にあったシステムや設備などを復旧し、業務を再開させるためにかかる費用です。復旧作業にあたる人件費がおもな費用ですが、停止したシステムの代わりに、業務を継続させるための別のシステムなどを購入するならその購入費用も合算します。

　「二次的な被害額」とは、自社の復旧以外に対外的な補償や補填、損害賠償が発生する場合に見積もる費用です。たとえば、個人情報の流出事故であれば、被害にあった個人顧客への見舞金が必要になることを想定し、個人情報の保有件数と一人あたりの見舞金の単価を掛けて金額を見積もります。また、自社が起こしたセキュリティ事故によって被害を受けた取引先から損害賠償を求められる可能性がある場合には、契約書での損害賠償の上限金額額などを参考に、予想される損害賠償額を見積もって合算します。

・潜在化被害額

　潜在化被害には、**業務の潜在化被害と業務外の潜在化被害**の2種類にわけることができ、それぞれ見積もって合算します。

　業務の潜在化被害は、まず、**セキュリティ事故により被害を受ける人の人数**に**人件費単価**を掛け算することで、業務影響を人件費の大きさとしてとらえます。さらに、事故によるシステムの**停止時間数**に**IT業務依存度**を掛け算して、どのくらいの程度で業務影響を受けたかを加味します。

・IT業務依存度

　IT業務依存度とは、被害を受けた業務がどの程度、ITに依存しているかを表す係数です。つまり、ITがなければ業務をまったく継続できないのか、それとも別の手段を使って業務を継続することができるのかによって、仮に同じ時間システムが停止していたとしても、ビジネスに与えるダメージは大きく違うため、被害額の大きさを定量化するときにそれも加味しましょう、ということです。

　たとえば、取引先とのオンラインでの受発注システムが完全に停止してしまっても、代わりに電話やFAXを使って人手で受発注業務を継続できるなら、IT業務依存度は低く設定することもできます。しかし、1秒間に大量の取引を行う金融商品の売買システムであれば、システムが停止してしまったら、もう

お手上げです。代わりに人手で業務を継続することは困難なら、IT業務依存度を高く設定します。

・業務外の潜在化被害

　業務外の潜在化被害とは、セキュリティ事故の発生やそれに伴うサービスレベルの低下などにより、会社の信用が失墜し、企業のブランド価値が下がるといった会社全体に及ぼされる目に見えない被害のことです。業務外の潜在化被害を金額換算するのはなかなか難しいのですが、自社のビジネスにとって、ブランドイメージの維持・向上が不可欠であるならば、これもなんらかの方法で金額換算して合算したいところです。

　たとえば、顧客離れによる売上高の予想低下額、株価下落による予想損失額、企業イメージ回復のための広報にかかる費用などを被害額として見積もるといったことが考えられます。

まとめ

▶ **セキュリティ対策では対策費用と被害費用を合計した総費用が最小になるような対策が最適**

▶ **被害費用はリスクが顕在化したときにどのような損失があるかを予想して、リスクを定量化する**

26 情報セキュリティ投資評価のモデル例

前節ではリスク方程式と予想損失額の算定式を紹介しました。本節では、それらを利用して、セキュリティ投資案件を評価する方法を具体的なモデル例を通して考えてみます。

● 情報セキュリティ投資の評価作業ステップ

情報セキュリティ投資案件を評価するときは、次の図のような作業ステップで行います。

■ 情報セキュリティ投資の評価作業ステップ

STEP1：リスクの洗い出し

STEP2：リスクの定量化

STEP3：情報セキュリティ対策によるリスク軽減量の見積もり

STEP4：セキュリティ対策の投資額の見積もり

STEP5：リスク軽減量と投資額との比較による最適案の採択

● 情報セキュリティ投資評価のモデル例

　情報セキュリティ投資案件を評価する方法を次のようなモデル例で考えてみます。

　ある国内製造業のＸ社は、次のような状況でシステムを運用しています。

- ・自社製品のWebの販売サイトを自社で運用しており、顧客の個人情報を大量に保有している
- ・マシン室はオフィス内の会議室を利用しており、出入口に鍵はない
- ・マシン室には外部委託先のSE委員を常駐させて、システムの開発保守／運用管理業務を委託している
- ・外部委託先とネットワーク接続をして、保守開発で使うデータなどをやりとりしているが、データの暗号化はしていない
- ・管理者用端末として使っているパソコンは複数人で共有しているため、パスワードを付箋に書いてキーボードの脇に貼っている
- ・A4一枚のセキュリティポリシーが全社員にHPで公開されている

　ところが、ある日、Ｘ社の販売サイトの会員の個人情報が大量に持ち出され、名簿業者に売られていることが判明しました。

　そこでＸ社は、次のような情報セキュリティ投資の対策案を考え、どのセキュリティ対策がもっとも有効な対策であるのかを評価することとなりました。

A案	暗号化ツールを導入し、万一、部外者に個人情報が漏れたとしても被害が出ないようにする
B案	外部コンサルを利用して、セキュリティポリシーの見直しと社内教育を行う
C案	パソコンのUSBポートを破壊し、内部社が個人情報を持ち出せないようにする。かつ、業務上必要なデータの持ち出しに使うUSBなどの過半媒体を鍵付きの金庫に保管する

● STEP1：リスクの洗い出し

　リスクの洗い出しのステップでは、考えられるリスクをできる限り、網羅的に洗い出して、影響度や頻度から、おおまかな重要度を判断します。

　Ｘ社の状況では、パスワードが付箋に書いてキーボードの脇に貼られていることから、「部外者がパスワードを盗み、不正にログインする」というリスクが考えられます。また、外部接続をして委託先と暗号化していないデータをやり

とりしていることから、「外部委託先とのデータ伝送中に機密情報を盗聴される」というリスクも考えられます。このようにして考えられるリスクをすべて洗い出し、リスクごとにその影響度（被害額）と頻度（発生確率）を仮定し、それらを勘案して、それぞれの重要度（高・中・低）を特定します。こうして洗い出されたX社のリスクを重要度の高い順にソートします。

■ リスクの洗い出し

	考えられるリスク	影響度 （被害額）	頻度 （発生確率）	重要度
1	部外者がパスワードを盗み、不正にログインする	大	中	高
2	内部の要員が可搬媒体に個人情報をコピーして持ち出す	大	中	高
3	外部委託先とのデータ伝送中に営業機密を盗聴される	大	中	高
4	販売サイトがサイバー攻撃を受け、サービスが1日停止	大	小	高
5	震災が発生し、予備機に切替する間、本番機が停止する	中	小	中
6	マシン室にシステムに従事しない者が入室する	小	小	低
:	:	:	:	:

　次に行うのが、どこまでのリスクをセキュリティ対策で軽減させる対象とするかの線引きです。たとえば、少なくとも上から4番目までのリスクはX社にとって重要度が高いため、1番から4番までリスクを軽減させることセキュリティ対策の目標とする、ということを決定します。逆にいえば、5番以下のリスクは、セキュリティ対策で軽減できなくてもよしとする、ということです。この場合の5番以下のリスク、すなわち**リスクの重要度が低い（発生確率が十分小さい、または発生しても損害が小さいために無視できる）リスクのことを「受容リスク」**といいます。セキュリティ対策によって、すべてのリスクを受容リスク内に抑えることを目指します。

　リスクの洗い出しステップでは、できる限り多くのリスクを洗い出したうえで、洗い出されたリスクが50個あったとすれば、たとえばそのうち上位30個まではセキュリティ対策で軽減させることを目指し、下位20個のリスクは受容するという見極めをすることがポイントです。なぜなら、受容リスクの見極めこそが、必要以上にセキュリティ投資にコストをかけていないかの判断根拠

になるためです。

● STEP2：リスクの定量化

　次にリスクが顕在化したときの影響度を予想損失額として金額換算し、発生確率を乗じて、リスクの大きさを定量化します。ここで、リスク方程式を適用します。

　X社のケースでは、1番から4番までのリスクを軽減させる対象としたので、それぞれについて、リスクが顕在化したときの予想損失額と発生確率を見積もり、それらの掛け算によってリスクの大きさを定量化します。

■ リスクの定量化

(単位：万円)

考えられるリスク	(a) 予想損失額				(b) 発生確率	(a)×(b) リスクの大きさ
	表面化被害額			潜在化被害額		
	損失利益	復旧費用	損害賠償			
パスワードの漏洩	0	200	0	0	90%	180
内部者の個人情報持出し	1,000	0	1,700	800	25%	875
営業機密の盗聴	500	300	0	0	20%	160
サイバー攻撃 (DDoS)	2,000	500	0	600	5%	155

　この表における予想損失額の見積もり項目は次のようになります。

■ X社の予想損失額の見積もり項目

- ・損失利益..............大量の個人情報流出に伴う業務停止や顧客離れによってX社が失う売上金額
- ・復旧費用..............セキュリティ事故のあとに業務を再開、継続させるための人件費やシステム改修費
- ・損害賠償..............個人への見舞い品代、送料など
- ・潜在化被害額.......謝罪広告費、問い合わせ窓口設置などの臨時対策費用

● STEP3：リスク軽減量の見積もり

リスクの大きさを定量化できたら、次にセキュリティ対策により軽減できるリスクを定量化します。

X社の場合、A案からC案までの3つのセキュリティ対策のそれぞれが4つのリスクをどのくらい軽減できるかを見積もります。

■ リスク軽減量の見積もり（年間）

(単位：万円)

考えられるリスク	リスクの大きさ	セキュリティ対策		
		A案	B案	C案
		暗号化ツール導入	セキュリティポリシー見直し+教育	USB破壊+金庫
パスワードの漏洩	180	0	180	0
内部者の個人情報持出し	875	600	200	200
部外者による営業機密の盗聴	160	160	0	0
サイバー攻撃（DDoS）	155	100	100	0
リスク軽減量		860	480	200

たとえば、A案の暗号化ツールの導入によって、「パスワードの漏洩」というリスクが軽減されることはないならば、リスク軽減量は0と見積もります。2つ目の「内部者の個人情報持ち出し」というリスクは軽減できるならば、軽減できるリスクの量をたとえば500万円と見積もります。なぜ500万円か？については、リスクが顕在化したときの被害額の見積もりと考え方は同じです。このケースでは、暗号化ツールを導入していれば、内部者が個人情報を保存した可搬媒体を持ち出したとしても暗号化されていることで情報漏洩を免れると考え、次のように見積もります。

> **軽減できるリスク量　＝　内部者が持ち出す個人情報の件数**
> **×　個人情報の流出1件あたりの被害額**

X社の従業員が普段USBメモリで持ち歩く個人情報の件数が平均200件程度であれば、「内部者が持ち出す個人情報の件数」を250件と仮定します。次に「個

人情報の流出1件あたりの被害額」は、外部の統計データなどの数値を参考に金額を仮定します。2018年のJNSAの調査によれば、個人データ流出事故により会社が支払う損害賠償額は、個人情報1件あたり2万9,768円というデータがあります。この約3万円という数値を見積もり前提として利用し、200件×3万円と考え、600万円と見積もるというのが1つの考え方です。ほかの項目についても同様にそれぞれのセキュリティ対策が軽減できるリスクの量を自社の状況や見積もり前提をなんらか仮定して算出します。

X社のケースでは、A案、B案、C案ごとに軽減できるリスクの量の合計値を比較すると、A案がもっとも軽減できるリスクの量が多い対策案であることがわかります。

● STEP4：投資額の見積もり

今度は、A案からC案までのセキュリティ対策を実施するために必要な投資額を見積もります。ここでのポイントは、ランニングコストは1年分だけでなく、数年先の分まで見積もることです。セキュリティ投資では、外部環境やテクノロジーの変化が早いことを考えると、あまり長期まで想定する必要はありませんが、ある程度、3年くらいは先までは見込んで見積もり、それを初期費用に合計して投資額の総費用を見積もることをお勧めします。

■ 投資額の見積もり

	初期費用	ランニングコスト			合計
		1年目	2年目	3年目	
A案	2,500	375	375	375	3,625
B案	500	0	0	0	500
C案	100	10	10	10	130

● STEP5：リスク軽減量との比較による最適案の採択

最後に、リスク軽減量と投資額の差額を比較することにより、どのセキュリティ対策が最適な案であるかを評価します。

■ リスク軽減量との比較による最適案の採択

	(a) リスク軽減量 (3年間合計)	(b) 投資額	差額 (a) – (b)	評価
A案	2,580	3,625	-1,045	△
B案	1,440	500	940	◎
C案	600	130	470	○

　X社のケースでは、軽減できるリスクの量はA案がもっとも大きかったものの、データ暗号化ツールの導入にかかる費用も相当額かかるため、投資対効果を考えれば、最適とはいえないことがわかります。もっともリスク軽減量と投資額の差額が大きい、つまり費用対効果が高い対策案はB案ということになります。このケースでは、B案を可決する、もしくはB案とC案の両方を採択するというのが結論となります。

　セキュリティ対策は、どれか1つを実行するというよりは、複数の対策案を組み合わせて実行することがリスクの軽減により効果を上げます。X社の場合は、B案とC案のリスク軽減量と投資額の差額がプラスの結果となっていますので、予算の許す限り、差額がプラスの評価となった対策案をすべて採択すると考えることもできます。

まとめ

▶ 情報セキュリティ投資の評価では、リスクを定量化しセキュリティ対策によるリスク軽減額を効果として評価して投資額と比較する方法もある

27 財務的手法〜 ABC/ABM

本節では、業務の省力化が期待されるようなIT投資の効果を評価するときに役立つ
ABC/ABM（Activity Based Costing/Activity Based Management）と呼ばれる手法
を紹介します。

● 業務改善型のIT投資の評価方法

　我が国では、海外に比べて業務改善を目的としたIT投資プロジェクトが多く、
IT投資全体の中で依然としてかなり高い比率を占めています。従来、人手で行っ
ていた業務をシステムで自動化することで人件費の削減を狙うといったコスト
削減のためのIT投資がその代表例です。経営者がIT投資にもっとも期待する
のが、業務改善の効果であるといっても過言ではありません。

　しかしながら、IT投資プロジェクトの完了後、実際にどのくらいの人件費が
削減できたかを正確に事後評価できている企業はあまり多くありません。では、
どのように業務改善型のIT投資案件を事後評価すればよいのでしょうか。業務
改善型のIT投資の効果を正確に測定するには、**ABC/ABM**という手法が役に
立ちます。

● ABC/ABMとは

　ABC（Activity Based Costing） は活動基準原価計算と呼ばれる経営管理の手
法で、**業務をアクティビティーと呼ばれる単位まで細かく分類し、アクティビ
ティー単位にコストを算出**することです。**ABM（Activity Based Management）**
は活動基準管理と呼ばれ、**ABCのデータに基づいて業務管理を行うこと**です。

　つまり、ABC/ABMでは、各アクティビティーに対して付加価値を分析し、
人手での作業をシステムに代替するための分析を行います。また、分析結果に
基づいて新しい業務フローを設計し、その業務コストやスループット時間を見
積もります。

・どういうケースに向いているか

　ABC/ABMを導入することによって、業務の取引量や手間をベースに、会社が行う活動の実態に即して業務コストを正確に把握することができます。業務コストを正確に把握することは、業務を省力化するときのコスト削減効果を測定するアプローチでもあることから、ABC/ABMの考え方は、収益を生まないタイプのIT投資、とくに業務改善型のIT投資のコスト削減効果を評価するケースに向いています。

● アクティビティーとは

　ABCとは、「業務をアクティビティー単位に細かく分類し、アクティビティー単位のコストを算出すること」ですが、この「アクティビティー」とは、一連の業務をいくつかの作業に細分化したときの最小の活動単位のことです。次の図で表したマス目1つがアクティビティーにあたるととらえてください。

■ アクティビティーは一連の業務を細分化したときの最小の活動単位

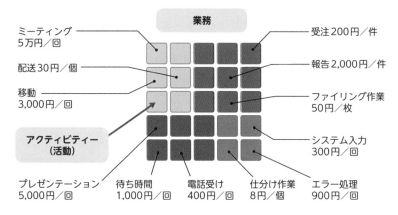

　要は、ABCとは業務コストを正確に把握するために、1つ1つの作業に値段をつけることです。たとえば、FAXで注文を受け取る作業が1回200円、注文に不備がないかチェックして報告する作業が1回2000円、注文書をファイリングする作業が1枚あたり50円、というように、アクティビティーの単価を決め、それに回数を掛け算して加算していくことで、ひとかたまりの業務のコ

ストを積み上げ算で算定します。

● ABCの計算方法

ABCの計算ロジックは、次のとおりです。各アクティビティーを実施する人の時間単価にアクティビティー1回にかかる作業時間を掛け算し、さらにそのアクティビティーの年間の発生回数を掛け算します。

| ABCコスト | = | 単価 | × | 時間 | × | 回数 |

たとえば、1分あたりの人件費単価が40円の物流担当者が行っている顧客Aに対するピッキング作業が1箱あたり1分かかり、年間30万箱出荷される場合、顧客Aに対する年間のピッキングコストは次のようになります。

■ 顧客Aに対する年間のピッキングコスト

| 顧客Aに対するピッキングコスト（年） | | 物流担当者の標準原価 | | ピッキング標準作業時間 | | 年間出荷ケース数 |
| 12百万円 | = | 40円／分 | × | 1分／箱 | × | 30万箱 |

● アクティビティーコストの分析例

このABCの計算ロジックのすぐれた点は、計算式の右辺でコストの構成要素を3つに分解して考えることによって、最適なアクティビティーコストを分析できることです。

たとえば、この例では、1分40円の単価である物流担当者がピッキングを担当していますが、もし単価20円のパートの人に交代して同じ作業時間で対応できるなら、年間のピッキングコストを半減させることができます。あるいは、1箱あたり1分かかっている人手でのピッキング作業をシステムで自動化して30秒に短縮できるなら、それでも年間ピッキングコストを半減することができます。さらに、ピッキングのやり方を変えることでアクティビティーの年間

回数を減らせるなら、その方法でもトータルのピッキングコストを削減することができます。

　このようにABC計算のロジックを活用して最適なアクティビティーコストを分析することで、コスト削減のアプローチを分析することができるのです。

■ コスト削減のアプローチを分析することができる

● ABCによる投資評価の作業ステップ

　ここからは、ABC/ABMの手法を用いて業務改善型の投資案件の効果を評価する方法を紹介します。ABC/ABMを用いてIT投資を評価するときの作業ステップの全体の流れは次のとおりです。

■ ABC/ABMを用いたIT投資評価の作業ステップ

STEP1：既存業務フローと ABCコストの算出

STEP2：新業務フローと ABCコストの算出

STEP3：投資額とランニングコストの見積もり

STEP4：投資後のコスト削減額の見積もり

STEP5：NPVの算出による投資可否判断

● ABCによる投資評価モデル例

　モデル例として製造業の売上プロセスに業務改善型のIT投資を行うための事前評価を想定します。現状、すべて手作業で行っている受注・出荷・売上計上の業務プロセスに対して、新規システムを導入することで業務の効率化をはかるというケースです。この場合、投資可否の判断ポイントは、投資額に見合ったコスト削減効果を挙げられるかどうかです。

　これをABCの手法を利用して評価していきます。

● STEP1：既存業務フローと現状のABCコストの算出

　まず、現状の業務フローを作成し、ABCコストを算出することで、現状の業務コストを把握します。

　既存の業務フローに従って、一連の業務の流れを「信用調査」、「見積もり書の発送」といったアクティビティーの単位に分割していきます。業務フローをアクティビティーに分割するときには、その作業の実施主体が同一かどうかという点に留意してください。たとえば、「製品の組み立て・入庫」というアクティビティーは、この例では1つのアクティビティーと認識していますが、もし、組み立てる人と入庫する人が別で、単価も違う人が担当しているなら、組み立てと入庫を別々のアクティビティーとしたほうがより精緻な見積もりができます。ただ、あまりアクティビティーを細かくわけすぎても分析の効率が悪くなりますので、適度な粒度で分割してもらえればと思います。

　次に、識別したアクティビティーの実施にかかる所要時間を割り出し、実施する人の時間単価も特定して、両者を掛け算することで、アクティビティーごとのABCコストを算出します。

■ 既存業務フローと現状のABCコスト

既存業務フロー
（手作業による業務フロー）

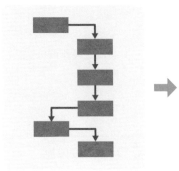

アクティビティー	所要時間 (h)	標準 単価	ABC コスト （円）
信用調査	5.0	3,900	19,500
見積書の発送	1.5	3,900	5,850
注文書・契約書の確認	3.6	3,500	12,600
受注伝票の起票	0.6	3,500	2,100
出荷指図書の発行	1.0	3,500	3,500
出荷の消し込み	0.4	3,500	1,400
在庫引当	0.3	5,000	1,500
製造指図書の発行	0.3	5,000	1,500
製品の組み立て・入庫	6.0	5,400	32,400
製品の出荷	2.5	5,000	12,500
製品有高帳の更新	0.2	5,000	1,000
出荷報告書の発行	1.0	5,000	5,000
売上伝票の起票	0.3	7,500	2,250
ワークフロー全体	22.7		101,100

　ワークフロー全体でABCコストを合計すると、現状は、この業務プロセス1回あたりに101,100円の業務コストがかかっていることがわかります。

● STEP2：新業務フローと投資後のABCコストの算出

　次に、IT投資を実行して新しい業務フローとなったときの業務コストの見積もりをします。システムを利用することを前提に新業務フローを設計し、そのフローに従って同様にABCコストの算出を行います。

　新しい業務フローに対しても、アクティビティー単位に所要時間と標準単価を見積もってABCコストを算出します。

　たとえば、システム導入によって、従来、手作業で行っていた「出荷指図書の発行」や「製造指図書の発行」、「出荷報告書の発行」というアクティビティーが完全に自動化されるのであれば、所要時間を0と見積もることができ、そのABCコストも0になります。

　また、「受注伝票の起票」というアクティビティーを現状の業務フローのときと新業務フローで見比べてみてください。従来、人手では0.6時間かかっていた起票作業が、システム導入によって半分の所要時間ですむようになるため、

短縮後の所要時間数を0.3時間として見積もります。

　さらに、システム導入によって作業の難易度が下がることにより、担当者をより単価の安い要員に変更することができることもあります。このモデル例では、「製品有高帳の更新」というアクティビティーは、従来は、時給5,000円のベテラン社員が行っていたけれども、システム導入により作業が単純化されて若手社員にも任せられるようになり、標準単価を2,000円で見積もることができたと想定しています。所要時間は従来と同じでも、標準単価が下がることでABCコストを下げられるケースもあります。

■ 新業務フローと投資後のABCコスト

新業務フロー
（ITを利用した業務フロー）

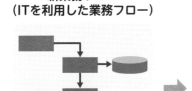

アクティビティー	所要時間 (h)	標準 単価	ABC コスト (円)
信用調査	5.0	3,900	19,500
見積書の発送	1.0	3,900	3,900
注文書・契約書の確認	3.6	3,500	12,600
受注伝票の起票	0.3	3,500	1,050
出荷指図書の発行	0.0	3,500	0
出荷の消し込み	0.1	3,500	350
在庫引当	0.2	5,000	1,000
製造指図書の発行	0.0	5,000	0
製品の組み立て・入庫	6.0	5,400	32,400
製品の出荷	2.5	2,000	5,000
製品有高帳の更新	0.2	2,000	400
出荷報告書の発行	0.0	2,000	0
売上伝票の起票	0.2	7,500	1,500
ワークフロー全体	16.8		77,700

　このようにして、ワークフロー全体でABCコストを合計すると、新業務フローでは、この業務プロセスのコストを77,700円に削減できることがわかります。

○ STEP3：新システムの投資額の見積もり

　新旧の業務フローでのABCコストの算出ができたら、次は新システムの導入にどのくらいのコストがかかるのかを見積もります。

新システムの導入コストは、第2章でお話したとおり、初期費用とランニング費用の合計で総費用を算出します。ランニング費用では、システムライフ期間全体で見積もることにご留意ください。このモデル例では、新システムのシステムライフサイクル期間を5年と見積もったため、運用費用の年額200万円に5年を掛け算して算出しています。

■ 新システムの投資額の見積もり

（単位：万円）

費用		金額
初期費用	ハードウエア購入費	300
	ソフトウエア購入費	500
	開発費用	2,000
	初期費用　計	2,800
ランニングコスト（年額200万×5年間）		1,000
総費用		3,800

● STEP4：投資後の業務コスト削減額の見積もり

さて、ここでSTEP1とSTEP2で算出した新旧の業務コストを使って、新システム導入後にどのくらい業務コストを削減できるかを見積もります。これがこのIT投資の効果額にあたるところです。

業務コストの削減額は、次のように現行の業務コストと投資後の業務コストをそれぞれ年額で算出し、その差額で評価します。この例では、「信用調査」から「売上伝票の起票」までの一連のワークフローを1日1回行うことを想定しているため、1回あたりの業務コストに年間365回を掛け算します。

現行の業務コスト（年額） ：　101,100円　×　365回　＝　36,901,500円
新業務コスト（年額）　　　：　77,700円　×　365回　＝　28,360,500円
コスト削減額（年額）　　　：　現行の業務コスト（年額）－ 新業務コスト（年額）
　　　　　　　　　　　　　＝　36,901,500円　－　28,360,500円
　　　　　　　　　　　　　＝　8,541,000円

● STEP5：NPVによる投資可否判断

　最後に、新システムの導入により期待できるコスト削減額と投資額の見積もり結果を用いて、投資可否判断を行ってみましょう。次にNPV法で投資評価を行う場合の計算フォーマットの例を示しました。この例では、システムライフサイクル期間を5年、割引率は5%と想定しています。

■NPV法による投資評価の計算フォーマット例

		初期投資	1年目	2年目	3年目	4年目	5年目	合計
(a)効果額	現行業務コスト		36,901,500	37,639,530	38,392,321	39,160,167	39,943,370	192,036,888
	新業務コスト		28,360,500	28,927,710	29,506,264	30,096,389	30,698,317	147,589,181
	差引		8,541,000	8,711,820	8,886,056	9,063,778	9,245,053	44,447,707
(b)投資額	H/W購入費	3,000,000	0	0	0	0	0	3,000,000
	S/W購入費	5,000,000	0	0	0	0	0	5,000,000
	開発費	20,000,000	0	0	0	0	0	20,000,000
	運用費		2,000,000	2,000,000	2,000,000	2,000,000	2,000,000	10,000,000
	合計	28,000,000	2,000,000	2,000,000	2,000,000	2,000,000	2,000,000	38,000,000
(a)効果額 － (b)投資額		-28,000,000	6,541,000	6,711,820	6,886,056	7,063,778	7,245,053	6,447,707
割引率　5%		1	0.952381	0.907029	0.863838	0.822702	0.822702	
NPV		-28,000,000	6,229,524	6,087,815	5,948,437	5,811,384	5,960,520	2,037,680

　この計算フォーマットでは、まず (a) 効果額を、現行の業務コストと新システム導入後の業務コストとの差引として見積もっています。ここは、STEP4で1年目の業務コスト削減額を算出したとおりです。基本的に1年目と同様に2年目から5年目まで見積もっていくのですが、この計算例では、2年目以降の担当者の昇給分を毎年2%と想定し、2年目以降の業務コストに担当者の昇給分を加味しています。普通に考えれば、ライフサイクル期間5年のあいだに、作業担当者も昇格、昇給していくことが考えられます。担当者の昇給分を将来の業務コストの見積もりに必ず反映すべきかどうかは、会社や状況によっても異なるため一概にはいえませんが、担当者の昇給による標準単価の上昇率が無視できないくらい大きいことが予想される場合は考慮したほうがベターです。

考慮する場合は、各担当者が何年目に昇給するかを細かく仮定してシミュレーションしてもかまいませんが、この計算例では、毎年2%の割合で担当者の昇給によるコスト増があると仮定し、2年目以降の現行業務コストと新業務コストの見積もりに上乗せしています。

次に（b）投資額として、システム導入の初期費用と1年目から5年までのランニング費用をシミュレーションします。これは STEP3でお話したとおりです。

そして、（a）効果額と（b）投資額の差額を算出し、この差額に対して、割引率を使って、年ごとに現在割引価値に変換していきます。

割引率の行は、初期投資のタイミングを0年目ととらえ、0年目は割引く必要がないため「1」とし、1年目は1を1.05で割った値を小数点第6位まで示してあります。2年目以降も同様に、前年の数字を1.05で割った値を5年目まで算出します。

このようにして、1年目から5年目までの 現在割引価値を合計すると、2,037,680円という結果となり、NPVがゼロより大きい値となることから、投資案は可決、という判断をすることができます。

まとめ

▶ **システム導入による業務コストの削減効果の評価には、ABC/ABM という経営管理手法を活用するとよい**

28　非財務的手法〜IT-BSC

バランススコアカードをIT投資評価に適用することをIT-BSCと呼んでいます。本節では、バランススコアカードとは何かといった点とIT-BSCによる評価の流れについて解説します。

● IT-BSCによる業績評価指標にフォーカスした評価

ITは、本来、経営戦略を実現するための手段です。したがって、IT投資プロジェクトの目的は会社の経営戦略や経営戦略に基づく業績目標と必ず一致しているはずのものです。しかしながら、実際には、IT投資プロジェクトに数多くの人が関与して方向性を決めていく中で、機器やソフトウエアの調達に利害が絡んでオーバースペックになったり、要件定義が不十分で業務に必要な機能が提供できなかったりすることはないでしょうか。

そのようなことを防ぐためには、経営者と同じ視点で会社の業績評価指標にフォーカスしたIT投資評価を目指して、**IT-BSC**を活用することが有効です。

● BSCとは

IT-BSCとは何かを理解するために、まずBSCとは何かを知っておく必要があります。BSCとは、**バランススコアカード**（Balance Scorecard）の略称で、1992年にハーバード大学のロバート・キャプラン（Robert S.Kaplan）教授とコンサル会社社長のディビッド・ノートン（David P.Norton）氏が、ハーバードビジネスレビュー誌上に発表した業績評価システムです。端的にいえば、「ビジョンと戦略をアクションプランに落とし込み、企業に成長力と競争力をつける戦略的マネジメントツール」ということになります。このBSCをIT投資評価に適用したのがIT-BSCです。

● バランスが意味すること

バランススコアカードというからには、何かと何かが「バランス」するわけですが、「4つの視点」がうまくバランスするように企業の戦略を立てましょう、というのがBSCの考え方です。

■「バランス」が意味すること

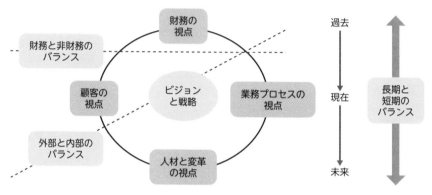

BSCが提唱された背景には、1990年代のアメリカで、経営者が株主へのアピールを重視するあまり、売上高や利益だけを追い求め、短期的な視野での経営に陥ってしまったことへの反省があります。

上記の図で「財務の視点」とそのほかの3つの視点との間に線が引かれているのは、企業経営においては、売上高や利益のような財務の視点ばかりを重視するのではなく、財務以外の視点についても経営目標を定めてマネジメントすることが望ましい、ということを表しています。

同様に「財務の視点」と「顧客の視点」の2つと「業務プロセス」と「人材と変革」の2つの間にも斜めの線が引かれています。これは、株主や顧客という「外部」の視点と、会社の中の業務や従業員という「内部」の視点もやはりどちらかに偏ることなく、バランスよく目標設定をしてマネジメントしましょう、ということを表しています。

また、長期と短期という面においてもバランスを考えることが提唱されています。つまり、売上高や利益という指標は、数字が確定した段階ですでに「過去」となった経営活動を表したものですが、顧客や業務プロセスといった「現在」進行形の活動や従業員の成長のような「未来」のこともバランスよく目標設定

してマネジメントしましょう、ということです。

● BSCの4つの視点

4つの視点とは、「財務の視点」、「顧客の視点」、「業務プロセス」、「人材と変革の視点」[*1]の4つです。それぞれの概要と具体的な指標は次のとおりです。

■ BSCの4つの視点

4つの視点	視点の概要	具体的な指標（例）
財務の視点	財務的業績の向上のために、株主に対してどのように行動すべきか	売上高、利益、ROE（株主資本利益率）、売上高利益率、資本回転率など
顧客の視点	戦略を達成するために、顧客に対してどのような行動をすべきか	顧客満足度、顧客定着率、対象市場におけるマーケットシェア、新規顧客獲得数、クレーム発生率など
業務プロセスの視点	株主と顧客を満足させるために、どのような業務プロセスに秀でることが求めれているか	製造業では、開発効率、在庫回転数、生産リードタイム、改善施策提案数など小売業では、品揃商品の入荷時間、欠品率、イベント実施数、仕入先への情報提供など
人材と変革の視点	戦略を達成するために、どのようにして変化と改善のできる能力や環境を維持するのか	資格保有率、従業員満足度、新技術開発数、特許出願数などの社員の能力や会社全体の知的資産がどれだけ蓄積されたかを表すもの

● 経営活動における IT 投資のとらえ方

次にIT投資を経営の中でどうとらえるかをBSCのベースである経営管理のフレームワークに沿って押さえておきたいと思います。

経営管理のフレームワークでとらえれば、**IT投資とは、情報資本のあるべき姿（To-Be）と現状（As-Is）のギャップを埋めることを目指して実行される**ものということができます。

---

*1) 「人材と変革の視点」は、BSCの以前のバージョンでは、「学習と成長の視点」と呼ばれていました。経営戦略を達成するために、どうやって従業員がスキルアップし、会社がナレッジや知的財産を蓄積するかという視点です。

■ 経営活動における IT 投資のとらえ方

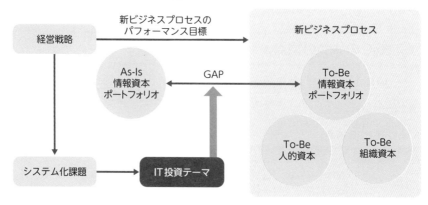

(出典：Robert S. Kaplan ＆ David P. Norton, Strategy Mapsの考え方をもとに作成)

IT投資が行われるのは、まず「経営戦略」が策定され、そこから新ビジネスプロセスのパフォーマンス目標が策定され、その目標を達成するために必要な新ビジネスプロセスが構築されるととらえます。IT投資のテーマ、つまり何に投資するかは、経営戦略から派生してくるシステム化課題に基づいて決まってくるものであるということです。

もう少し具体的に説明しましょう。たとえば、ある会社が売上高を20％アップするという経営戦略を打ち立てたとします。その20％の売上増を達成するために、従来の店舗販売に加えてインターネット経由でも商品を販売するとします。そうすると、そのWeb販売サイトの新規構築、および販売サイトを運営するための組織、要員も新しく必要です。「To-Be情報資本ポートフォリオ」とは、新規構築するべきWeb販売サイトを含んだ「あるべき姿」のシステムの状態を指しています。いっぽうで、「As-Is情報資本ポートフォリオ」とは、そのWeb販売サイトを持っていない「現状」のシステムの状態です。「あるべき姿」と「現状」とのギャップを埋めるために行うこととして決まってくるのが、Web販売サイトの構築というIT投資テーマだということです。

○ なぜBSCを IT 投資評価に応用するとよいのか

IT投資の成果を最大化するためには、**経営目標と IT投資の目標が整合**して

いる必要があります。通常、IT投資から効果までは多段階の因果関係に基づいて、1つの投資で複数の効果が実現されるため、因果関係を単純に結びつけられないことが多いと思います。たとえば、ある商品の売上がアップしたとき、それは商品の改良のおかげなのか、営業マンの努力の結果なのか、あるいは広告宣伝の効果なのか、さまざまな要因が考えられます。

　投資効果評価の評価尺度を適切に設定するためには、経営戦略と IT投資の目的をリンクさせ、効果実現の因果関係の仮説を可視化することが必要です。そのときにBSCの考え方が役に立ちます。

■ 効果実現の因果関係の仮説を可視化する

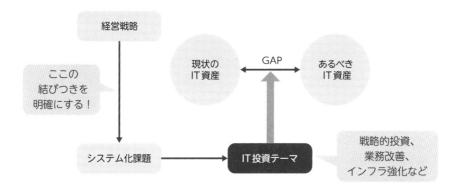

● BSCの全体の流れ

　ここから、BSCのフレームワークを概説していきます。BSCによる経営管理は、大きくは次のような流れで行います。

①ビジョンと戦略の設置
②戦略目標の設定
③重要成功要因（CSF）の設定
④業績評価指標（KPI）の設定

　まず最初に、会社が将来どうなりたいのかという「ビジョン」を定め、その

ために何をするのかを「戦略」として設定し、そこから戦略を実現するための具体的な目標を設定し、その目標をさらにブレークダウンして行き、最終的には、従業員ひとりひとりのアクションプランにまで落とし込む、というのがBSCの全体の流れです。

● 戦略マップとは

BSCの流れの「戦略目標の設定」のステップで作成するのが、**戦略マップ**です。戦略マップの考え方では、**戦略とは「どのようにしたら、ビジネスが成功するか？」を示した「仮説」**です。戦略マップとは、そのサクセスストーリーを「財務の視点」、「顧客の視点」「業務プロセスの視点」、「人材と変革の視点」の4つの視点で1枚の図にまとめたものととらえてもらえればよいでしょう。

戦略マップにより戦略目標を設定することで、抽象的に表されているビジョンと戦略を次に作成する重要成功要因と業績評価指標に置き換えやすくします。戦略マップの作成では、4つの視点ごとに個々に設定した目標を因果関係の矢印で結んで可視化することがポイントです。

■ 戦略マップの例

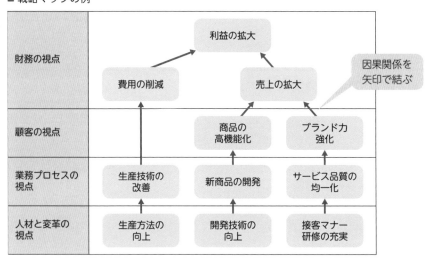

⭕ 重要成功要因（CSF）と業績評価指標（KPI）の設定イメージ

次に「重要成功要因（CSF）の設定」と「業績評価指標（KPI）の設定」についても、具体的なイメージを見ておきましょう。

CSF（Critical Success Factor：重要成功要因）は、戦略マップで戦略目標を設定したあとに、経営戦略などを計画的に実施する際、その目標・目的を達成するうえで決定的な影響を与える要因のことです。

KPI（Key Performance Indicator：業績評価指標）とは、CSFのどの程度達成したかを具体的に評価するための指標のことです。

たとえば、顧客の視点で、「ブランド力強化」という戦略を立て、この戦略実現のためには「クライアント訪問による認知向上」というCSFを達成することが不可欠であると分析しています。しかし、CSFを設定しただけでは、本当に目標としていた認知向上ができたのかどうかをあとで客観的に評価することは難しいと思います。何をもって「クライアント訪問による認知向上」が達成できたと判断するかの尺度をKPIで決めておきます。

■ CSFとKPIの設定例

視点	戦略	重要成功要因（CSF）	業績評価指標（KPI）	年間目標
財務	売上増加	学校法人向け商品売上増加	学校向け売上	120%
		特注品の売上増加	特注品売上	150%
	利益の増加	粗利益増加	売上総利益率	8.3%
顧客	商品の高機能化	スマホとの連動機能追加	追加機能数	3件
	ブランド力強化	クライアント訪問による認知向上	訪問回数	12回
		顧客感動マニュアルの作成	マニュアル作成数	9件
業務プロセス	生産方法の改善	リードタイムの短縮	リードタイム	3日
		仕上げ加工の生産性向上	処理件数／時間	20件
	新商品の開発	技術開発力強化	新商品開発件数	10件
		お客様の声DBの再構築	DBアクセス数	520件
	品質の均一化	部品検査の徹底	歩留率	98%
人材と変革	生産技術の向上	生産マニュアルの作成	マニュアル作成数	9件
		振り返りミーティングの実施	会議回数	週1回
	開発技術の向上	アイデア表彰制度の実施	提出件数	60件
	接客マナー研修	店長・主任研修	研修参加率	100%

このケースでは、営業マンがクライアントを訪問する回数を年間12回とし、年度末時点で12回以上訪問できていたらOKとするということです。KPIは、訪問回数でなくとも、クライアントへアンケートを実施して認知度をチェックすることでもよいと思います。どんな方法でもかまわないのですが、どういう方法で目標の達成度を評価するかを具体的に決めておくのがポイントです。

まとめ

- ▶ BSCはビジョンと戦略をアクションプランに落とし込み、企業に成長力と競争力をつける戦略的マネジメントツール
- ▶ BSCをIT投資評価に適用したものがIT-BSC

29 IT-BSCによる評価の モデル例

前節では、BSC（バランススコアカード）をIT投資評価に適用することがIT-BSCだと解説しました。本節では、モデル例を用いてBSCをIT投資評価へ応用する方法を解説します。

● IT-BSCによる投資評価の作業ステップ

　ここでは、家具製造販売K社のIT-BSCの実践事例をモデルとして、BSCをIT投資評価へ応用する方法を紹介します。IT-BSCによるIT投資評価の作業の流れは次のとおりです。

■ IT-BSCによるIT投資評価の作業の流れ

STEP1：戦略マップの作成

STEP2：戦略マップへの目標値設定

STEP3：IT支援マップの作成

STEP4：プロジェクト目標記述書の作成

STEP5：業績評価表の作成（事前評価）

STEP6：事後評価の実施

● STEP1：戦略マップの作成

　経営戦略に従って、まず「財務の視点」で目標を明確にします。ほかの3つの視点についても、成功するための目標（仮説）を決め、因果関係を矢印で結んで、BSC戦略マップを完成します。

■K社の戦略マップ

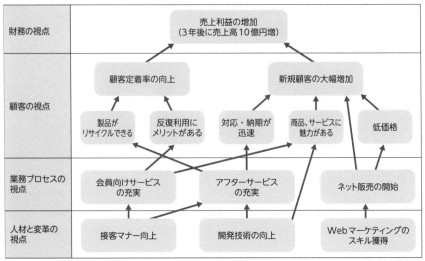

(出典：日経BP ITProの記事をベースに作成,一部変更)

● STEP2：戦略マップへの目標値設定

戦略マップ上に、経営戦略に基づいた全社的あるいは部署レベルの計画を実現するための課題や目標を書き込んでいきます。これがビジネス全体を対象として設定されたゴールになります。

目標値設定におけるポイント
- 課題や目標の間に因果関係を定義して、経営戦略との関連を記載する
  課題や目標が経営戦略と矛盾しないかに留意する
- 課題や目標を分類しながら定義する。相反する課題でもその整合性を検討する。たとえば、「付加価値創造による収益源増大」と「コスト削減による生産性向上」は、相反する課題であるが「売上、利益の増加」に繋がる
- 課題ごとに目標値を定量的に定義する。たとえば、「会員登録数10万人」など

目標値の定量的な定義では、課題や目標ひとつひとつに対して、具体的なゴー

ルを設定します。

■ 課題や目標に具体的なゴールを設定

> 新規購入者層の
> 会員化率80％以上

> ネットでの販売件数
> 4万件

> 顧客定着率の向上

> ネット販売の開始

● STEP3：IT支援マップの作成

　次に、ビジネスのゴールを情報システム構築の要求定義のゴールに変換する作業を行います。ここがIT-BSCの肝です。IT-BSCでは「IT支援マップ」をBSC戦略マップの下に作成していきます。IT支援マップとは、BSCの4つの視点に「手段の視点」と「情報システムの視点」の2つを追加するものです。

　K社の例では、業務プロセスの視点での目標の1つに「会員向けサービスの充実」があります。この目標を「会員制、ポイント制を導入」して会員割引やポイント還元するという手段で実現するのなら、「手段の視点」の枠に「会員制、ポイント制導入」という箱を追加します。

　さらに、会員制やポイント制を導入して運用するためには、会員ごとにポイント保有数などを管理する仕組みも必要です。この仕組みを「会員管理システム」というITで実現するのなら、「情報システムの視点」の枠に「会員管理システム」という箱を追加して具体的にどう実現するのかを検討していきます。

IT支援マップ作成におけるポイント
- BSC戦略マップの下に、「手段の視点」を追加する。業務プロセスの視点で洗い出した課題や目標のうちシステム化できそうなものに着目する
- システムに期待する効果の目標値を設定する。たとえば、「ポイント利用3万件／年」、「システムによる配送管理100％」など
- 「手段の視点」欄の下に、「情報システムの視点」を作成する。ここでは、「手段の視点」で洗い出した内容を具体化する情報システムを検討する

③

投資効果の評価方法

181

■ IT支援マップのイメージ

戦略マップ

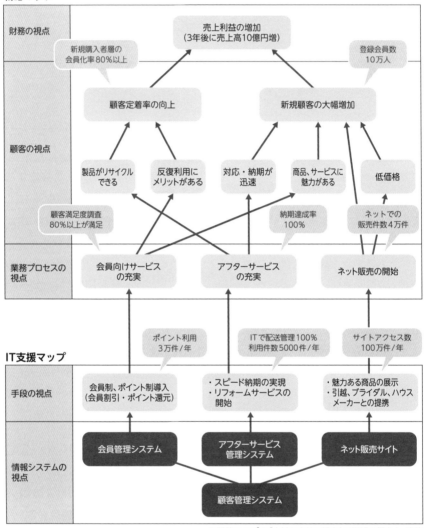

※戦略マップの「人材と変革の視点」は説明の便宜上、省略

182

● STEP4：プロジェクト目標記述書の作成

　「手段の視点」と「情報システムの視点」の検討結果をもとに、「プロジェクト目標記述書」を作成します。プロジェクト目標記述書では、「何をすることで」、「何が」、「どうなるのか」を簡潔に記述し、目標の達成時期と目標値を具体的にKPIとして明記することがポイントです。

■ プロジェクト目標記述書

	何をすることで	何が	いつまでに	どうなるのか	KPI
1	ネット販売サイトを開設することで	新しい販売機会が	2020年3月	創出され、結果として販売件数が大幅に増加する	サイトアクセス数：100万件／年
2	顧客管理システムを構築することで	さまざまな会員向けサービスが	2020年9月	提供され、結果として新規顧客とリピータが大幅に増加する	ポイント利用件数：3万件
3	アフターサービス管理システムを構築することで	家具の配送、改修業務が	2021年3月	効率化され、結果としてスピード納期とリフォームサービスが提供される	システムによる配送管サービス利用件数：5000件

● STEP5：業績評価表の作成（事前評価）

　プロジェクト目標記述書などから「業績評価表」を作成します。業績評価表では、重要成功要因（CSF）、重要成果指標（KGI）を設定し、目標値はプロジェクト目標記述書から転記して、測定値、効果差異、評価結果などの欄を新たに設けます。

　このステップが、IT投資プロジェクトの事前評価における投資効果の評価作業にあたります。

■ 業績評価表（事前評価段階）

	重要成功要因 (CSF)	重要成果指標 (KGI)	現状	目標値	測定値	効果差異	評価
1	販売件数の大幅増加	多大なアクセス数の確保	サイトなし	サイトアクセス数100万件／年			
2	新規顧客とリピータの大幅増加	多大なポイント件数の確保	ポイント制導入	ポイント利用件数3万件／年			
3	スピード納期とリフォームサービスの提供	多大なシステムによる配送管理サービス利用件数の確保	リフォームサービス未導入	配送サービスの利用率：100% 利用件数：5000件／年			

事前評価での投資効果の試算結果に相当

事後評価での投資効果の評価結果に相当

○ STEP6：事後評価の実施

　IT投資プロジェクトの完了後、事前評価で設定していた「目標値」に対して、実際に達成した実績値を測定し、評価結果を「業績評価表」にまとめます。

　この例では、サイトアクセス数が年間100万件という目標値を設定していましたが、実測値は残念ながら85万件だったため、目標を15万件下回っていたことになるため、評価は「B」、ポイント利用件数の場合は、年間3万件という目標値に対して4.5万件を達成していたため、評価は「A」、という要領で投資効果の達成度を記入していきます。

　このステップが、IT投資プロジェクトの事後評価における投資効果の評価作業にあたります。

■ 業績評価表（事後評価段階）

	重要成功要因 （CSF）	重要成果指標 （KGI）	現状	目標値	測定値	効果差異	評価
1	販売件数の 大幅増加	多大なアクセス 数の確保	サイト なし	サイトアクセス数 100万件／年	85万件 ／年	-15万件	B
2	新規顧客と リピータの 大幅増加	多大なポイント 件数の確保	ポイント制 導入	ポイント利用件数 3万件／年	4.5万件 ／年	+1.5万件	A
3	スピード納期 とリフォーム サービスの 提供	多大なシステム による配送管理 サービス利用件 数の確保	リフォーム サービス 未導入	配送サービスの 利用率：100% 利用件数： 5000件／年	96% 4800件	-4%	A

まとめ

▶ IT-BSCでは、IT投資から効果までの多段階の因果関係を可視
化するため、IT投資評価の評価尺度を適切に設定できる

30 企画書／報告書の作成

ここまで、いろいろな投資評価手法を見てきました。最後に本節では、評価結果を経営層に報告するときの企画書／報告書の例を作成の際のポイントを含めて紹介します。

● 役員向けの企画書／報告書の作成

　これまで見てきたIT投資評価の手法を適切に実務に適用できれば、たいていのIT投資評価のケースには対応できると思います。しかし、IT投資評価の実務においてには、評価作業のあとにも大きな山がまだ残っています。評価結果のレポーティングです。どんなに素晴らしいIT投資評価をしても、それが適切にドキュメンテーションされ、投資の意思決定者にうまく伝わらなければ意味がありません。役員向けにIT投資の事前評価と事後評価をレポートするときのイメージをもとに、IT投資評価の結果を投資の意思決定者に伝えるときのポイントを確認しましょう。

● IT投資企画書のポイント

　P.188に示した「IT投資企画書」とは、役員向けに投資の意思決定を稟申するときの事前評価のレポートです。

　IT投資企画書において、重要なのに漏れやすいのが、**投資の「目的」**です。IT投資は、必ずIT戦略や会社の経営戦略と結びついていなければなりません。**なぜこのシステムを導入することが必要なのか、どの戦略に貢献するか**を明文化することが重要です。そうすることで、意思決定者が投資の優先順位を合理的に判断できるだけでなく、プロジェクト開始後に開発規模を縮小したり追加投資をしたりするときの意思決定の指針にもなります。

また、「期待効果」の試算結果を示すときは、絶対額の正確さを追求するよりも、試算の**根拠を明記しておく**ことが重要です。試算の根拠を明確にしておけば、事後評価で大きな予実差が発生したとき目標の見直しにも役立ちます。

なお、財務効果の試算では、**このIT投資を行わない場合の試算も併記するとより望ましい**です。この例では、起案者は、汎用機の撤去プロジェクトを延期して当案件を優先して実施することを求めています。であれば、仮に汎用機の撤去を優先した場合の5年間の試算結果も併記しておけば、意思決定者は当案件を優先するかどうかを合理的な根拠をもって判断できます。

最後に重要なのが**リスクや考慮すべき点**の明記です。起案者は、なるべく決裁を通してもらうために、マイナス要素や撤退要件などのネガティブな情報は書かないようにしがちです。しかし、**リスクも明記することで、決裁者はそのリスクが許容可能かどうかを判断でき、より意思決定がしやすく**なります。

● IT投資結果報告書のポイント

P.189に示す「IT投資結果報告書」とは、投資の実行後、期待どおりに投資効果が出ているかを投資の意思決定者に報告するレポートです。この例は、導入1年後の事後評価ですが、評価時点での期待効果がどの程度出ているのかを端的に示すとよいでしょう。

事後評価の報告書では、**事前評価のときに記載した項目に対応する形で実績値を報告する**のが鉄則です。投資額と投資効果の実績値を事前評価での見積もり項目と同じ形で示すことで予実の比較がしやすくなります。

さらに**重要なのは、「予実分析」と「今後への提言」**です。投資額と期待効果の予定と実績を定量的に評価したあとで、なぜ予実差が出たのか、その原因を分析することが重要です。目標値とした投資対効果が出てない場合、どうすれば目標に近づけることができるのかを検討し、できればその対策案も記載します。加えて、**当案件で得た教訓を次の他のプロジェクトに活かせるような提言**ができれば理想的です。事後評価で得た教訓を限られた関係者だけで共有するのではなく、会社の財産にすることを目指すとよいでしょう。

■ IT投資企画書（事前評価）サンプル

案件名	ネット販売サイト 「K'sネット」導入の件				
申請日	2019年2月1日	申請部署	ブライダル事業部	合議部門	経理部、システム部

目的	・ブライダル家具の中長期の販売強化戦略の一環として、ネット販売を開始するため。 ・20代の新規顧客の獲得と低価格商品の販売数UPを狙いとする。

投資分類	戦略的投資 ・ 業務改善型投資 ・ インフラ投資

経営戦略との適合性を記載

投資の概要	・インターネット経由でブライダル家具を販売するサイトの新規構築。初期開発では以下の機能を実現する。 -スマホおよびタブレット端末（Android、iOS）からの決済機能 -リアル店舗への来店を促すクーポン発行機能 ・システム設計・開発業務は、A社に外部委託する。

投資額

■投資額の試算　　　　　　　　　　　　　　　　　　　単位:万円

	初期費用	ランニングコスト				合計
		2020年	2021年	2022年	2023年	
ハードウエア費用	900	0	120	120	120	1,260
ソフトウエア費用	300	0	160	160	160	780
開発費用	11,200	800	800	800	800	14,400
運用費	0	1,100	1,100	1,100	1,100	4,400
計	12,400	1,900	2,180	2,180	2,180	20,840

（備考）ハードウエアはおもにクラウド環境を利用し、一部の機器のみ自社で購入する。自社所有のハードウエアは4年リース、保守料は初年度無償。クラウド利用料は運用費に含む。

期待効果

■財務効果の試算　　　　　　　　　　　　　　　　　　単位:万円

	2020年	2021年	2022年	2023年	合計
販売サイトからの売上	3,400	9,000	8,000	5,500	25,900
リアル店舗の売上増分	1,200	2,000	2,200	1,200	6,600
計	4,600	11,000	10,200	6,700	32,500

（備考）2021年に東京オリンピック効果による需要増、2022年にIoT家具の新発売による売上増を見込む。

■非財務効果の試算
・他社に先駆けてモバイル端末からのブライダル家具購入サイトを展開することにより、企業イメージが向上する。
・新規顧客の獲得、会員加入件数の増大に貢献する。

CSF	KGI	目標値
販売件数の増加	アクセス数の確保	アクセス数10万件/年
新規顧客の増加	新規会員登録数の確保	登録会員200人/年

非財政効果についても記載計数評価指標もあればベター

投資対効果

当案件に投資することで、4年間で以下のような高いROIが期待できる。
　　ROI ＝ （32,500 － 20,840） / 20,840 × 100% ＝ 56.0%
汎用機の撤去プロジェクトを2021年度に延期し、当案件を2019年下期予算で優先して実施することを承認願います。

投資の妥当性や優先順位について記載

リスクや考慮すべき点など	1) 個人情報を大量に保有することになり、漏洩のリスクがある。データ漏えい防止のセキュリティ対策を組み込む。 2) 3年目までに期待する効果が得られない場合、中途解約料なくクラウド契約を解約し、撤収することも可能。

マイナス要素や失敗するシナリオも検討し、撤退要件を明記

■IT投資結果報告書（事後評価）サンプル

> 事前評価者と同一でもよい。
> 第三者が評価するほうが客観性が得られる

プロジェクト名	「K'sネット」導入1年目における投資評価の報告		
報告日	2020年2月15日	報告者	IT戦略委員会
目的適合性	ターゲット顧客の年齢層に多少予実差があったものの、中長期の販売強化戦略の施策を予定どおり実現した。		

目的適合性の行の下に続く：

評価結果サマリー

・5年間でROI 56.0%を予想していたが、導入1年目での損益は以下のとおり。販売サイトからの売上が予想以上であり、期待以上の投資効果が出ている。

	(a) 売上増分	(b) 初期費用	(c) ランニングコスト	(a)-(b)-(c) 損益
予定	4,600	16,100	1,900	-13,400
実績	5,200	16,400	2,120	-13,320
予実差	+ 600	+300	+220	+ 80

投資額（実績値）

■2020年の投資額の予実　　　　　　　　　　　　　　　　単位：万円

	初期費用			ランニングコスト			予実差
	予定	実績	予実差	予定	実績	予実差	合計
ハードウエア費用	900	900	0	0	0	0	0
ソフトウエア費用	300	300	0	0	0	0	0
開発費用	11,200	11,500	+300	800	840	+40	+340
運用費	0	0	0	1,100	1,280	+180	+180
費用合計	12,400	12,700	+300	1,900	2,120	+220	+520

投資効果（実績値）

■2020年の財務効果の予実　　　　単位：万円

	予定	実績	予実差
販売サイトからの売上	3,400	4,200	+ 800
リアル店舗の売上増分	1,200	1,000	-200
計	4,600	5,200	+ 600

> 定性的な効果を評価する場合も、できる限り、根拠を明確に

> 予実差が出ている場合、理由を分析する。とくにランニングコストの予実分析は重要

■非財務効果の実績値
・企業イメージが向上した。（根拠：サイトへの好意的な口コミが月平均10件程度あり、トラブルもない）
・新規顧客の獲得、会員加入件数の増大にも貢献している。

CSF	KGI	目標値	実績値	予実差	評価
販売件数の増加	アクセス数の確保	アクセス数10万件/年	133,254件	+ 33%	A
新規顧客の増加	新規会員登録数の確保	登録会員数200人/年	126人	-37%	C

予実分析

・開発費用の予実差300万の理由は、スケジュール遅延を取り戻すためにB社の要員を追加投入したことによる。
・運用費が220万増加の理由は、本番開始後、障害コール数が当初見込みの約3割増となり、ヘルプデスク要員を1名追加したため。

今後への提言

・運用費が予定を超過しているため、繰り返し発生している障害の根本原因を調査し、対策を実施することで障害件数を削減する。2020年6月末までに運用コストを目標値まで下げることを目指す。
・A社のプロジェクトマネジメントに課題があり、開発スケジュールが遅延した。今後は、自社で外部ベンダーをコントロールし、進捗管理ができるようなPMの育成が望まれる。

> 今後、取組むべき課題や、次のプロジェクトに活かせるような教訓を記載するとよい

COLUMN ゴシック体禁止の時代が来る？

　近年、社内文書の作成でゴシック体の使用を禁止している会社があることをご存じでしょうか？

　ゴシック体禁止の動きは、米ペンシルベニア州の14歳の少年が、文字フォントをタイムズニューローマンからガラモンに変えるだけで、連邦政府の印刷コスト年間18億円の24%削減を削減できるということを政府に提言し、注目を集めたことをきっかけに起きているそうです。日本でもゴシック体を明朝体に変えると印刷コストの20%を削減できるとする調査結果も出ています。

Printing Cost (Times New Roman)

Printing Cost（Garamond）

印刷コスト（ゴシック体）

印刷コスト（明朝体）

印刷コスト
20%減！

　新聞や週刊誌の紙面では、ゴシック体で書かれるのはタイトル部分のみで、本文は明朝体で書かれていることにお気づきでしょうか。従来、会社の社内文書を作成するときも、新聞同様、本文には明朝体を使うのが常識でした。ところが、最近、社内文書の全文をゴシック体で書くことが多くなったように思います。筆者が外部監査人をしていた頃、さまざまな企業の数多くの社内文書を見る機会がありましたが、契約書だけは明朝体で作成されているものの、情報システム管理規程やユーザーマニュアルなどの社内文書は全文がゴシック体で書かれている企業は多かったです。それは、Web媒体の記事がディスプレイ画面上で字を読みやすく表示するために全文にゴシック体を使うようになったことの影響を受けてではないかと筆者は推察しています。日本でも、社内文書のフォントを変えるだけで大幅なコスト削減ができる企業は少なくないかもしれません。加えて、ペーパーレス化を推し進め、印刷自体をやめてしまえば、さらなるコスト削減が可能でしょう。

　あなたの会社の社内文書はどんなフォントで書かれていますか。一度、身近なところでITコストを削減できるネタを探してみてはいかがでしょうか。

IT投資評価の
事例研究

IT投資の評価手法の意味は理解できても、実務にどう適用したらよいかイメージが湧かないと感じたことはありませんか。評価手法の知識を実務へ適用するには、実際の評価事例を知ることが役立ちます。第4章では、評価事例への考察を通じて、複数の評価手法の組み合わせ方や応用の仕方への理解を深めます。

31 システム開発投資の事前評価の事例

本節では、大規模な業務改善型のシステム開発投資の導入事例を取り上げます。業務改善型のIT投資の評価手法には、ABC/ABMがあります。ABC/ABMの考え方を実務に応用した事例を見ていきます。

● 公共事業体のIT投資による業務削減の見積もり事例

　IT投資評価の事例の1つ目として、公共事業体N市の電子申請・届出システムの導入により削減される業務量の見積もり事例を取り上げます。読者の中で公共事業体に勤務されている方は少数派かもしれませんが、IT投資の事前評価を業務の一環としてもっともあたりまえに実施しているのは公共事業体ではないでしょうか。なぜなら、税金を使ってシステムを構築する以上、国民に対してどういう投資効果があるのかを説明する責任があるためです。

　本節で取り上げる事例は、大規模な業務改善型のシステム開発投資です。第3章でも紹介したABC/ABMの考え方を実務に応用した事例を見ていきましょう。

● 投資額の試算

　N市の電子申請・届出システムとは、従来、行政の窓口で行われていた紙による各種書類の申請と届出の手続を、インターネットを介して電子的に行えるようにするシステムです。平日、休日を問わず、深夜まで問い合わせを行えるコールセンターを併用することにより、窓口での対話形式による手続きと同じようなサービスを提供することができ、従来、開庁時間の延長や休日開庁によってしか対応できなかった業務に相当する効果を期待できます。

　N市が行った新規のシステム開発の投資額の見積もり結果は次の表のとおりです。運用開始後、5年間は利用することを想定してランニングコストを5年分見積もり、初期費用に加算したものを投資額の総額として見積もった結果、

約8億2千万の投資額という試算結果となりました。

■N市による投資額の見積もり結果

①初期費用

項目	数量	単価	合計
ハードウェア購入費用	一式	115,800,000円	115,800,000円
ソフトウェア購入費用	一式	114,590,000円	114,590,000円
アプリケーション購入費用	一式	241,989,000円	241,989,000円
合計			472,379,000円

②ランニングコスト

項目	数量	単価	合計
ハードウェア保守費用	4年	10,956,000円	43,824,000円
ソフトウェア保守費用	5年	14,520,000円	72,600,000円
運用費用	5年	46,756,600円	233,783,000円
合計		72,232,600円	350,207,000円

※年間コストの5年分にて試算を行っている。ハードウェア保守費用は初年度が無償のため4年分で試算

③総額

項目	合計
初期費用	472,379,000円
ランニングコスト（5年分）	350,207,000円
合計	822,586,000円

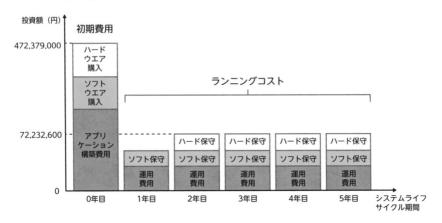

◯ 直接効果と間接効果の想定

　N市は、電子申請・届出システムを導入することにより、市民・企業等への効果とN市とN市の職員の両方にとって投資効果があることを、次のように想定しました。また、投資効果は、「直接効果」と「間接効果」に分類して試算しています。「間接効果」とは、時間や費用の節約という定量的に評価できる効果以外に得られる波及的な効果のことです。

■ 電子申請・届出システム導入で期待できる投資効果

	投資効果を享受する人	
	市民・企業等	N市・市職員
直接効果	1 窓口来庁・郵送の手間を削減できる 2 申請書受付の電子化により夜間や休日にも申請が行える 3 電子データが再利用できることにより次回以降の手続も効率的になる	1 電子申請・届出により窓口応対を省力化できる 2 事務の見直しによる人員削減効果 3 紙資料の保管スペースを削減できる

	投資効果を享受する人	
	市民・企業等	N市・市職員
間接効果	1 電子申請・届出システムやコールセンターを利用することにより、手続に関する情報収集が容易に把握できるようになる 2 手続を行った後の審査などの進捗状況がリアルタイムに把握できるようになる 3 手続に要する時間の削減分を有効的に利用できるようになる	1 コールセンターに寄せられた問い合わせに関するデータの集計・分析により、事務の高度化および政策への反映が可能になる 2 市民等に対する市役所のサービスレベルが向上する

● 投資効果の見積もり前提

　前述した直接効果のうち、定量的に金額換算して見積もることのできる項目に着目し、電子申請・届出システムの導入することで期待できる年間コスト削減効果を試算します。

　投資効果を見積もるにあたって、N市では次のような前提条件を設定しています。

■ 投資効果の見積もり前提一覧

項目	条件
時間単価（市職員、市民、企業等）	2,000円
窓口来庁による提出の割合	80%
郵送による提出の割合	20%
窓口との往復に必要な時間	30分
窓口との往復に必要な交通費	360円
郵送料	80円
電子化による事務削減時間（1申請あたり）	15分

※郵便料金、交通費の金額はすべて見積もり当時の金額

　投資効果の見積もりにおいては、このような**見積もり前提を定量的に明示したうえで試算することが重要**です。投資効果の試算は、3年先、5年先といっ

た長いスパンで試算をする必要があるため、予定と実績に差が出てしまう度合いは、初期費用の試算に比べて大きくなりがちです。投資効果を実測したときに、もし試算結果を絶対額だけで示していると、どこでどのような理由で予実差出たのかわからなくなってしまいます。見積もり根拠を明確に示すことで事後の予実分析をしやすくなり、予実差が出た場合に次の対策を立てやすくなります。

・1申請あたりの削減コストの見積もり

N市では、前述の見積もり前提に従って、1申請あたりの削減コストを次のように試算しています。

市民・企業等が削減できる1申請あたりのコスト：

（時間単価×窓口との往復時間＋交通費）×窓口提出の割合＋郵送料×郵送提出の割合
＝ （2,000円 × 0.5時間 × 360円）× 0.8 ＋ 80円 × 0.2 ＝ 1,104円

市職員が削減できる1申請あたりのコスト：

時間単価×電子化による事務削減時間 ＝ 2,000円 × 0.25時間 ＝ 500円

この試算では、時間単価に削減できる時間数を掛け算することで、1申請あたりの効果を金額換算しているところがポイントです。この考え方は、第3章のABC/ABMの解説で紹介したABCコストの試算方法のときに出てきたことを覚えていますでしょうか。ABCコストの試算では、在庫のピッキング処理1回という最小の業務単位でのコスト削減額を見積もったうえで、一連の業務フローの変更により削減できるコストの総額を試算しました。その考え方と同じように、1申請あたりの削減コストを試算したうえで、新システム導入後の申請数を予測して、コスト削減額の総額を試算しています。

● 電子申請・届出システム導入によるコスト削減効果の試算結果

　新システム導入後に1申請あたり削減が期待できるコストが、市民・企業等の場合は1,104円、市職員の場合は500円ということが前述の試算によりわかりました。この値を利用して、電子申請・届出システムの導入により削減が期待できる年間コストを試算した結果が、次の表です。

■ 電子申請・届出システム導入により削減される年間コスト

	電子申請による 年間の申請件数	年間削減費用		合計
		市民・企業等 @1,104	市職員 @500	
1年目	36,537件	40,336,848円	18,268,500円	58,605,348円
2年目	161,722件	178,541,088円	80,861,000円	259,402,088円
3年目	402,510件	44,371,040円	201,255,000円	645,626,040円
4年目	790,646件	872,873,184円	395,323,000円	1,268,196,184円
5年目	1,365,661件	1,507,689,744円	682,830,500円	2,190,520,244円
合計	2,757,076件	3,043,811,904円	1,378,528,000円	4,422,349,904円

　見積もり前提とABC/ABMと同様の考え方に基づき期待できるコスト削減効果を試算した結果、5年間で44億円以上の効果があることが試算されています。

● 将来の需要量の予測

　投資効果の試算でもっとも悩ましいのが、将来の需要量の予測でしょう。将来のことは、誰にも完全には予測できないため、何らかの仮定を置いて試算するしかありません。

　この試算では、「電子申請による年間の申請件数」の列に記載された数字が需要の予測にあたります。このケースでは1年目から5年目までの電子申請システムによる申請件数がどのように推移していくかをどうやって見積もったのでしょうか。N市の場合、同市と似たような都市である札幌市の過去の人口増加率を使って申請件数の伸びを想定しています。N市と札幌市の人口比率を勘案

し、ある係数をかけることで申請件数の予測値を算出しています。

　将来の需要量の試算をする場合、人口増加率のような客観的な統計データなどを利用するのも1つの手です。なお、都市別の人口統計は、総務省統計局のWebページなどから入手することができます。

● 投資対効果の試算への考察

　実際にN市がIT投資評価として試算したのは、前述した投資額と投資効果の試算までです。N市としては、投資額が約8億2千万、効果額が44億円以上という見積もり結果から、このシステムは導入するに値するという結論を導いたという事例です。

　さて、次にこのN市の試算結果を利用して、もし仮にNPV法とROIにより投資対効果を評価するとどのようになるかを考察してみたいと思います。

①NPV法による評価例

　ここから先は考察ですので、NPV法で評価するための仮定を置きます。仮にこの電子申請システムを利用して、公的証明書類を1枚250円の手数料を支払って入手するとします。そう仮定すると、N市が見積もった年々の申請件数に250円の単価を掛け算した数値が「売上」にあたります。「投資額」と「投資効果」は、前述したとおりの金額を当てはめて、割引率を5%と仮定すると、次のようにNPVを試算することができます。

　試算の結果、5年後のNPVの値はプラスと評価されるため、このシステムは投資に値する、という判断できることがわかります。

■NPV法による投資対効果の考察例

<table>
<tr><th colspan="2"></th><th>初期投資</th><th>1年目</th><th>2年目</th><th>3年目</th><th>4年目</th><th>5年目</th><th>合計</th></tr>
<tr><td rowspan="3">(a)効果額</td><td>売上</td><td></td><td>9,134,250</td><td>40,430,500</td><td>100,627,500</td><td>197,661,500</td><td>341,415,250</td><td>689,269,000</td></tr>
<tr><td>削減効果</td><td></td><td>58,605,348</td><td>259,402,088</td><td>645,626,040</td><td>1,268,196,184</td><td>2,190,520,244</td><td>4,422,349,904</td></tr>
<tr><td>合計</td><td></td><td>67,739,598</td><td>299,832,588</td><td>746,253,540</td><td>1,465,857,684</td><td>2,531,935,494</td><td>5,111,618,904</td></tr>
<tr><td rowspan="5">(b)投資額</td><td>HW</td><td>115,800,000</td><td>0</td><td>10,956,000</td><td>10,956,000</td><td>10,956,000</td><td>10,956,000</td><td>159,624,000</td></tr>
<tr><td>SW</td><td>114,590,000</td><td>14,520,000</td><td>14,520,000</td><td>14,520,000</td><td>14,520,000</td><td>14,520,000</td><td>187,190,000</td></tr>
<tr><td>アプリ構築費</td><td>241,989,000</td><td>0</td><td>0</td><td>0</td><td>0</td><td>0</td><td>241,989,000</td></tr>
<tr><td>運用費</td><td>0</td><td>46,756,600</td><td>46,756,600</td><td>46,756,600</td><td>46,756,600</td><td>46,756,600</td><td>233,783,000</td></tr>
<tr><td>合計</td><td>472,379,000</td><td>61,276,600</td><td>72,232,600</td><td>72,232,600</td><td>72,232,600</td><td>72,232,600</td><td>822,586,000</td></tr>
<tr><td colspan="2">差引 (a) – (b)</td><td>-472,379,000</td><td>6,462,998</td><td>227,599,988</td><td>674,020,940</td><td>1,393,625,084</td><td>2,459,702,894</td><td>4,289,032,904</td></tr>
<tr><td colspan="2">割引率 5％</td><td>1</td><td>0.952381</td><td>0.907029</td><td>0.863838</td><td>0.822702</td><td>0.822702</td><td></td></tr>
<tr><td colspan="2">現在価値</td><td>-472,379,000</td><td>6,155,236</td><td>206,439,790</td><td>582,244,901</td><td>1,146,538,144</td><td>2,023,602,490</td><td>3,492,601,561</td></tr>
</table>

※割引率を5％とする。「売上」は「電子申請システムによる年間の申請件数」に申請1枚あたり250円の手数料を乗じたもの

②ROIによる評価例

さて次にもう1つ考察をしてみたいと思います。同じく申請件数1件あたり250円の手数料収入があると仮定して、今度は、ROIで投資対効果を評価すると、次のようになります。ROIの値は、-16.2％という結果となります。

■ROIによる投資対効果の考察例

	0年目	1年目	2年目	3年目	4年目	5年目	合計
(a) 売上	0	9,134,250	40,430,500	100,627,500	197,661,500	341,415,250	689,269,000
(b) 費用	472,379,000	61,276,600	72,232,600	72,232,600	72,232,600	72,232,600	822,586,000
(a) – (b) 利益	- 472,379,000	- 52,142,350	- 31,802,100	28,394,900	125,428,900	269,182,650	- 133,317,000

※売上は@250×申請件数 (5年間合計)

$$\text{ROI} = \frac{\text{利益〔(A)} - \text{(B)〕}}{\text{費用 (B)}} \times 100\% = \frac{-133,317,000}{822,586,000} \times 100\% = -16.2\%$$

　つまり、この電子申請システムを使って公的証明書類を1枚250円で販売するというビジネスと見立てると、商売としては成り立たない、投資するには値しないシステムである、ということになります。そもそも公的証明書類の交付は行政サービスであってビジネスではないため、ROIという評価手法を適用することがそぐわないわけですが、このように考察してみることで、目的にあった評価手法を用いることが重要であることもわかります。

まとめ

▷ 業務改善型のシステム開発案件では、ABC/ABMの考え方を応用して、新システム導入後に省力化できる作業時間や経費を試算し投資効果を算定できる

32 ソーシャルメディアの投資効果の事後評価の事例

本節では、戦略型IT投資の例としてソーシャルメディアの投資効果の事後評価の事例を取り上げます。ソーシャルメディアは、近年、企業のブランディング戦略や販売促進に活発に利用されるようになってきています。

● 戦略型IT投資としてのソーシャルメディア

　読者の会社では、ソーシャルメディアをビジネスに活用されているでしょうか。ソーシャルメディアとは、ブログ、SNS、画像や動画の共有サイトなど、従来、個人間でのコミュニティ形成のツールとして利用されてきたメディアの総称とお考えください。近年、ソーシャルメディアは、新聞やテレビといったマスメディアに匹敵する影響力を持ち始めたことから、企業のブランディング戦略や販売促進に活発に利用されるようになってきました。

　ソーシャルメディアは、そこから直接、売上が上がるわけではないものの、顧客とのリレーションを向上し、将来の売上に結びつくことが期待されることから、「戦略型」の投資タイプに分類します。売上高や利益のような財務指標で評価できない戦略型のIT投資の効果をどのように評価すればよいのでしょうか。事例を通じてそのヒントを探ってみましょう。

● ソーシャルメディアクーポンの事例

　ソーシャルメディアを販売促進に効果的に活用している事例に、コンビニチェーンL社の「ソーシャルメディアクーポン」があります。ソーシャルメディアクーポンとは、Twitter、FacebookなどのL社の公式アカウントのいずれかをフォローすると、コンビニ店舗で使えるクーポンが届くシステムです。コンビニ店舗でQRコードをバーコードリーダーにかざすと、無料券が発行されるしくみになっています。

　L社は、次の表のとおり、もともとSNSユーザーを多く持っている企業でし

たが、これらの豊富なユーザーをビジネスの効果に結びつけようとしたことが新システム開発のきっかけでした。

■L社のソーシャルメディアのユーザー数

活用対象	ユーザー数など
ソーシャルメディアの公式アカウント数	15サイト
メールマガジンの会員数	360万人
Twitterフォロワー	約11万人
モバゲーファン	約14万人
グリーファン	約10万人
Facebookファン	約13万人
ニコニコ動画の視聴者数	3回の放映で8万人

◉ クーポン発行システムの投資効果

普通に考えると、無料クーポンを気前よく配布したところではたして売上の増加に結びつくのだろうか、という疑問も湧いてきます。いっぽうで、無料クーポンをレジで発行してもらって、その商品だけを無料でもらって店を出ていくことは心理的にやりづらく、ほとんどの人はついでに別の商品を買ってしまうだろうから、最終的には売上増加に貢献するような気もします。実際にはどうだったのでしょうか。

L社がソーシャルメディア導入の投資効果の評価に使った重要な指標と投資効果をまとめると、次のようになります。

■L社のソーシャルメディアの投資効果

導入によるメリット	評価指標	投資効果
従来の自社サイト流入の動線はバナー広告だったが、ソーシャルメディアからの自社サイト流入数が増加した	自社サイト流入数	4億円／年間 [1]

導入によるメリット	評価指標	投資効果
従来の折り込みチラシ付属の無料商品引き換えクーポンで店舗に来店する人に加え、ソーシャルメディアを介した来店が増加した	クーポン発行による来店者数	＋80万人以上
	クーポン発行による売上増	＋1.5億円以上
	クーポン発行による店舗への来店率	60％*2

＊1…自社サイトへの流入数をバナー広告価値に換算した効果額
＊2…来店して実際にクーポンを使った人および使える可能性のある人の来店率

● クーポン発行システム導入によるメリットと評価指標

　導入によるメリットの1つ目は、ソーシャルメディアからの自社サイトへの流入数が増えたことです。評価指標は、「自社サイトの流入数」ですので、単純に「何件から何件に増えた」という評価結果でも問題ありません。

　ここでL社の事例から学びたいことは、新システム導入によるメリットを、**従来から行っている別の販促方法と同じ尺度で評価している点**です。つまり、従来、バナー広告から自社サイトへの流入させていたときの流入数と、ソーシャルメディア導入によって増加した流入数を比較し、流入数の増加を金額換算して、年間4億円と評価しているところです。流入数の指標だけにとどまらず、さらに金額換算して評価することにより、よりビジネスへのインパクトが明確になります。

　2つ目の導入のメリットも同様です。「クーポン発行による店舗への来店率」という評価指標で、60％増加という評価結果が出ています。従来は、実店舗への来店誘導は折込チラシで行っており、次のような方法で来店率を評価していた結果、3％だったそうです。この数値と比較すると、ソーシャルメディアのクーポン発行のしくみが高い効果を生んでいることがわかります。

$$\text{折込チラシでの来店率} = \frac{\text{実際に来店してクーポンを使った人}}{\text{クーポンつきチラシの総発行数}} \times 100\%$$

$$\text{クーポン発行による来店率} = \frac{\text{実際に店舗に来店した人}}{\text{ソーシャルメディアからクーポン発行数}} \times 100\%$$

なお、戦略型の投資の投資効果でもっとも経営者が注目するのは、やはり売上増加額です。ソーシャルメディアクーポン発行による売上増は、システム導入後、2ヶ月分の集計の結果、1.5億円以上の増加という結果でした。ただし、売上高は複合的な理由で上下するものであり、これがクーポン発行だけの効果なのかどうかはわからないため、複数の指標で総合的に評価するとよいでしょう。

● Web広告で使われる指標の例

　L社のようにソーシャルメディアを小売サービスの販売促進に活用したり、Web広告を自社のサイトで構築して販売促進に活用したい企業は多いかと思います。

　Web広告の効果を測定するときの代表的な指標には、次の表に挙げたようなものがあります。これらWebマーケティングでよく使用される評価指標は、売上や顧客の購買行動に結びつけやすいため、戦略的なIT投資の効果を評価するKPIとして利用してもよいでしょう。

■ Web広告の効果の測定指標例

指標	定義	備考
コンバージョン	商用目的のWebサイト上で獲得できる最終的な成果	オンラインショッピングならば商品購入。情報提供サイトなら会員登録などがコンバージョンにあたる
CTR	Click Through Rate（クリックスルーレート）。クリック率。広告がクリックされた割合	一般的なメール広告やバナー広告のCTRは数％。ユーザニーズにマッチした広告の場合、10％を超えるケースもあり
インプレッション	PV（ページビュー）と混同しやすいが、PVはWebサイトが表示された回数。インプレッションは、広告そのものが表示された回数	同じページ内の同じ広告枠に複数の広告がランダムに表示される場合、PVでは広告そのものの表示回数を特定できない

$$*\text{コンバージョン率} = \frac{\text{コンバージョン件数}}{\text{アクセス数}} \qquad *\text{CTR（クリック率）} = \frac{\text{クリック数}}{\text{インプレッション数}}$$

● 戦略型のIT投資の効果データについて

戦略型の投資案件の効果は、できるのであれば、売上高に代表される財務的な指標で評価したいところです。ただ、ソーシャルメディアのように財務数値と直接結びつけて評価しづらい戦略型のIT投資も多くあります。このような戦略型の投資案件こそ、ITの得意分野を生かしてIT投資の事後評価を行うことが効果的です。

なぜなら、システムの導入から売上増に至るまでは、多段階のプロセスを経るものであり、その途中のパフォーマンス指標をITで取りやすいためです。たとえば、どれだけのユーザーがどの広告をクリックして、どこから販売サイトに流入してきて、何のクーポンをゲットしてどの店舗に来て何を買ったか、ITを使えばそのような段階ごとのデータを容易に精緻に取得することができます。

戦略型のシステム開発を行うならば、事後評価のときに**効果測定のためのデータを確実に取得できるよう、設計段階から効果データの指標を検討**し、必要に応じて仕様に組み込んでおくとよいでしょう。

まとめ

▶ **ソーシャルメディアなどの戦略的なIT投資では、売上高などの財務指標で投資効果を測定することが望ましい。また、顧客の購買行動に至るまでの途中の指標を効果データとして取得できるよう設計段階から検討しておくとよい**

33　モバイル投資の効果測定の事例

本節では、モバイル投資の効果測定の事例として、ワークスタイル変革を狙いタブレット端末を大規模に導入した企業の評価事例から、「定量的効果」と「定性的効果」の評価を考察します。

● モバイル投資の効果評価

従来、タブレット端末やスマートフォンは個人利用が中心で、ビジネス活用も営業マンなどの一部の職種に限られていましたが、近年は、工場や流通倉庫なども含め、幅広い分野で導入が進んできました。

今や法人活用があたりまえになったモバイル機器ですが、機器の単価は決して安くなく、運用にもそれなりのコストがかかることを考えると、本当に導入した効果が出ているのかどうかはしっかり評価したいところです。

本節では、ワークスタイル変革を狙いタブレット端末を大規模に導入した企業の評価事例を通じて、「定量的効果」と「定性的効果」の評価を考察します。

● iPhone／iPadの法人活用の事例

大手通信事業会社S社は、iPhone、iPad、シンクライアントをシームレスに連携させ、「PCとケータイ」という従来のワークスタイルを「シンクライアント／iPhone／iPad」という新しいワークスタイルに変革しました。

S社の営業社員は、従来は、社外から携帯で営業速報を入れた後、PCで営業報告を入力するためにオフィスに戻って仕事をしていましたが、このモバイル投資によって、社外からPCを使うためにオフィスに戻る必要がなくなり、通勤時間や客先への移動中も業務を行うことができるようになりました。また、iPadを全社的に導入することで、会議での紙の資料の配布をなくし、ペーパーレス化も実現しています。

● モバイル端末の投資額

従来の「PCとケータイ」によるワークスタイルを行っていたときの1人あたりの端末費用は9,000円／月でしたが、「シンクライアント／iPhone／iPad」のモバイル3点セットに移行したことで15,000円／月に増加しました。

モバイル機器の導入では、機器を一括で大量購入するときの費用に目が行きがちですが、ランニングコストとして投資額をとらえることが重要です。先進的なモバイル機器を導入すると、S社の事例のように月額利用料は増加することが多いため、その増加分に見合った効果が得られているのか、という視点で評価するとよいでしょう。

● モバイル投資による「定量的効果」

S社がこのモバイル投資によって得られた定量的な効果の評価結果をまとめたものが、次の表です。

■ S社のiPhone／iPad導入による投資効果

導入によるメリット	評価指標	効果額
会社の外にいる時間を有効活用し、通勤時間や客先への移動中の時間を使って業務を行う	営業社員の残業削減時間（1日平均）	-32分／日
	残業代削減金額（月間平均）	-3万3000円／月
iPadでペーパレス化を図り、会議での紙の配布をなくした	年間の紙代、印刷代のコスト削減金額	-4億5000万円／年（5.7億→1.2億）
プレゼンをiPadで行うことで動画やアニメを盛り込み、差別化が図れる	営業部員の訪問件数	導入後半年で3倍

導入によるメリットの1つ目の**残業代の削減額は、モバイル導入による効果を評価するときの代表的な指標の1つ**です。営業社員が社外からオフィスに戻らなくてよくなることによる残業代の削減額です。S社の場合、1日平均32分、残業時間が減ることで1人あたりの残業手当が3万3,000円／月も削減されたと評価されています。導入前と導入後の残業時間の変化を調べ、社員それぞれ

の時間単価を掛け算すれば評価できるため、わかりやすく説得力もある指標といえるでしょう。

● 「定量的効果」への考察

　S社の定量的効果のなかでは、ペーパーレス化の効果も非常に大きなものです。会議をiPadで行うことにより、紙代と印刷代のコスト削減額が年間5.7億円から1.2億円に削減されたと評価されています。これは用紙の消費量と印刷コストを全拠点分、集計した結果と考えられますが、ペーパーレス化の実現により、年間で4.5億円の経費削減という非常に大きな財務的効果があったことがわかります。

　3つ目に挙げた「プレゼンをiPadで動画やアニメを盛り込み、競合他社と差別化が図れる」という効果は、一見、定量的な効果ではないように思われるかもしれません。厳密には、「差別化」の度合いを定量評価できなければ、定量的効果はいえないのですが、S社では、**これを「営業部員の訪問件数」という指標で評価しています**。つまり、iPadを使ったプレゼンを他社に先駆けて行うことで差別化できたであろうという効果を訪問件数の増加量で評価した、ということです。このように、他社との差別化といったような**厳密には定量評価がしづらい効果を、間接的に定量評価できる指標に置き換えて評価するとより説得力**を与えられます。この例のように、営業社員の訪問回数が「導入後半年で3倍」になったという明確な効果が出ていれば、定性的な表現で評価するよりも客観的に効果をアピールすることができます。

● モバイル投資による「定性的効果」

　モバイル機器の導入による効果の代表的なものは、社員の残業代の削減額であり、S社の例では、実際に営業マンの残業代が大幅に削減されていました。しかしながら、最近のモバイル導入事例では、モバイル導入後に必ずしも残業代の削減につながらなかった事例も多く出ています。モバイル機器の導入で残業が削減できるかどうかは、支給対象となる社員の職種や会社のビジネスのスタイルにもよっても異なってきます。そのため、投資効果の評価指標を「残業

代の削減」オンリーに頼っていると、評価した結果、「たいした効果が出ていない」という結論にもなりかねません。そのようなことを避けるためにも、**投資効果は、定量的効果のほかに定性的な効果も合わせて評価するとよい**でしょう。

S社では、定性的な効果として次のような効果があったと評価していました。

①iPhoneやiPadをプライベートで使用することも許容されたため、個人利用で端末に慣れ親しんでこそ業務でも使いこなせるという考え方が定着した。
②クラウドを活用してローカルにデータを持たせない使い方ができ、リモートワイプも可能、セキュリティも向上した。

なお、S社のように会社支給の端末をプライベートでも使用する許可が出ることは、最近のSNSでの従業員の不用意な書き込みのリスクなどを考えると珍しいでしょう。S社が導入した当初は、まだタブレット端末を業務で使用する企業も少なかったことから、あえてプライベートでの使用を許可することで、業務での利用を促進する狙いがあったのかもしれません。

モバイル端末からSNSを不適切に利用することで企業のレピュテーションが毀損されるリスクは、これからも低くなることはないでしょう。しかし、会社の端末の私的利用を許可するまででなくとも、常に最先端のモバイル端末を社員に支給することで、「従業員満足度が高まる」ことを定性的な効果と考えて評価してもよいでしょう。

まとめ

▶ モバイル投資の投資効果の評価では、モバイル導入後に業務が効率化した度合いを定量的に評価する指標（残業代削減など）のほかに、定性的な効果も合わせて評価するとよい

34 情報セキュリティ投資の効果額の事前評価の事例

本節では、顧客情報漏洩事故が発生した場合の予想被害額を評価した事例を取り上げます。リスクの大きさを定量化し、リスクが顕在化したときの被害額を金額換算します。

○ 予想被害額の見積もりによる情報セキュリティ投資の事前評価

情報セキュリティ投資の投資効果の評価方法には、リスク方程式に基づいてリスクの大きさを定量化し、リスクが顕在化したときの被害額に金額換算することで行う方法があることを第3章でお伝えしました。このリスク方程式の考え方をベースに、顧客情報漏洩事故が発生した場合の予想被害額を評価した事例を紹介します。

顧客の個人情報を数多く取り扱うZ社では、一部の社員がUSBメモリを業務で使用しており、その中に顧客情報が含まれるケースも少なくない状況でした。そこで、USBメモリの紛失、盗難によって顧客情報が社外に流出することを防ぐための対策を検討するにあたって、顧客情報が社外に漏洩した場合の被害額を見積もったというケースです。

○ 外部データを利用した見積もり前提の設定

Z社は予想被害額の見積もりをするにあたって、外部公開されている**セキュリティ事故の発生確率と1事故あたりの平均情報漏洩件数**を見積もり前提として利用しています。

次の表は、JNSA（NPO日本ネットワークセキュリティ協会）が、調査時点から遡って過去1年間の間に個人情報漏洩事故を起こした企業の担当者に対して、どのような機器・媒体から漏洩したかを尋ねたアンケート調査の結果です。

■「紛失・盗難、誤送信の1年間の発生確率」

調査対象	発生確率
携帯電話	6.4%
パソコン	3.7%
USBメモリ	4.5%
電子メール	40.3%
FAX	39.0%

（出典：JNSA情報セキュリティインシデント報告2010年、アンケートの有効回答者数4,884名）

■USBメモリ経由での情報漏洩件数

USBメモリなど可搬媒体を経由した平均の個人情報漏洩人数　＝　28,340人分

（出典:JNSA情報セキュリティインシデント調査報告(2010年)）

　この統計データによれば、発生した情報漏洩事故のうち、USBメモリに起因するケースが全体の4.5%だったことがわかります。もう1つの情報は、ひとたびUSBメモリなどの可搬媒体経由で情報が漏洩した場合、過去の個人情報漏洩事故の実績から平均して28,340人分の個人情報が可搬媒体に含まれていた、ということを意味しています。

　Z社は、この数字を利用して、自社でUSBメモリからの情報漏洩事故が発生したときの被害額を算定しようと考えました。

● 近年の情報漏洩経路の調査データ

　ちなみに、近年のJNSAの調査では、毎年、1月1日から12月31日の1年間に新聞やインターネットニュースなどで報道された情報セキュリティインシデントの数を調査・分析するという方法で実施しており、調査結果はWebサイトで提供されています。近年でもUSB等可搬記録媒体からの漏洩事故は10.6%を占めており、依然として高い水準にあることがわかります。近年、USBメモリへの書き出し・持ち出し制限やデータ暗号化などの対策を多くの

企業が進めているにもかかわらず、可搬記録媒体からの漏洩事故がなくならないところか、むしろ比率が増えていることは、可搬媒体に対するセキュリティ対策の難しさを物語っているのかもしれません。

　情報セキュリティ投資の評価で見積もり前提を設定するとき、自社の過去実績から何らかの前提となる数字を取ることが難しい場合、このような外部公開されている近年の調査データを利用してもよいでしょう。

■ 漏洩媒体・経路別の漏洩件数

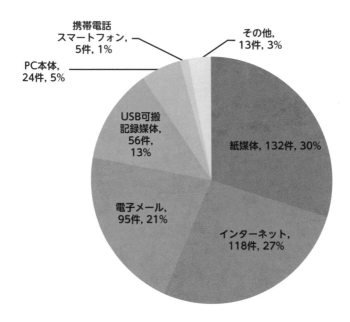

(出典:JNSA情報セキュリティインシデント調査報告(2018年))

● 自社の状況からの見積もり前提

　さて、外部データを利用した見積もり前提の話が長くなりましたが、次にＺ社が自社の状況から見積もり前提に加えたものが、次の2点です。

①USBメモリを使用して顧客情報をやりとりしている社員数＝100名
②自社のUSBメモリに個人情報が含まれている確率＝33%

1つ目の前提は、Z社の社員のうち、USBメモリを利用している者が100名いるということです。そして、その100名のうち、3人に1人は顧客の個人情報をUSBメモリ内に保存しているというのが2つ目の見積もり前提です。

● 事故1回あたりの被害総額の見積もり

以上のような見積もり前提を置いて、顧客情報漏洩事故を起こした場合に必要となる費用を見積もったのが次の表です。情報漏洩事故の発生以降に必要となる業務継続のための費用や見舞い品、謝罪訪問、広報対応など一連の費用などをすべて洗い出し、積算します。Z社の場合、ひとたび情報漏洩事故が発生すると、2,786万円の費用がかかるという結果となりました。これが事故1回あたりの被害総額の見積もりとなります。

■ 事故1回あたりの被害総額

項目	詳細項目	費用
業務継続費用	対策組織業務に係る人件費（1か月分）	500万円
	損害賠償費用（訴訟参加率＝0.1％）	36万円
	弁護士費用・裁判費用	30万円
見舞品費用	見舞品代＋送料他（2万人分）	1,400万円
謝罪訪問費	謝罪訪問に掛かる費用（10人分）	110万円
広報費用	謝罪広告費	なし
	情報公開ページ作成費用（2回）	10万円
臨時的な対策費用	コールセンター設置費用（1か月分）	500万円
	問合せ窓口常駐人員（1か月分）	200万円
合計		2,786万円

● 情報セキュリティ事故による予想被害額の見積もり

最後に、予想被害額の見積もりです。まずUSBメモリ紛失事故の発生確率を算定しています。

まず、「USBメモリが紛失や盗難にあう」事象と「USBメモリに個人情報が含まれている」事象が同時に起こる確率を次のように算定しています。

4.5%	×	33%	=	約1.5%
(USBメモリを紛失する確率)		(USBメモリに個人情報が含まれる確率)		

そうすると、社員100人の中で、1年間に個人情報を含むUSBメモリを紛失する人が何人いるかということは、次のように算定できます。

100人	×	1.5%	=	1.5人
(社員数)		(個人情報を含むUSBメモリを紛失する確率)		

このことから、1年間に個人情報を含むUSBメモリを紛失する人が1.5人発生するということが想定されます。この1.5人という数値に事故1回あたりの被害総額に掛け算することで、次のように予想被害額を算定できます。

予想被害額 =	2,786万円	×	1.5人	=	4,179万円
	(事故1回あたりの被害総額)		(1年間の発生確率)		

USBメモリの紛失によって顧客情報の漏洩事故が発生したら、被害額は年間あたり4,179万円となるため、理論的にはこの金額を超えないところまでセキュリティ投資を行い、リスクが顕在化するのを防ぎましょうという判断基準に利用することもできます。ただし、あくまで理論値なので、実際にどのくらいのセキュリティ対策をするかは他の要素も考慮して決めていくことになります。

● 被害額以外の評価軸について

第3章で解説したモデル例もZ社の事例も、評価の尺度は「予想被害額」でした。しかし、セキュリティ投資の評価は、リスクが顕在化したときの**被害額以外の評価軸も合わせて検討し、総合的に評価すること**が望ましいといえます。

理由は2つあります。1つには、予想被害額とは、あくまでリスクが顕在化したときの被害額であり、顕在化するまでの途中段階は考慮しないため、いわば最悪のシナリオにいたる手前でも別のKPIを見いだして評価すればより望ましいためです。情報漏洩やサイバー攻撃などのセキュリティ事故が起こり、甚大なダメージを受けることは、企業にとって致命的です。致命的なダメージを受ける前の段階も含めて評価するために、投資効果の評価軸は、単一であるよりも複数あったほうがよいということです。

2つ目の理由は、情報セキュリティ投資の目的は、必ずしも情報漏洩のような事故を防ぐ目的だけとは限らないためです。情報セキュリティ投資にはさまざまな目的と種類があります。情報セキュリティ投資の種類によっては、予想被害額という評価軸では評価が難しいものもあるため、情報セキュリティ投資の種類や状況に合わせて評価指標を工夫することが望ましいでしょう。

■ 情報セキュリティ投資の目的と投資例

目的	投資内容の概要	例
法対応	法規制や業界慣行に準拠するためのセキュリティ対策	個人情報保護法対策
他社対抗	社会一般における常識的な対策のためのセキュリティ対策	プライバシーマーク、ISMS認証の取得
戦略的セキュリティ投資	新サービスや問題解決のためのセキュリティ投資	情報セキュリティ監査、脆弱性診断
セキュリティ対策コスト削減	従来のセキュリティ対策コストを削減するセキュリティ対策	クラウド、仮想化の利用

● 他社対抗のための情報セキュリティ投資の指標例

被害額以外の評価軸で評価する必要がある例として、他社に対抗する目的で、たとえば**ISMS** (Information Security Management System: ISO27001) のような情報セキュリティの認証を取得するという目標にしたがって、さまざまなセキュリティ投資を行うケースがあります。

仮にISMS取得に向けて、アクセス権管理を強化するための管理ツールを導入したなら、ツール購入や環境構築にかけた費用が「投資額」に想定します。

あるいは、外部コンサルを利用してセキュリティ管理態勢を整備したなら、そのコンサルティングフィーなどの費用も「投資額」に相当します。いっぽう、期待される「投資効果」は、「情報セキュリティの認証を取得し、他社に対抗する」という経営目標を達成することです。

投資効果が「認証取得」の場合、投資額の算定はコンサルフィーが明確なため比較的やりやすいのですが、効果額を誰もが納得する形で金額換算して表すのはなかなか難しいことが多いため、**認証取得までにかけた投資額が妥当かどうか、妥当性評価をする**ことが現実的です。事前評価の段階で、世間相場などを参考に認証取得までに投資する目標額を設定しておき、その目標予算内で認証取得ができたのであれば、妥当と判断する、というのも1つの方法です。

● セキュリティを強化するための投資の指標例

ほかにも被害額以外の評価軸が必要となる例として、既存のシステムに新サービスを機能追加したことで必要となるセキュリティ投資や、問題解決のためにセキュリティを強化する追加投資の効果をどう評価するかというケースがあります。

たとえば、インターネット経由での商品販売システムで、新たにクレジット払いを可能にするサービスを追加する場合、悪意のある者からクレジットカード番号が盗まれることを防ぐため、堅牢なセキュリティ対策が必要になります。たとえば、セキュアなコーディングから侵入検知システムの導入、セキュリティ組織（CSIRTなど）の設置など、必要なセキュリティ対策の種類は技術的なものから人的なものまで多岐にわたり、実施項目も数多くあります。

このようなセキュリティの強化投資の効果を評価するため、**情報セキュリティの監査や診断サービスで報告される「指摘事項」の件数を評価指標**にしている企業もあります。通常、厳しいセキュリティが求められるシステムを運用する企業では、情報セキュリティに関する監査や脆弱性診断などのサービスを第三者機関から定期的に受けているのではないかと思います。その1年に1回や四半期ごとの診断の結果、指摘される事項の件数が、セキュリティ追加投資の実施以降に減ってきているのであれば、投資したことの効果が出ていると評価するのも1つの方法です。

● 指摘事項の件数を指標とするときの留意点

外部機関によるセキュリティ監査や診断サービスでの指摘事項の件数を指標とする場合、若干、留意点があります。

1つ目の留意点は、指摘事項の出し方には、審査の担当者によって多少ブレがあることです。同じ内容の指摘事項でも、人によって1件の指摘として出したり、細かく2件にわけて指摘したりすることがあるため、厳密に件数の増減がセキュリティレベルの高低に比例しないことに留意する必要があります。単純な件数のみの比較でなく、指摘事項の中身も吟味しましょう。

2つ目の留意点は、指摘事項の件数を、審査を受ける部署の評価や担当者の人事考課と結びつけないことです。なぜなら、審査対応を担当する人がセキュリティ投資の実行部門の人でもある場合、高い評価を得るために指摘事項の件数を減らそうとするインセンティブが働く可能性があるためです。審査対応の担当者が、指摘事項が増えることを懸念して、都合の悪い証跡や資料を審査機関に提出しないようなことがあると、会社にとって有益な指摘を受けられなくなるというデメリットにつながります。このデメリットを避けるためには、IT投資の実行部署と審査対応の担当部門を分離するとよいでしょう。

● 従来のセキュリティコストを削減するための投資の指標例

日本の企業は欧米の企業に比べて、情報セキュリティに関する意識が保守的で、気がつかないうちに二重三重のセキュリティ対策を行っているケースも多くあります。皮肉のようですが「従来のセキュリティコストを削減するためのセキュリティ投資」を検討している会社も少なくないでしょう。このようなセキュリティ投資の効果をどのように評価すればよいでしょうか。

期待する効果がコスト削減であれば、投資の後にいくらコストが削減されたかを評価すればよいのですが、そもそも現行のセキュリティ投資のランニングコストを他の運用コストから切り出して算定するのが難しいという課題があります。単純に実施中のセキュリティ対策を廃止するだけならわかりやすいかもしれませんが、すでに組み込んである過剰なセキュリティ対策を、過剰であることを理由に廃止することは、実務上はなかなか難しいのも実情です。万一、

廃止したあとに何かトラブルが発生したら責任を問われたくないと考える人もいるでしょう。

　従来のセキュリティコストを削減する方法としては、過去に構築したしくみを単に廃止するよりも、トップダウンで新技術の導入を決め、新しいテクノロジーを利用して安全でローコストな環境に移行するほうがよい結果を生むことが多いようです。たとえば、長年、1アプリにつき1台のサーバーで自社開発してきたために増えすぎたサーバーの筐体を集約して仮想化サーバーに移行し、インフラの運用管理もセキュリティ管理のしっかりしたクラウド事業者に委託するなどのケースです。

　そのような再構築プロジェクトの投資効果を**「運用コストの低減額」**と**「障害対応にかかる時間（＝障害件数×障害1件あたりの回復作業時間）」を指標にして評価**している企業もあります。

まとめ

▶ 情報セキュリティ投資の効果の評価指標は、リスクが顕在化したときの予想被害額のほかにもさまざまな指標があり、複数の評価指標を組み合わせて総合的に評価することが望ましい

35 IT投資効果評価 フレームワークの事例

本節では、あるIT投資プロジェクトで得た教訓を次の同種のプロジェクトに活かすために、複数のIT投資プロジェクトを共通の尺度で評価できるようなIT投資効果の評価フレームワークについて解説します。

● IT投資効果の評価フレームワーク導入のメリット

前節まで考察を進めてきた事例を通じて、投資効果の評価指標もさまざまであることはおわかりいただけたのではないかと思います。

ただ、案件ごとに毎回、異なる指標で事後評価を行っているだけだと、複数の案件の比較評価が難しいという問題もあります。企業の経営活動を中長期の視点でとらえれば、過去に実施したプロジェクトと同じようなプロジェクトをまたどこかの事業部で再び実施するのが常です。あるIT投資プロジェクトで得た教訓を次の同種のプロジェクトに活かすためにも、複数のIT投資プロジェクトを共通の尺度で評価できるような全社的なIT投資効果の評価フレームワークがあると便利です。

● 金融業S社の評価フレームワークの例

金融業S社のIT投資効果の評価制度は、「**信頼性**」、「**安全性**」、「**効率性**」、「**経済性**」、「**サービス性・ユーザビリティ**」、「**メンテナンスビリティ・拡張性**」の**6項目**を評価指標に採用しています。

これら6つの指標には、ユーザーの立場、経営者の立場、IT管理者の立場からの重要な視点がバランスよく含まれているのではないかと思います。

■ S社の評価指標の例

評価指標	指標の概要
信頼性	要求した品質を実現すること。障害発生を防止し、障害発生時は業務活動への英起用を極小化し、障害発生後は正常な業務活動への回復を迅速に行うこと
安全性	情報システムを自然災害から防護すること。外部からの不正アクセスやマルウェアの侵入を防止すること。破壊行為から保護すること
効率性	目的、目標に対し能率的に高い効果を実現すること。情報システムの資源を十分活用し、高い費用効果を実現すること
経済性	少ない投資での目的・目標を実現できること。システムの調達・構築から廃棄までのトータル費用 (TCO) が低く抑えられていること
サービス性・ユーザビリティ	操作しやすく操作ミスを起こしにくいこと。さまざまな機能に極力かんたんな操作でアクセスできることや、使用していてストレスや戸惑いを感じないこと
メンテナンスビリティ・拡張性	業務活動の変化、業務量の増加に容易に対応できること。システムの保守、増設、拡張が容易に実現可能であること

● IT投資効果の評価シートの例

　S社の6つの評価指標は、いずれも定性的な評価指標です。しかしながら、各項目の定性的な評価の客観性を高めるために評価方法が工夫されています。次のような評価シートにより、各指標に「評価要素」を設定し、極力、定量的に評価できるよう「評価尺度」が設定されています。

　評価委員会などがこの評価シートの評価尺度に従って、各項目を0点、1点、2点、3点の4段階の評価点で評価するようになっています。

No	評価指標	No	評価要素	評価尺度	評価点3点	評価点2点	評価点1点	評価点0点	評価点
1	信頼性	1－1	稼働率は向上する	現行の稼働率より何%向上する	20%以上	10%以上	1%以上	0%	2
		1－2	平均修復時間は短縮する	現行の平均修復時間より何%短縮	20%以上	10%以上	1%以上	0%	1
		1－3	誤操作等防止への配慮した設計	誤操作等防止機能の件数	4件以上	2～3件	1～2件	無し	1
2	安全性	2－1	バックアップシステム／データ	重要/緊急度に応じたバックアップ	十分	―	不十分	未実施	1
		2－2	マルウェア対策	ウイルス対策ソフトの導入・運用	十分	―	運用不十分	未実施	3
		2－3	・・・・・・・・・・・・						
3	効率性	3－1							
		3－2							
		3－3							
4	経済性	4－1							
		4－2							
5	サービス性・	5－1							
	ユーザビリティ	5－2							
		5－3							
6	メンテナンスビ	6－1							
	リティ・拡張性	6－2							
		6－3							

　また、重視すべき評価指標がある場合、**評価点を評価指標ごとに集計して、評価の重みづけ**をします。たとえば、信頼性と安全性を他の指標より2倍重視する場合、次のような計算式で、評価点を算出します。

　評価点合計　＝　「信頼性」の合計評点 × 2　＋　「安全性」の合計評点 × 2
　　　　　　　　　　＋「効率性」の合計評点　＋　「経済性」の合計評点
　　　　　　　　　　＋「サービス性・ユーザビリティ」の合計評点
　　　　　　　　　　＋「メンテナンスビリティ・拡張性」の合計評点

● システム分類に基づく評価メニューの設定例

　S社のIT投資評価制度では、「業務システム」、「I/F基盤システム」、「バックオフィスシステム」、「更新・改修」という4つのシステム区分が設けられています。そのシステム区分によって、どのような評価項目を対象とするかが明確になっています。いわば**システムの分類によって評価メニューを決めておくことによって、投資案件の性格に応じた評価が可能**になるのです。

　また、「事前評価」、「中間評価」、「事後評価」の3つの評価区分も設けられており、評価項目ごとのウェイトづけも定めています。たとえば、信頼性という評価分類の「稼働率の向上」という評価項目は、事前評価の段階では、ウェイト「1」で評価し、中間評価と事後評価では「3」のウェイトをかけて評価するということを事前に定めているのです。

このようなウェイトづけで評価をすることによって、事前評価では案件の取捨選択や優先順位づけができます。また、中間評価では開発段階における改善状況の把握、事後評価では本稼働後の運用品質の把握がよりしやすくなります。

■S社のシステム分類に基づく評価メニューの設定例

評価分類 ＼ IT統制の類型	システム区分				評価 区分		
	業務システム	I／F基盤システム	バックオフィスシステム	更新・改修	事前評価	中間評価	事後評価
①信頼性							
稼働率の向上	○	○	○	−	1	3	3
平均修復時間の短縮	○	○	○	−	2	2	2
誤操作等防止機能の充実	○	○	○	−	3	3	3
②安全性							
バックアップシステム／データ	○	−	○	−	1	3	3
マルウェア対策	○	−	○	−	2	2	2
・・・・・・・・・・・・・	○	−	○	−	3	3	3
③効率性							
・・・・・・・・・・・・・	○	○	○	−	1	3	3
・・・・・・・・・・・・・	○	○	○	−	1	1	2
・・・・・・・・・・・・・	○	○	○	−	1	3	3
④経済性							
・・・・・・・・・・・・・	○	○	○	−	1	3	3
・・・・・・・・・・・・・	○	○	○	−	1	2	2
・・・・・・・・・・・・・	○	○	○	−	1	1	1
⑤サービス性・ユーザビリティ							
・・・・・・・・・・・・・	○	−	○	○	1	3	3
・・・・・・・・・・・・・	○	−	○	○	2	2	1
・・・・・・・・・・・・・	○	−	○	○	2	2	3
⑥メンテナンスビリティ・拡張性							
・・・・・・・・・・・・・	○	○	○	−	1	1	1
・・・・・・・・・・・・・	○	○	○	−	2	2	2
・・・・・・・・・・・・・	○	○	○	−	1	3	3

○：評価対象項目　−：評価対象外項目

● 評価結果のレポート例

　S社の場合、一定規模以上の投資案件については、前述のIT投資評価のフレームワークに基づいて、事前評価、中間評価、事後評価の3段階で評価を実施します。そして、評価結果をレーダーチャートで報告しています。このような形で視覚的に評価結果を表すことで、中間評価で評点が低かった項目が本稼働後に改善されたかどうかなどがひと目で把握できるようになります。

　また、このようなIT投資プロジェクトの**評価結果レポートが数多く蓄積されてくることにより、投資案件の性格による特徴や自社が改善に力を入れるべき点などを分析することも可能**になります。それが会社にとっての財産となります。

■S社の評価結果のレポートの例

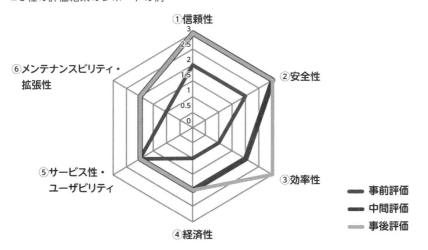

▶ **全社的なIT投資評価のフレームワークを決めて、複数のIT投資プロジェクトを同じ評価指標で評価できれば、過去の評価結果を蓄積することで中長期的な視点での分析もできる**

COLUMN 機会費用とは〜 取り損なった利益はコスト？

　皆さんは「機会費用」（Opportunity Cost）という言葉を聞いたことがあるでしょうか？この言葉を機会損失（Chance Loss）と混同して使っている人も少なくないのですが、両者はまったく違うものです。機会費用とは、1884年にオーストリア学派の経済学者ウィーザー（Friedrich von Wieser）が最初に提唱した経済学上の概念で、取り損なった利益を「コスト」ととらえる考え方です。今では経済学の世界だけでなく、企業の意思決定プロセスにおいても重要な概念として知られるようになってきました。機会費用とは、「最大利益を生む行動をとっていたならば得られたであろう利益と、実際にとった行動で得た利益の差」と定義できます。この考え方は、IT投資の評価に携わる方もぜひ理解しておいて損はありません。

　なぜIT投資評価をするうえで機会費用が重要かというと、IT投資の意思決定者である経営者は、自分の経営判断で選ぶ選択肢がどのくらいの「利益の取り損ない」を伴うのかを知っておくことが大変重要だからです。

　たとえば、現行の基幹業務システムをERP導入により全面再構築するという新規導入プロジェクトの稟議が上がってきたとします。このとき、経営者はERPの導入は経営戦略上必達だと考えていたとしても、別の選択肢、たとえば現行システムを使い続けるという選択を仮にした場合、将来どれだけのコストがかかるかを知り、新システムを運用した場合と比較したうえで意思決定することが重要なのです。もしかすると、現行システムのほうが年間のIT支出が少なく、このまま使い続けるほうが会社に利益をもたらすかもしれません。それでも、ERPを導入するのであれば、経営者は、ERP導入により諦める利益分をコストとしてとらえ、それが受容できるレベルかどうかを判断できれば、より合理的にIT投資の意思決定ができます。したがって、IT投資評価の担当者は、選択されない選択肢のコスト、つまり機会費用の見積も積極的に提供することで、経営者の意思決定をよりよく支援することができます。

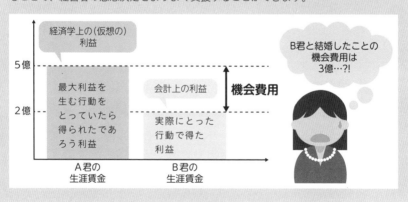

投資対効果が
未達の場合の対応

十分に精緻な事前評価をしたのに、事後評価の
段階でプロジェクトが目標とした投資対効果を
達成できなかった経験を持つ方は多いのではな
いでしょうか。投資対効果が当初の目標に達し
なかった場合、どうすればよいのでしょうか。
第5章では、投資対効果が未達の場合の対応と
未達を防ぐための方法を考察します。

36 「投資額」が予想を超えた場合の対応 〜初期費用が予想を超えるケース

投資対効果が未達になる場合、事前に見積もった投資額が実際には予想を超えてしまうケースと投資額は予想内に収まったものの実際の効果額が予想を下回るケースがあります。まずは、投資額が予想を超えるケースを考えてみます。

● 初期費用が予想を超えるケース

投資額が予想を超えることで投資対効果が未達となるケースを考えてみます。投資額が予想を超えるケースにも、初期費用が予想を超えるケースとランニングコストが予想を超えるケース、あるいはその両方とも予想を超えるというケースが考えられます。

本節では、初期費用（イニシャルコスト）が予想を超えたために、IT投資プロジェクトの本番稼働1年目に投資対効果が目標を下回ってしまってしまったケースを見ていきましょう。

■ 目標未達パターン

$$投資対効果 \ = \ \frac{効果額}{投資額（初期費用↑＋ランニングコスト）} \ < \ 目標値$$

分母の初期費用が大きくなった
ために目標未達に…

想定する事例は、次のような状況です。

戦略的システムの新規開発プロジェクトで、開発中に想定外のトラブルが多発したために工期が延び、初期構築コストが予算を超えてしまった。その結果、投資対効果が当初の目標値を下回ることとなった。

● 初期費用の超過が起こる状況

IT投資プロジェクトの規模が大きいほど、初期構築費用の予定と実績の差が出るリスクも大きくなります。とくに大規模なシステム開発案件の場合、さまざまな理由で当初の予定どおり開発プロジェクトが進まないために、工期が予定していたスケジュールを超過してしまうことがあります。初期構築費用の予実差を生む最大の原因は、プロジェクト進行中に発生する「想定外」のことです。

たとえば、いわゆる枯れた技術（従来から開発実績があって経験値のある開発技法）ではない、まったく新しいテクノロジーを採用したプロジェクトで、想定外のトラブルに見舞われるケースです。問題解決のために別の開発ベンダーに委託先を変更したり、機器を再調達する必要が出てきたりすれば、当然、追加コストが発生します。何らかの追加調達が発生しなくても、工期が伸びれば、通常、それだけで開発費用は増えます。なぜなら、工期の延長によりSEの手待ち時間が増えれば、それも追加コストになるからです。

また、枯れた技術を使った、慣れた開発案件であっても、プロジェクトに配置した要員のスキルや経験不足により、開発品質が一定水準に満たず、試行錯誤や工程の後戻りが発生することもよくあります。それら諸々、プロジェクトで起こる「想定外」のことは、すべて投資額の上昇に結びつくと考えてください。

● 初期費用の超過に対する対策例

覆水盆に返らずで、すでに起こってしまった「想定外」のことをなかったことにすることはできません。しかし、想定外のことを極力、未然に防ぐための対策を打つことはできます。

その1つの例が、**中間評価を活用してマネジメントを強化すること**です。プロジェクトが終わってしまう前にこの中間評価を効果的に実施することで、想定外のことを未然に防ぐことができます。いわば、問題の芽が小さいうちに手を打つことで、プロジェクトが完了してはじめて投資額が予想を大幅にオーバーしていたことに気づく、という事態を避けるのです。

● 中間評価を活用したマネジメント強化例

中間評価を活用してマネジメントを強化する方法を金融機関Ａ社の具体例を通じて説明します。Ａ社では、情報システムの開発保守、運用業務を委託先企業10社余りに外部委託しており、外部委託に関わる業務をシステム部門が担っています。システム部門の役割は、開発保守・運用業務を円滑に遂行するために委託先企業を管理・監督することが主となります。そのため、IT投資効果の評価の目的として、「委託仕様案、ベンダー見積もりなどの妥当性を評価する」ことに重点が置かれています。

■ システム開発案件のIT投資評価制度の例

	評価項目	実施概要
1	案件妥当性評価	ユーザー部門またはシステム部門が起案し、システム部門による一次精査を経たシステム開発案件について、システム化の検討を進めることの必要性および妥当性を評価する
2	投資額妥当性評価	企画フェーズにおけるシステム化検討を終えたシステム開発案件について、投資および投資額（予定価格）の妥当性を評価する
3	仕様書案妥当性確認	システム開発案件の仕様書案について、IT投資を適正化・透明化するなどの観点から妥当性を確認する
4	実行計画確認	受託者が決定したシステム開発案件について、開発フェーズ以降の進捗や課題を確認できるようにするため、実行計画を確認する
5	見積結果妥当性確認	基本設計を実施した後に、システム開発案件の費用を再度見積もり精査し、システム部門において精査された再見積もり結果の妥当性を確認する
6	見積結果予実分析	各開発工程の実作業工数や調達費用をモニタリングし、見積もりとの予実分析を行う
7	IT投資効果の評価	商用サービスを開始したシステム開発案件について、案件の目的に応じて投資効果を評価する

Ａ社では、大規模なシステム開発においては、事前評価、中間評価、事後評価を合計7段階で実施することが定められています。この7段階の評価ステップの中で、「5.見積結果妥当性確認」と「6.見積結果予実分析」が中間評価にあ

たります。この2回の中間評価を通じて、プロジェクトのスタート後に何らかの想定外の出来事が起こっても、それが大幅なコスト増に結びつく前に解決のアクションを取るのです。

● 中間評価の観点とアクション

中間評価では、次のような観点で、投資額の見積もり結果の妥当性を評価します。中間評価の評価結果がネガティブであれポジティブであれ、タイムリーにマネジメントへフィードバックを行うなどのアクションを取ることがポイントとなります。

評価目的	評価の観点	アクションの例
見積結果妥当性確認	基本設計を実施後、費用見積もりを再度、精査し、システム部門で見積もりの妥当性を評価する	基本設計の実施結果を踏まえて見積もりを精査した結果、仕様変更などに伴う予算超過が見込まれた場合、超過分を他でコスト削減するなどの方法で解決できないかを検討する。必要に応じて、開発計画を見直し、外部委託先と交渉を行う
見積結果予実分析	各開発工程の実作業工数や調達費用をモニタリングし、見積もりとの予実分析を行う	予実分析の結果、実作業工数や調達費用が予定を超えていた場合、PMなどと連携して、増加の原因を分析して取り除く。予実差がない場合、または超えそうな見込みが認められただけの場合も、その分析結果を管理者へフィードバックし、取るべきアクションがないかを検討してもらう

● 中間評価の実施タイミング

中間評価をタイムリーに実施するためには、いつ実施するのかをあらかじめ決めておくことが重要です。A社の7段階のIT投資評価の実施タイミングは、開発工程のフェーズに基づいて、次のように定められています。

■ 中間評価の実施タイミング

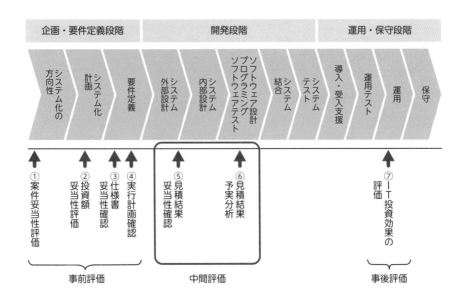

　2回の中間評価のうちの1回目は、外部委託先からの費用見積もりをベースに策定された投資額の見積もりが妥当かどうかを精査、見直しすることを狙いとした中間評価です。**1回目の中間評価は、上流工程の最後、システム外部設計が終わるくらいのタイミングで実施する**のが1つの目安です。なぜなら、システム外部設計では、要求定義に従って、画面設計などユーザー向けの仕様が検証されるため、この時点で、開発費用の大幅な予実差をもたらすような大きな仕様変更はおよそ見えてくるはずだからです。このタイミングで中間評価を実施し、システム外部設計の結果に基づいて当初の投資額の見積もり精度をアップし、必要に応じて見積もり結果を見直すのが効果的です。

　2回目の中間評価は、**開発フェーズのなかば頃、プログラミングが進み、ソフトウエアの単体テストのタイミングで実施する**のが1つの目安です。2回目の中間評価では、開発工数の予定と実績の差を分析し、実績工数が見積もり工数を超えることにつながる潜在的な問題を見つけ、早めに手を打つことが目的です。仕様が確定した後でも、プログラミングやシステムテストの段階でも、想定外のことはいくらでも起こります。このフェーズでは、開発要員のスキル

不足や進捗管理の不備といった人的要因による想定外のことが工数増加をもたらすことも多く見られます。

　なお、この実施タイミングは、あくまでA社の事例ですので、必ずこのタイミングで実施しなければならない、というものではありません。また、**中間評価の回数も2回とは限らず、自社のプロジェクトの状況に合わせて回数を設定して実施するとよい**と思います。プログラミングからシステムテストまでの期間が長いプロジェクトでは、2回目の中間評価を複数回にわけて実施することも有効と考えられます。

● 中間評価での所要工数の予実分析での留意点

　中間評価で所要工数の予実分析を行うにあたっては、社内のSE要員の所要工数を正しく把握できる仕組みを準備しておく必要があります。そんなことはあたりまえでは？と思われるかもしれませんが、A社のようにIT投資プロジェクトの開発業務のほとんどを外部委託している企業では、評価対象システムの開発工数を記録・集計する仕組みを整備せずにプロジェクトをスタートし、いざ中間評価で予実を分析しようとしたときに社内SEの開発工数の数値が正しくとれないことがあったりします。中間評価のタイミングで、SE要員の開発工数の実績値が予定より超過していることがわからなければ、必要な対策も取れず、それが初期費用の予算オーバーにつながります。

　中間評価の実施タイミングは開発フェーズのなかば頃ですが、その時期が来て初めて所要工数が正しく把握できないことがわかるということのないように、**プロジェクト開始時点で、中間評価のときにどの情報を使ってどう評価するかを決めておくこと**もポイントです。

● 外部委託先からの追加費用にも留意

　請負契約で開発業務を外部委託している場合であっても、想定外の工数が発生した場合に、その追加費用を委託先か自社のどちらが負担するのかも確認しておきたいところです。請負契約の場合、仮に委託先のベンダー側の理由でバグ修正などの開発工数が想定外に増加したとしても、通常、委託元のユーザー

企業側には追加の費用負担はありませんが、増えた工数が仕様変更に伴う追加開発に該当する場合は、別途、費用が必要となることがあります。外部委託によりシステム構築を行う場合は、委託先から「想定外」の請求書が来て驚くことのないように、業務委託契約書の中で、あらかじめどのような条件で追加費用が発生するかを明確にしておくとよいでしょう。

まとめ

- ▶ 投資対効果が未達になった場合の対応は、「投資額」が未達のパターンと「効果額」が未達のパターンをわけて考えるとわかりやすい
- ▶ 初期構築費用が予算を超えてしまうような「投資額」の未達を防ぐためには、中間評価を活用してマネジメントを強化する

37 「投資額」が予想を超えた場合の対応 ~ランニングコストが予想を超えるケース

本節では、投資額が予想を超えた場合の対応のもう1つのパターンとして、ランニングコストが予想を超えたために、投資対効果が目標を下回ってしまってしまったケースを考えていきます。

● ランニングコストが予想を超えるケース

初期費用は無事予算内に収まったものの、ランニングコストが予想を超えてしまうことで、目標とする投資対効果が未達となるパターンもあります。

■ 目標未達パターン

$$投資対効果 \quad = \quad \frac{効果額}{投資額（初期費用＋ランニングコスト↑）} \quad < \quad 目標値$$

分母のランニングコストが
大きくなったために目標未達に…

想定する事例は、次のような状況です。

基幹業務システムの再構築プロジェクトの本番稼働後、ユーザーからの個別対応依頼やシステム運用における例外処理の量が想定外に多く、外注オペレーターの要員を増員して運用することとなった。要員費を含む運用コストが予定額を超えたため、投資対効果が目標値を下回る見込みとなった。

● ランニングコストの超過に対する対策例

例示の状況は、システムの本番稼働後、しばらく経過したところで想定外の要員費が発生することがわかり、このまま何も手を打たないとランニングコス

トが予算を超過してしまうケースです。このように追加の外注費が発生するような場合は、予算が超過して目標未達となることは誰の目にも明らかかもしれません。しかし、このようなケースのほかにも、1年くらい運用して、年度末になって初めて機器のリース料やソフトウエアの保守料、マシン室の共通費の配賦など、ランニングコストを構成する費用項目をすべて合算した結果、総額が年間予算を超えていたとわかった、というようなこともあります。

このような場合、**ランニングコストを削減する手を打つことで、システムライフサイクル期間を通じて、投資対効果を目標値に近づけること**を考えます。初期構築費用が予算をオーバーした場合、オーバーした分をプロジェクト完了までに取り返すことは困難なことが多いですが、ランニングコストの場合、たとえ1年目に年間のITコストの予算を超えてしまったとしても、2年目以降、コスト削減の対策を打つことで、トータルの投資額が目標値を超えないようにコントロールすることができます。その結果、システムライフ期間を終えるまでに、目標とした投資対効果を達成することも可能です。

● 事後評価の実施タイミング

ランニングコストの予算超過が発生しうるからこそ、IT投資の事後評価を実施することの意義があるともいえます。もし、事後評価を実施しなければ、そもそも投資額が当初の見積もりを超えているのかどうかもわからず、会社はもしかすると余計な支出を続けていることに気づかないかもしれません。適切なタイミングで事後評価を実施し、ITコスト削減などの必要なアクションをマネジメントに提案することで、経営のパフォーマンス改善に貢献することができます。**初期構築費用が予算を超えたかどうかのみを評価してプロジェクトの成功、失敗を判断しておしまいにせず、システムライフ期間を通して、ランニングコストを管理していくこと**が重要です。

なお、ランニングコストの削減策は早く対応を開始するほど、その効果は大きくなります。事後評価を実施するタイミングも、本番稼働の直後のみでなく、システムライフ期間の長さに応じて1年目以降は定期的に複数回、設定するとよいでしょう。

● ITコスト削減策の検討

ランニングコストの削減策には、一発で劇的な効き目のある特効薬のようなものは残念ながらないと思ってください。個別の削減策をコツコツと地道に実行し、目標とする削減額に達するまで積み上げていくしかありません。

ITコスト削減の進め方としては、まず、自社のランニングコストの費用項目を網羅的に洗い出し、実際にかかっている金額を正しく把握することがスタート地点です。現状のランニングコストの費用項目の明細と総額が把握できたら、そこからコスト削減の余地を探していきます。このとき、一般的なITコスト削減のチェックリストなどを利用して、自社にとって有効なコスト削減策を検討していくのもよいでしょう。

■ITコスト削減チェックリストの例

カテゴリー	チェック項目	CHECK
機器関連	データセンターやサーバ室の電力効率を向上させるために配電や冷却の設備面で工夫を凝らしているか	YES / NO
	サーバ、ストレージ導入において消費電力や発熱を極力抑えるようにしているか	YES / NO
	社員の使用できるディスク容量の上限を設定し、ハードディスクの費用を節減しているか	YES / NO
	サーバの集積率を上げて、ハウジングコストを下げる余地はないか	YES / NO
	…	⋮
外部委託関連	ベンダーとの契約期間はできるだけ短くしているか	YES / NO
	ベンダーと SLAを締結しているか。また、定期的にSLAに基づくサービスコストの適正化をしているか	YES / NO
	自社のシステム運用業務をアウトソーシングすることで運用コスト削減できるかを検討しているか	YES / NO
	外部委託先の選定基準をもち、複数社を比較検討しているか	YES / NO
	…	⋮

カテゴリー	チェック項目	CHECK
保守関連	ソフトとハードのライフサイクルのギャップを検討し、サーバの仮想化技術の導入を検討しているか	YES / NO
	現行のハード、ソフトの保守契約の内容をシステム要件と照らし合わせて見直しているか	YES / NO
	ハードウエアのメンテナンス追加特約条項つき保険の加入を検討しているか	YES / NO
	…	：
運用関連	情報資産の棚卸をしているか。利用状況の把握、分析をして無駄の検出と排除をしているか	YES / NO
	既存システムのサービスレベルを見直して運用コストを適正水準にしているか	YES / NO
	システムの運用コストを利用部門に配賦してコスト意識をもたせているか	YES / NO
	繰り返し行われる運用管理作業を、ツールを利用して自動化しているか	YES / NO
	…	
共通	帳票などの保管スペースを削減しているか	YES / NO
	…	：

　システムの運用費を削減したい場合は、第3章で紹介したABC/ABM分析を活用し、業務のやり方を変えることでの作業工数の削減を図ったり、要員を変更したりすることでコスト削減する余地がないかを検討し、最適な業務コストを分析するのも有効です。

まとめ

▶ ランニングコストが当初に見積もった年間のIT予算を超えてしまう場合は、ITコスト削減策を実施することでライフサイクル期間を通して投資対効果の目標値を達成することを目指す

38 「効果額」が予想を 下回った場合の対応

投資額が予算内に収まったとしても、運用を開始してみる期待どおりに効果が得られないこともあります。本節では、「効果額」が目標に満たなかったために投資対効果が未達となるときにどう対処すべきかを考察します。

● 効果額（収益）が目標を下回るケース

　IT投資プロジェクトには、さまざまなタイプがあり、「効果額」をどのように設定するのかも、IT投資のタイプによって異なってきます。戦略型のIT投資の場合は、通常、システムから得られる「収益」を効果額の指標とします。「収益」とは、事前評価のときにシミュレーションしたシステムライフサイクル期間中に得られるキャッシュフロー（売上高）の合計額ととらえてください。事後評価をした結果、実際のシステムからの売上高がこの試算された収益の金額を下回るケースを想定します。

■ 目標未達パターン

$$投資対効果 \ = \ \frac{効果額（収益↓）}{投資額} \ < \ 目標値$$

分子が小さくなったために
目標未達に…

　想定する事例は、次のような状況です。

> インターネットで自社商品を販売するシステムを新規開発し、1年間運用してみたところ、想定したほどネットからの売上が上がらなかった。その結果、投資対効果が目標値を下回ってしまった。

◯ 効果（収益）が未達の場合の対応

　期待どおりに売上が伸びない場合、広告宣伝費を投入するなどして売上を伸ばす努力をすることも考えられますが、それで確実に売上が増えるかどうかは誰にも保証できません。収益は、コストと違って自社ではコントロールできない部分が大きいため、IT投資の評価者の立場では、事前評価のときに実施した投資効果のシミュレーションが妥当だったかどうかを見直すことが対応として考えられます。

　事前評価で見積もった投資対効果の妥当性を見直す場合、単に目標値を下げることはかんたんです。しかし、投資対効果が達成できないからといって、あまり根拠もなく目標値を下げるだけでは、そもそも当初実施した事前評価の信憑性を下げることにもなりかねないので注意が必要です。

◯ 見直し例①目標値を変えずに見直す

■ 目標見直し例

$$\text{投資対効果} \quad = \quad \frac{\text{効果額（見直し後）↓}}{\text{投資額（見直し後）↓}} \quad = \quad \text{目標値}$$

目標値は変えない

　見直し方法としては、まずは、事前評価のときに設定した投資対効果の目標値を変えずに見直すことを考えます。投資対効果を「投資額」を分母、「効果額」を分子としてとらえるのであれば、その分母分子の割合を調整して目標値を下回らないようにするのです。

　たとえば、システム稼働後1年目に事後評価で投資額を評価した結果、事前に目標とした収益が未達であったのであれば、その時点までの売上実績や今後の経営環境等を分析し、事前評価時に行った2年目以降のシミュレーション結果を現実的な収益予測に見直します。これで、投資対効果の分子の部分を下方修正したことになります。

分子を下方修正すると、投資対効果は当初に設定した目標値を下回ることになります。そこで次に、分母である投資額の試算も合わせて見直します。2年目からシステムライフサイクル期間が終了するまでの間のランニングコストの予算を、当初想定した投資対効果の目標値を実現するレベルまで見直しし、それを達成するためのコスト削減策を計画します。

　たとえ投資額が未達となってしまっても、その事実から目をそらさず、ランニングコストの削減策という具体的な根拠をもって見直しを実施し、それを実行していくことで当初の目標値を達成することが重要です。

● 見直し例②目標値を見直す

■目標見直し例

$$投資対効果 \quad = \quad \frac{効果額（見直し後）↓}{投資額} \quad = \quad 目標値$$

目標値を見直す

　商品販売システムからの売上が予想どおりには伸びない状況として、事前評価の段階で売上予想を立てた時点では妥当な試算だったものの、事後評価の段階では経営環境が大きく変わってしまい、回収できる見込みが低くなったというケースもあります。たとえば、消費財メーカーが自社の定番商品をネット販売するシステムを開発し、販路を広げながら5年でシステム開発費を回収しようとしていたところ、システム稼働後1年目に競合他社が革新的な新製品を世に出し、ターゲットとしていた消費者が急速にそちらに移ってしまったケースなどです。こうなってしまったら、多少、営業マンが頑張って販促しても、ITコスト削減策をコツコツ実行してランニングコストを抑えても、当初の投資対効果の目標値を達成するのは難しいことが考えられます。

　このような場合には、効果額を妥当な値に見直すと同時に、当初に設定した投資対効果の目標値も見直します。ここで重要なのは、**単純に目標値を下げるのではなく、BSC戦略マップなどを活用して、別の目標で経営目標の達成を**

カバーできないか検討することです。経営者の視点から見れば、たとえ特定の商品販売システムで投資対効果が数パーセント未達となったとしても、ほかの経営戦略の実行により最終的に経営目標を達成できればよいのです。たとえば、当期の最終的な経営目標が「利益率3%の増加」で、そのために「ネット販売の開始」という経営戦略を立てており、そのKPIが「商品販売システムの投資対効果15%以上」だったとします。最終的な経営目標を達成するためには、「ネット販売の開始」のほかにも、たとえば「基幹業務システムの外部委託」という経営戦略のKPIを強化することで、ネット販売の開始でKPIの未達分をカバーできるかもしれません。あるいは、コスト削減に関連する別の業績目標の中からカバーしてもよいかもしれません。

　投資対効果が未達になる可能性が濃厚になり、目標値自体を見直す場合、上位の経営目標を達成できるように別の業績目標をより強化する案とともに提案すると、経営者も納得する見直し案になるでしょう。

■ 上位の経営目標を達成できるように別の業績目標をより強化する

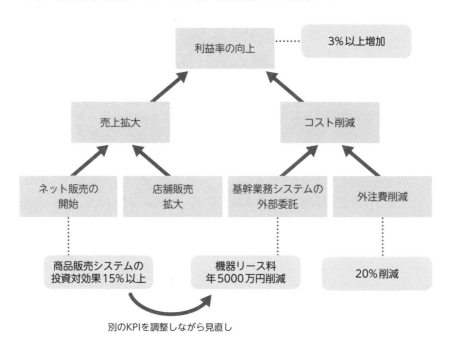

● 見直し例③システムライフ期間を見直す

　効果額（収益）が予想を大きく下回り、ITコスト削減でも別の業績目標の強化でもカバーできないときはどうすればよいでしょうか。

　そのような状況はあまり考えたくない状況かもしれませんが、実際にそうなってしまったときには、IT投資案件の「撤退条件」に合致していないかどうかを評価することが考えられます。「撤退条件」とは、そのIT投資プロジェクトがどういう状態に陥った場合に撤退するかを定めた判断基準のことです。撤退条件は、たとえば、次に例示するような撤退基準を基本的に事前評価の段階であらかじめ決めておきます。

■ 撤退条件の例

	撤退基準
例1	IT予算の経常支出が○○億円を超過する場合、取り組みの再検討を行う
例2	3年目までに期待する効果が得られなかった場合、クラウドサービス契約を中途解約し、○○システムの継続運用を中止する

　あまりにも評価した時点での効果額が低迷していたり、投資額が予算超過しすぎていたりした場合には、この撤退基準に合致していないかを評価し、もし合致していれば、システムライフサイクル期間を見直す、つまり予定より早めに撤退することを検討し、経営層に提言します。

　なお、会社の命運をかけて行った大規模な戦略型IT投資プロジェクトであれば、なかなか「撤退」という話を切り出すことが難しいこともあるかもしれません。しかし、だからといってIT投資評価の担当者は撤退条件を評価すること自体を躊躇するべきではありません。実際に撤退するかどうかを意思決定するのは、経営層です。経営者は、IT投資の投資対効果の評価結果以外にも、経営戦略上の重要性や今後の経営環境の先行きなども考えたうえで、このシステムをこのまま運用して投資費用を回収することを目指すのか、それとも早めに撤退してこれ以上の損失を防ぐのかを判断します。したがって、経営者が意思決定するための具体的な材料をタイムリーに提供することが重要だと考えてください。たとえば、「当初5年で予定していたライフサイクル期間を3年に短縮すれば、○○億円の損失を免れることができる」というような感じで、試算した

結果を恣意性を排除して定量的に示すことがポイントです。

● レベニューシェアーによるリスク共有

　投資対効果の未達への対応への考察の最後に、**レベニューシェアー**によるリスクの共有という方法をご紹介しておきます。

　レベニューシェアー（Revenue Share）とは、業務提携のモデルの1つで、業務の委託側と受託側がパートナー提携し、お互いの協力で生み出した収益を予め決めた分配率でわけ合うことです。

　レベニューシェアーにより、業務委託を行う場合、通常、委託側の初期費用は軽減されるか、またはゼロになります。たとえば、ある施設の入場券発券システムの新規開発をレベニューシェアーで外部委託先の開発ベンダーに委託するとします。この場合、入場券の販売によって入ってくる収入を委託側、つまりユーザー企業側と開発ベンダー側との間でたとえば50：50で折半することを条件に、システムの開発費用を開発ベンダー側が全額負担するというような契約をして開発をスタートします。開発が完了し、入場券発券システムから期待どおりに売上が上がらなかった場合でも、委託側は、投資対効果の未達をほぼ避けられるというメリットがあります。

■ レベニューシェアーと従来型受託開発の違い

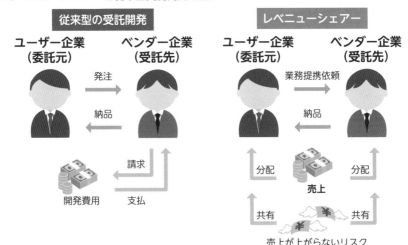

242

いっぽう、受託側（開発ベンダー）にとっては、期待どおりに売上が上がらなかった場合、開発コストを回収できないというリスクがあります。しかし、売上が想定以上に上がれば、開発コストが回収できた以降の入場券の売上はそのまま収益になるため、長期的な視点では有利な収益源となる可能性もあります。

　また、通常、受託側の開発ベンダーは、1つの開発案件を納品したら、それで委託元企業の関係性も終わってしまうことが多いのですが、レベニューシェアーでは、開発完了後も長期にわたってビジネスパートナーとなれるメリットがあります。うまくいけば、お互いWin-Winの関係を築くこともできるため、適用できるIT投資のタイプは限られるものの、投資対効果が未達となるリスクを共有する手段として検討してみる価値はあるでしょう。

まとめ

▶ 新規開発システムからの売上が伸びないケースなどの「効果額」が未達の場合には、事前評価時に行った投資額の試算を妥当なレベルに見直すと同時にランニングコストの試算も見直す

▶ 投資対効果の目標値を下方修正する場合は、別の業績目標のKPIを強化することで目標値の修正分をカバーできないかも検討するとよい

▶ レベニューシェアーという業務提携により開発の委託元と委託先が投資対効果が未達となるリスクを共有する方法もある

サンクコスト（埋没費用）の呪縛

あなたは地方をドライブしていて、高速道路の橋桁が途中で切れていて、道路の先端がまるでジャンプ台のように空中に突き出たまま放置されているのを見たことはありませんか？

それはもしかすると「サンクコストの呪縛」にかけられた道路かもしれません。「サンクコスト（Sunk Cost）」とは、「埋没費用」ともいい、「何かのプロジェクトに投資した費用のうち、プロジェクトから撤退しても回収することができない費用」のことです。過去に投入した費用に囚われて、うまくいかないことがわかっている投資をズルズル続けて、やめるにやめられなくなっている状態が「サンクコストの呪縛」です。確実に赤字経営になることがわかっているのに、すでに投資した費用が莫大で、途中で止めると役所の面目が保てなくなるため、そのまま続けてしまう公共工事などがその典型例です。人は、これまでに投資した金額や時間が大きければ大きいほど、心理的にその取組みを中止する意思決定がしづらくなるのです。

IT投資における意思決定でも、このサンクコストの呪縛に囚われるケースが少なくありません。とくに社運をかけた大規模な案件や、社内でカリスマ性を持った人が強い思い入れをもって長い時間をかけて作ったシステムなどで起こりがちです。このまま運用しても費用を回収できないどころか、意味のない損失を出し続けることがわかっているのに、功労者への忖度や社内政治力学などがからまりあって、撤退する意思決定が誰にもできないのです。

あなたの会社にも、そんな「サンクコストの呪縛」にかかってしまったシステムはありませんか？

6章

開発プロジェクトの投資評価

IT投資プロジェクトの中で、もっとも投資対効果の評価が求められるのは、大規模な開発プロジェクトではないでしょうか。しかし、会社で統一した評価方針や方法論を持っている企業は多くないようです。第6章では、開発プロジェクトの評価で使えるチェックリストを紹介し、その使い方と留意点を徹底解説します。

39 開発プロジェクトの評価におけるチェック項目

本節では、「IT投資価値評価に関する調査研究（IT投資価値評価ガイドライン（案）について）」（2008年発行）で提唱されたIT投資評価モデルから今の時代にも有用なエッセンスを抽出して、開発プロジェクトの評価ポイントを解説します。

● 開発プロジェクトの成功率

　IT投資プロジェクトにはさまざまな種類や規模のものがありますが、経営に与えるインパクトがもっとも大きいのは、やはり大規模な開発プロジェクトです。経営者にとってみれば、経営戦略の実現と経営の効率化を左右するプロジェクトさえ成功してくれれば、ほかのプロジェクトの投資結果はさほど気にもとめないかもしれません。これまでの章で見てきたとおり、IT投資プロジェクトの目標にあった適切な事前評価を実施し、そこで設定した投資対効果の目標値を目指して中間評価も活用しながらKPIをマネジメントしていけば、プロジェクトは目標としていた投資対効果を達成しつつ成功裏に終わるはずです。少なくとも理論的には、です。

　しかしながら、実際には、開発プロジェクトの約7割が「失敗」に終わっているとする調査結果[*1]もあり、残念ながら多くのIT投資プロジェクトが期待する成果を出せなかったと評価されているのが実情です。なぜ万全の体制で望んだはずの開発プロジェクトが「失敗」と評価されてしまうのでしょうか。

● JUASのIT投資評価モデル

　大規模な開発プロジェクトの投資評価をするうえで参考となるものに、JUAS（一般社団法人日本情報システム・ユーザー協会）が2008年に発行した「IT投資価値評価に関する調査研究（IT投資価値評価ガイドライン（案）について）」（以降、IT投資価値評価ガイドライン）と題された小冊子があります。これは、経済産業省の委託を受けて実施したIT投資評価に関する調査研究の報告書で

*1)「日経コンピュータ」の2015年の調査によれば、企業の情報システムの開発プロジェクトの31.1%が成功、つまり70%近くが失敗と評価されているという結果が出され、衝撃をもって受け止められました。

す。発行されてから10年以上が経過し、さすがに統計データやテクノロジーに関する記述が古くなったためか、現在絶版となっていますが、同書が提唱するIT投資評価のモデルは、今でも十分活用できるエッセンスをたくさん含んでいます。

◉ 開発工程のタイプ

本題に入る前に、開発の進め方には2つのタイプがあることを見ておきたいと思います。開発プロジェクトの進め方は、大きく**ウォーターフォール型**と**アジャイル型**の2つのタイプにわけられます。本章で対象とするのは、ウォーターフォール型の大規模な開発プロジェクトです。

ウォーターフォール型とは、最初に「企画」→「要件定義」→「設計」→「実装」→「テスト」というように開発工程を決め、工程どおりに計画的に開発を進めていく方法です。滝の水が下から上へ逆流することがないのと同じように、前から順番に後戻りすることなく進めていくことから、ウォーターフォールと呼ばれています。従来から行われているプロジェクトの進め方で、なじみのある方も多いでしょう。

アジャイル型とは、プロジェクトの途中で仕様変更は頻繁にあるものだという前提に立ち、計画段階で仕様や設計を厳密に決めずに、小さな単位で「計画」→「設計」→「実装」→「テスト」を何度も繰り返しながら、機能のリリースを進めていく方法です。アジャイルとは、「俊敏な」とか「すばやい」という意味の英語の形容詞で、変化に柔軟に対応できる進め方の特徴をよく言い表しています。近年のWebアプリやモバイル開発などのテクノロジーやニーズの変化の激しい領域の開発に適した開発手法といえるでしょう[2]。

ウォーターフォール型とアジャイル型の特徴を次の表のように整理しました。それぞれにメリットとデメリットがあるため、どちらの進め方がよいかは、開発するシステムの性質や規模などによります[3]。

6

開発プロジェクトの投資評価

---

[2] 2001年、従来よりも機動的に開発を進める手法を提唱していた技術者やプログラマーが「アジャイルソフトウェア開発宣言」にまとめた開発手法が出発点となっています。ソフトウエア開発の12の原則が定義されており、アジャイル開発の公式文書として今も広く知られています。

[3] ウォーターフォール型のデメリットをカバーする開発手法として登場してきたスパイラルモデル、反復型開発、ソフトウェアプロトタイピングなどの開発手法も広い意味ではアジャイル型と同じ特徴を持ちます。

■ ウォーターフォール型とアジャイル型の特徴

	ウォーターフォール型	アジャイル型
メリット	全体のスケジュールが明確で進捗管理が行いやすく、納期を守るためのコントロールがしやすい	開発期間を短縮できる。テクノロジーや要件の変化に応じて、柔軟にユーザーニーズに合った開発がしやすい
デメリット	プロジェクトの途中で仕様変更したり、テストで不具合が発覚したりした場合、手戻りの工数が大きい	さらに改善しようと試行錯誤するうち、開発の方向性がブレやすい。進捗の把握とコントロールが難しい

● どんな開発プロジェクトにも求められること

ウォーターフォール型とアジャイル型のそれぞれの開発手法のメリット、デメリットを整理してみると、逆にどちらの開発手法にも共通に求められるものが何かが見えてきます。

いわゆるQ（Quality:品質）、C（Cost:費用）、D（Delivery:納期）を守って結果を出すことです。たとえアジャイル型でアドホックに開発を進めようとも、納期を守らなくてよいわけではありません。また、小規模な開発を繰り返せるからといって、青天井で開発工数を費やしてよいわけではありません。一定水準の品質が求められる点も同様です。どちらの開発手法であっても、やはりQCDを守ってプロジェクトを完了するためには、何らかのコントロールが必要です。QCDをどうやってコントロールするかのノウハウでは、歴史の長いウォーターフォール型のプロジェクトに一日の長があります。

以降、ウォーターフォール型の開発プロジェクトをモデルとしてIT投資評価のポイントを解説しますが、ウォーターフォール型以外の開発プロジェクトを評価する際にも役に立つエッセンスはありますので、ふだんアジャイル型の開発に従事する方もぜひ参考にしていただければと思います。

● ウォーターフォール型の開発工程

　ウォーターフォール型のプロジェクトの各開発工程は、大きく「企画段階」、「開発段階」、「運用段階」、「保守段階」の4つのプロセスにわけられます。それぞれのプロセスの中での工程の区切り方や工程の名称、各工程の定義は、会社によって、またプロジェクトによって異なることがありますが、標準的には次のような流れで上流から下流に向かって開発を行います。

■ ウォーターフォール型の開発工程

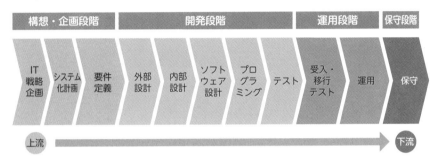

● IT投資評価タイミングは3段階

　IT投資価値評価ガイドラインの評価モデルでは、IT投資評価を次の3つの段階で行います。

　　　　　　STEP1（事前評価1） ： 構想・企画段階
　　　　　　STEP2（事前評価2） ： 開発開始段階
　　　　　　STEP3（事後評価）　 ： 開発完了後

　「構想・企画段階」の評価と「開発開始段階」の評価の2つは、プロジェクトの事前評価にあたるもので、次の工程に進んでよいかどうかを判断するものです。「開発完了後」の評価は事後評価にあたり、当システムの効果をもっと上げるためと、次のプロジェクトのためのノウハウ蓄積のために行います。

世の中には、第5章でご紹介した事例のように中間評価を含めて数多くの評価ステップを設けるケースやこの3段階以外に実施するモデルもありますが、まずはこの3段階の評価モデルを標準として設定して実施するとよいでしょう。

● IT投資評価の実施タイミング

　3段階のIT投資評価を開発工程のどのタイミングで実施するのかを示したのが次の図です。

■ 評価タイミング

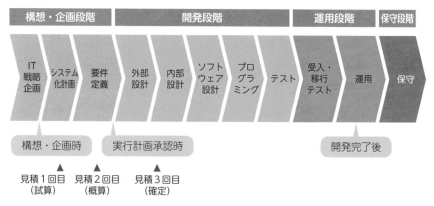

　事前評価の1回目、すなわち**「構想・企画段階」の評価は、IT戦略に基づいてシステム化の方向性が決まり、システム化の基本計画を開始するタイミング**で実施します。まだ要件定義も始まっておらず不確定要素も多い中で投資額の見積もりや投資効果の見積もりを超概算で試算し始めたという段階です。

　事前評価の2回目、すなわち**「開発開始段階」の評価は、開発実行計画の承認を受けるタイミング**、要件定義が終わったタイミングで行います。要件定義が終われば、ユーザーからの要求事項、システムの内容が確定されてくるため、投資額と投資効果の見積もりの精度を上げることができます。

　「開発完了後」の**事後評価は、本番稼動後半年、あるいは1年後など、ある程度、運用フェーズを経たタイミング**で行います。

● 3段階のIT投資評価の目的・実施内容

次に、それぞれの評価段階の投資評価の目的と実施内容を整理しました。各評価段階で、「どのような目的で実施するのか、評価をするために何が前提（インプット）として必要か、そして評価した結果をどういうドキュメント成果物（アウトプット）に落としこむか」を意識して取り組むと、より質の高い投資評価につながります。

■ 3段階の投資評価の目的・実施内容

評価段階	インプット（前提）	目的・実施内容	アウトプット
構想・企画段階 （事前評価1）	・中長期のIT戦略 ・各部門から提出されたシステムの希望案	・中長期計画に基づく主要プロジェクトの選択 ・各案に対して、目標の方向性を確認し、要件定義開始の優先度、条件づけ、進め方の方向性への承認	・中期IT投資計画書の見直し（数年先を見通したIT業務推進方針） ・各案の次フェーズへの着手の承認書
開発開始段階 （事前評価2）	・プロジェクトの概要を明確にした実行計画書	・開発着手の可否判断 ・目標、効果、予算、体制、スケジュール、リスク分析などの吟味	・プロジェクト別実行計画書
開発完了後 （事後評価）	・本番カットオーバー後の安定稼働期（半年後、または1年後）	・開発結果の予実評価 ・運用工程を含んだ投資対効果の評価 ・次のプロジェクトへのノウハウ蓄積	・プロジェクト実施報告書

（出典：JNSA情報セキュリティインシデント報告2010年、アンケートの有効回答者数4,884名）

まとめ

▶ **ウォーターフォール型のシステム開発プロジェクトのIT投資評価は、「構想・企画段階」、「開発開始段階」、「開発完了後」の3段階で行うとよい**

40 IT投資評価チェックリストの概要

本節では、3段階のIT投資評価における評価ポイントをそれぞれのチェックリストに従って解説していくにあたって、その前提知識となるチェックリストの構成と実務で使ううえでの留意点を説明します。

● IT投資評価チェックリスト

IT投資評価ガイドラインでは、「構想・企画段階」、「開発開始段階」、「開発完了後」の3段階で、次のようなチェック項目を評価することが示されています。

■ 開発プロジェクトの投資評価チェック項目

	構想・企画段階	開発開始段階	開発完了後
経営戦略との適合	①投資目的・目標が明確であり、経営戦略と適合しているか ②プロジェクトの優先度は妥当か、今実施すべき案件はほかにないか	①計画は企業戦略と適合しているか ②利用者と開発者の間に意識のずれはないか ③実行承認にあたっての条件は何か	①プロジェクトの結果は企業戦略と適合しているか ②成功要因・失敗要因が整理され、企業のノウハウとして蓄積される仕組みができているか ③運用、利活用の体制は十分か
投資費用	①対象案件を加えた場合の新規投資と運用維持費用のバランスは妥当か ②対象案件を加えた場合のIT投資ポートフォリオは妥当か ③投資回収年数は妥当か ④超概算予算は妥当か ⑤はじめは必要最低限の機能に絞り込んでいるか	①機能の絞り込みは十分か ②システムライフサイクルコストを分析しているか ③税制の活用などの投資費用を下げる取組みを実施したか ④リスク分析を実施したか、分析結果は妥当か	①当初の開発で取り残した機能のフォローの仕方は明確か ②総合評価表による確認(稼動工期、稼動後の品質、投資費用の対計画比など)ができているか、結果は妥当か ③システムライフサイクルコストは計画どおりか

	構想・企画段階	開発開始段階	開発完了後
投資費用	⑥コスト配賦の方法は明確で妥当か	⑤クラウドサービスの活用、パッケージの活用、自社システムの横展開を検討したか	④リスク計画は妥当であったか、どのようにフォローしたのか
投資効果	①BPR（業務改革）を実施する案になっているか ②一次効果と二次効果の両方を検討した計画になっているか ③KPI、ユーザー満足度、ベンチマーク、実施しないリスクの見極めなど、投資効果検討の方針は明確か、検討結果は妥当か ④事後評価の時期、撤退条件などを明確にしているか、内容は妥当か	①業務フローを見直し、BPR（業務改革）、組織改革を実施しているか、何が変わるのかを確認できたか ②一次効果、二次効果、三次効果を見極めたか ③KPI、ユーザー満足度、他社事例（ベンチマーク）、実施しないリスクが数値化されているか ④実施結果の評価時期を決めているか、決定した時期は妥当か ⑤撤退条件は明確か、内容は妥当か ⑥効果データの収集方法は明確か	①一次効果、二次効果、三次効果と、フォローの仕方を確認しているか ②KPI、ユーザー満足度、他社比較（ベンチマーク）、実施しないリスクの計画対比は確認したか、問題はなかったか
プロジェクトマネジメント	①品質、費用、納期など守るべき優先順位を定めているか、定めた優先順位は妥当か ②プロジェクトの責任者（開発、運用、利用責任者）は明確か ③ベンダー選定基準は明確か、選定結果は妥当か	①推進体制、リーダーの職階、資質は十分か ②十分なレベルの要求仕様書（RFP）を作成しているか ③工期は妥当であるか ④品質目標は示されているか、妥当であるか ⑤予算額は妥当であるか ⑥社内体制、ベンダーの確保はできているか、内容は妥当か ⑦稼動条件、移行方針が決まっているか、内容は妥当か ⑧進捗報告のサイクルを決めているか、頻度は妥当か	①運用目標値（含むSLA）が設定されているか、その内容は妥当か ②運用段階のリスクを管理する仕組みがあり運用されているか ③顧客迷惑度指数を設定し、フォローしているか

（出典：JUAS「IT投資価値評価に関する調査研究」を参考に作成）

● IT投資評価チェックリスト共通の4つの視点

3種類のIT投資評価チェックリストの各チェック項目は、それぞれの段階によって内容や項目数が異なってくるものの、すべて次の4つの視点が盛り込まれています。

■ チェックリストの4つの視点

視点	チェックの観点
経営戦略との適合	プロジェクトは投資目的に適合しているか
投資費用	投資コストは投資目的に対して適切であるか
投資効果	投資コストに見合った効果が得られているか
プロジェクトマネジメント	プロジェクトの品質に問題はないか

チェックリストを自前で作成するとき、「投資費用」と「投資効果」の2つの視点だけでチェック項目の内容を考えて作成していないでしょうか。「経営戦略との適合」という上流の視点でも評価することを忘れてはいけません。また、「プロジェクトマネジメント」という視点でのチェック項目が挙げられているのもこのチェックリストの特徴です。これは、プロジェクトの品質にフォーカスしたチェック項目です。システムの品質もIT投資の非財務効果の1つであり、品質面の評価を行うこともIT投資評価であるととらえてください。

さらに、**3つの段階すべてにおいて、4つの視点が含まれている**ことにも留意しましょう。たとえば、「経営戦略との適合」という視点は、企画段階で一度だけチェックしておけばよいような気もしますが、すべての段階で同じ視点で何度もチェックする必要があります。たとえ、最初の基本計画で経営戦略に沿った計画になっていても、開発工程が進むにつれ経営戦略からずれてしまうこともあるからです。さらに開発完了後、出来上がったシステムをユーザーが評価したら、業務要件を満たしていなかった、ということも起こりえます。そのようなことをチェックするためには、すべての段階で「経営戦略との適合」という視点でのチェック項目を入れておく必要があるのです。ほかの3つの視点についても同様に、各段階でチェックすべき視点だととらえてください。

● 投資評価チェックリストの使用時の留意点

　これらのチェックリストは、必要に応じて、自社のプロジェクトで実務に使えるようカスタマイズすることを想定する「ひな型」と考えて利用するとよいでしょう。このチェックリストのひな型をカスタマイズしながら利用するにあたって、留意点がいくつかあります。

・チェックリストの回答者

　経営者やプロジェクト責任者などの「キーパーソン」が回答することを想定します。IT投資評価の担当者は、プロジェクトの体制を勘案して、あらかじめ適切な回答者を選定しておきます。

・各質問項目の吟味とカスタマイズ

　評価対象となる投資プロジェクトの類型や期待される投資効果などを勘案して、各々の質問内容が適用できるかを検討します。自社のケースには当てはまらない質問項目があればあらかじめ除外しておきます。また自社特有に追加したい項目があれば追加しておきます。

・回答の資料準備

　回答者がチェックリストの質問に容易に回答できるようにする必要があります。「容易に」というところがポイントです。経営者やプロジェクトの統括責任者は、非常に忙しい人であることが普通です。したがって、回答を依頼する側が、正しい回答をしてもらうための工夫をする必要があります。回答者自身が、計画書、要件定義書、設計書などの資料をその都度参照しなくてすむように、あらかじめ、質問の回答に該当する箇所を要約した文書を作成しておくとよいでしょう。

● 評点のつけ方についての留意点

　IT投資評価チェックリストでは、それぞれのチェック項目を次の5段階評価で計数評価してもらう形で作られています。この計数評価欄も自社の状況に合

わせて3段階にするなど、カスタマイズして使うとよいでしょう。ただ、選択肢を作成するときにちょっとした留意点があります。

■ 選択肢作成時の留意点

ど真ん中の
選択肢を
作らない

「4：納得している」
「3：まあ納得している」
「2：やや不満を感じている」
「1：不満」
「0：わからない、判断できない」

実は
これが重要

　それは、「中くらい」という評価を意味する真ん中の選択肢をなるべく作らないこと、および「わからない」という選択肢を必ず作っておくことです。

　一般的なアンケート調査の5段階評価の選択肢には、よく「3：普通」という選択肢があると思います。「3：普通」という選択肢があるアンケートを回答中に、質問の数が多くなるにつれて、だんだん考えるのが面倒くさくなって3を選択することが多くなったり、よくわからないときに何となく推測で3を選択してしまったりした経験はないでしょうか。人は情報が足りなくてよくわからないときに無意識に中くらいの評価をしてしまう傾向があります。これを、アンケート調査における**中央化傾向のバイアス**といいます。

　このIT投資評価チェックリストでは、「3：まあ納得している」と「2：やや不満を感じている」との間にちょうど**中間の評価の選択肢を設ける代わりに、「0：わからない、判断できない」という選択肢**を設けています。そうすることで、チェックリストの回答者が、情報が足りなくて回答ができないときに「0：わからない、判断できない」という選択肢を選ぶことができ、情報が足りなくて中間の評価をしてしまうという中央化傾向のバイアスを避けることができます。

　チェックリストの回答者であるプロジェクトの責任者や経営者は、必ずしも判断の根拠となる細かい数字をすべて把握しているわけではありません。しか

し、責任あるポジションであればあるほど、部下から「そんなことも把握していないのか」と思われたくないというプライドも働き、自分から「わからない、判断できない」といい出しづらいのが人間の性です。したがって、責任者向けの回答依頼では、チェックリストの選択肢をうまく設定して、情報が不足しているときに積極的に「0：わからない」という選択肢を選んでもらえるようにするのがミソです。そして、チェックリストを回収したときに、**「0：わからない」にチェックが入っていたら、改めて回答者に必要な情報を提供し、追加説明や議論を尽くしたうえで、再度、回答を求める**などのアクションを取るとよいでしょう。

✏ まとめ

▶ すべての評価段階で、「経営戦略との適合性」、「投資費用」、「投資効果」、「プロジェクトマネジメント」という4つの視点でチェックする

41 構想・企画段階でのチェック項目

3段階方式のIT投資評価モデルでの最初の評価は、「構想・企画段階」における評価です。本節では、どのようなチェック項目で「構想・企画段階」の事前評価を行うのかを見ていきます。

● 構想・企画段階における投資評価チェックリスト

次に示すのが「構想・企画段階」における投資評価チェックリストです。構想・企画段階の投資評価は、事前評価の1回目にあたります。

■ 構想・企画段階（事前評価1）における投資評価チェックリスト

		質問内容	点数 納得←		→不満		わからない
経営戦略との適合	1	投資目的・目標が経営戦略と適合しているか	4	3	2	1	0
	2	プロジェクトの優先度は妥当か	4	3	2	1	0
投資費用	1	対象案件を加えた場合の新規投資と運用維持費用のバランスは妥当か	4	3	2	1	0
	2	対象案件を加えた場合のIT投資ポートフォリオは妥当か	4	3	2	1	0
	3	投資回収年数は妥当か	4	3	2	1	0
	4	超概算予算は妥当か	4	3	2	1	0
	5	はじめは必要最低限の機能に絞り込んでいるか	4	3	2	1	0
	6	コスト配賦の方法は明確か、内容は妥当か	4	3	2	1	0
投資効果	1	BPR（業務改革）を実施する案になっているか	4	3	2	1	0
	2	一次効果と二次効果の両方を検討した計画になっているか	4	3	2	1	0
	3	KPI、ユーザー満足度、ベンチマーク、実施しないリスクの見極めなど、投資効果検討の方針は明確か、検討結果は妥当か	4	3	2	1	0

		質問内容	点数 納得←　→不満				わからない
投資効果	4	事後評価の時期、撤退条件などを明確にしているか、内容は妥当か	4	3	2	1	0
プロジェクトマネジメント	1	品質、費用、納期など守るべき優先順位を定めているか、定めた優先順位は妥当か	4	3	2	1	0
	2	プロジェクト責任者（開発、運用、利用責任者）は明確か、選定結果は妥当か	4	3	2	1	0
	3	ベンダーの選定基準は妥当か、選定結果は妥当か	4	3	2	1	0

（出典：JUAS「IT投資価値評価に関する調査研究」を参考に作成）

● 構想・企画段階の「経営戦略との適合」でのチェック項目

　構想・企画段階では、全社から提出された複数の主要プロジェクトの要求を整理して、どのプロジェクトが次の「要件定義」フェーズに進んでよいかどうかを判断するのが最大の主眼になります。それを判断するために、経営戦略との適合性という視点でまずチェックします。

①投資目的・目標が経営戦略と適合しているか

　「経営戦略との適合性」という視点でまずチェックするのが、開発しようとするシステムの投資目的・目標が経営戦略と適合しているかという点です。「経営戦略と適合している」とは、もう少し具体的にいえば、次の点がクリアできているか、ということです。

> ✔**対象プロジェクトの目的・目標が明確である（＝明文化されている）こと**
> ✔**対象プロジェクトの目的・目標は、経営戦略やIT戦略の中の「業績目標」の達成に寄与するものであること**
> ✔**他の主要プロジェクトの目的・目標との関係や全社のシステム構造の中での位置づけも検討したうえでプロジェクトの優先順位を明確にしていること**

ここでは、評価の対象プロジェクトだけではなく、他の主要プロジェクトとの兼ね合いも検討したうえで、総合的に経営戦略との適合性を判断していることに留意してください。対象プロジェクトを「今、実行すべき」というからには、全社の視点で、ほかの主要システムとの関係や主要なプロジェクトの優先順位を検討したうえで判断する必要があります。

②プロジェクトの優先度は妥当か

　次に、評価対象プロジェクトを今、実行すべきだと判断したときの「プロジェクトの優先度」の判断が妥当かどうかをチェックします。経営者にとって重要なのは、稟申されてきた案件が単体で実行するに値するかどうかだけでなく、**今、ほかに優先して実行するべきプロジェクトがないかどうか**ということです。

　プロジェクトの優先度決定のためにはいろんな要素を考慮する必要があり、本来、**優先度の決め方も会社として決めておく**ことが望まれます。しかし、誰もが納得する優先度を何らかの方程式で機械的に導出するのは難しいのも実情で、優先度の決定方法がとくに決まっていない場合、最終的には、経営者が判断することになると思いますが、たとえば次のような観点で、いくつかの主要なプロジェクトをどのような順番で実施するのが会社にとってベストかを検討するとよいでしょう。

✔ 期待される効果が最も大きいのはどのプロジェクトか

✔ 実施しないことによる損失が大きいのはどのプロジェクトか

✔ 人的リソース（SEの人数、外注要員の予算）を無理なく効率よく配分するにはどのプロジェクトから順に実施するべきか

　この「プロジェクトの優先度」の判断のときに重要なのは、全社のシステム構造がどのようになっているかを理解しておくことです。さらにいえば、全社のシステム構造を分析のうえ合理的な根拠をもってプロジェクトの優先度を判断したということを、**「システム構造図」のようなドキュメント成果物にして人に説明できること**が重要です。

　全社的なシステム構造図を作らずに部門単位の視野で考えていると、ある特

定のIT投資案件の実行可否を判断するときに、知らず知らずのうちに「部分最適」に陥ってしまうからです。誰でも自分の部門から稟申する案件を最優先したいため、「このプロジェクトを今実行するべきです」という主張には恣意性が入ってしまいがちです。それを避けるためには、全社のシステム構造図を作成し、投資の意思決定者を含めて全社で共有しておくことです。

　具体例で説明します。次に示したのが、システム構造図の例です。

■ システム構造図のイメージ例

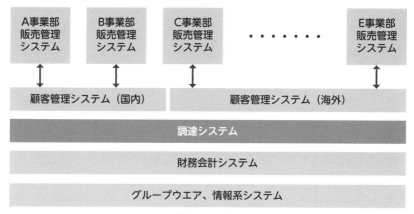

（出典：JUAS「IT投資価値評価に関する調査研究」を参考に作成）

　この例では、調達システムは、会社で1つのシステムを共通で持ち、調達部門の業務を支援する機能を持っています。調達部が大量購買することによって有利な価格で取引できる場合に、このようなシステム構造をとっていることがよくあります。大量購買のメリットよりも個別調達の柔軟性を重視する場合には、事業部で別々の調達システムを持つ場合もあります。

　たとえば、このケースで新しくE事業部が自部門独自の調達システムの新規導入を稟申してきたとします。あなたが、投資の意思決定者であれば、導入の可否をどう判断しますか。まず、すでに導入されている全社共通の調達システムを使えないのかどうか、担当者に問うのではないでしょうか。担当者から「E事業部の業務では個別調達が必要なために独自の調達システムの導入が必要なんです」という回答を得たら、即、導入にゴーサインを出すでしょうか。さらに、既存の調達システムのカスタマイズで対応するのと、別のシステムを新規導入

するのとではどちらがいいのか、などを議論する必要性を感じないでしょうか。

このような図を作っておくことで、そのような判断や検討がしやすくなります。「経営戦略との適合」という視点で評価するときには、全社の視点での判断ツール、かつ**投資の意思決定者とのコミュニケーションツールとしてシステム構造図を作成し、つねに更新管理**しておくとよいでしょう。

● 構想・企画段階の「投資費用」でのチェック項目

構想・企画段階では、まだ要件定義の開始前であるため、「超概算で」が妥当かどうかを評価します。規模の大きな開発プロジェクトとなると、通常、複数回にわけて投資額の見積もりを実施します。超概算の見積もりとは、プロジェクト全体の費用の初回の試算結果のこととととらえてください。では、それぞれの評価ポイントを見ていきましょう。

①対象案件を加えた場合の新規投資と運用維持費用のバランスは妥当か

新規のシステム開発案件や大型の2次開発案件を実行したときに、「新規投資」と「運用維持費用」のバランスが理想とする比率から大きく外れないかどうかをチェックします。

ふだんのIT投資マネジメントで、とくに新規投資と運用維持費用のバランスという観点で理想の比率を設けたり、モニタリングしたりしていない会社でも、新規開発案件の導入時にはこの点をチェックしておくことをお勧めします。なぜなら、どのような会社でも年間のIT予算の上限はあるため、対象案件を導入することで、将来のIT予算の執行に支障が出てしまう可能性があるからです。たとえば、システムライフサイクルが5年の新規案件を導入するときに、5年先まで運用維持費用を試算して、ほかの主要プロジェクトの運用維持費用に加算してみると、年間IT予算の8割を占めることがわかったとします。こういう試算をしておくことで、たとえば2年後に別の戦略的な新規開発案件が控えている場合、年間IT予算から運用維持費用を差し引いた残りの予算で新規開発の費用を捻出できるのか？というようなことを検討できるのです。

将来、予算がないために戦略的な新規開発に着手できず、ビジネスチャンスを逃してしまうようなことにならないためにも、新規開発と運用維持費用のバ

ランスが妥当かどうかをチェックしておくとよいでしょう。

②対象案件を加えた場合のIT投資ポートフォリオは妥当か

　第1章で、IT投資ポートフォリオの管理とは、「経営戦略を実現するために、将来、IT投資を最適な組み合わせに持っていくように管理すること」であるというお話をしました。IT投資ポートフォリオとは、IT投資に何らかのカテゴリーと閾値を設定して管理することです。ポートフォリオのカテゴリーの決め方に特定の決まりはありませんが、経営戦略や事業の性質に基づいて、システムの目的別にカテゴリーを設けて管理する方法もあります。

　たとえば、ITでビジネスモデルを創出するような経営戦略を持った企業であれば「戦略型：業務改善型：インフラ型」を4：3：3で投資するといったような形で目標を定めて、一定の割合で戦略型のIT投資ができているかチェックすることも考えられます。また、事業の性質上、環境衛生や安全管理への投資が重要となる企業では、「安全管理：顧客サービス：社内合理化」を1：1：1で投資するといったような形でポートフォリオを決めて運用するなどとイメージしてもらえればと思います。

　評価対象とするプロジェクトを実行して運用した場合に、この比率も大きく崩れないかをチェックするのがこのチェック項目です。

　なお、IT投資ポートフォリオの管理は、通常、会社のIT投資マネジメントの成熟度がある程度、高くなった段階で実施されます。自社ではとくにポートフォリオの管理を行っていないという場合には、このチェック項目は省略してもらってもかまいません。

③投資回収年数は妥当か

　投資の回収期間、すなわちシステムからの期待効果が投資額を上回るのは何年目かの試算が妥当かどうかということです。この回収期間が妥当であるかどうかを判断するには、いろいろな考え方があり、誰もが納得感のある評価尺度を一意に決めるのは難しい面もあります。しかし、重要なのは、企画段階で回収期間を試算しておくことです。次の図のようなイメージで、試算した回収期間が長すぎないかどうか、経営者の要求と合っているかをチェックしておくとよいでしょう。

■ 投資回収期間のイメージ

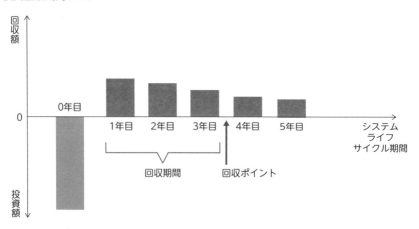

④超概算予算は妥当か

　大規模なシステム開発では、開発費用の見積もりは、複数回にわけて実施し、だんだんと見積もり精度を上げていきます。企画段階では、システム化の方向性が定まったところで、外部委託先の開発ベンダーにRFI[*1]を提供し、概算見積もりを行うための情報収集をすることを想定します。その段階で、以下のような計算式で超概算額を試算しておいて、あとから入手する開発ベンダーの見積もり額と比較することも有用です。

$$投入人月　=　画面数　×　画面あたりの工数$$

　この計算式は、過去のウォーターフォール型の開発プロジェクトの工数の実績データから導き出されたものです[*2]。

　構想・企画段階では、まだ要件定義の前であり、システム外部設計も開始されていないため、画面数もわかりません。ただし、これから開発するシステムの画面数が正確にわからなくとも、既存システムの再構築プロジェクトであれば、現行システムの画面数を把握することはできます。現行システムの画面数

---

*1) RFI（Request For Information：情報提供依頼書）とは、システムの開発や業務委託を行うにあたり、発注先の候補となるベンダーに情報提供を依頼する文書です。一般的にはRFP（Request For Proposal:提案依頼書）に先立って、調達条件などを決定するために必要な情報を集めるために発行します。

*2) 計算式は、JUASの「ソフトウエアメトリックス調査」（2013年）の報告書にあります。この調査では、毎年、企業向けに大規模なアンケート調査を実施した結果を元に、ソフトウエアの品質、費用、工期とユーザー満足度を評価する評価項目と基準値が提供されています。

がわかれば、過去の同様の開発案件の工数実績の値を利用することで、プロジェクトの投入人月の超概算を試算できます。

この計算式の「画面あたりの工数」は、対象とするプロジェクトの規模によって異なることが過去の経験値からわかっています。それを表したのが、次の表です。

■ システム規模別の画面数と工数の関係

プロジェクト規模	件数	システムあたりの画面数	画面あたりの工数
10人月未満	22	18.82	0.40
50人月未満	117	37.47	0.72
100人月未満	48	60.63	1.18
500人月未満	101	135.19	1.58
500人月以上	32	262.19	4.46
合計	320	92.98	2.21

(出処：JUAS「ソフトウエアメトリックス調査」(2013) を元に作成)

この表は、過去320件分のウォーターフォール型の開発プロジェクトにおける画面数と画面あたりの工数の実績値を調査した結果です。これを見れば、たとえば、200人月の規模のプロジェクトであれば、画面あたりの工数が1.58人月であることがわかります。この値を利用して、200人月規模のシステムで画面数が100枚の開発プロジェクトであれば、次のようにSEの投入人月（工数）の概算を見積もることができます。

$$投入人月 \ = \ 100 \ \times \ 1.58 \ = \ 158人月$$

さらに、プロジェクトで投入するSE要員の平均単価が105万円であるとすれば、プロジェクトの超概算費用を次のように試算できます。

超概算費用　＝　105万円　×　158人月　＝　1億6590万円

　このようにして理論的に試算した超概算額と、実際に開発ベンダーから入手した概算見積もりの金額を比較し、現時点の概算見積もりが大きく間違ったものでないかどうかをチェックしておくのも1つの方法です。

⑤はじめは必要最低限の機能に絞り込んでいるか

　新システムの導入時には、ユーザーからさまざまな要望が出てきます。システム部門はそれらすべてに応えようとして、あれもこれも必要と考えて多くの機能を盛り込もうとしがちです。しかし、はじめから多くの機能を盛り込む想定で作成したシステムでは、本番稼働後、結局、無駄な機能やほとんど使われない機能が多くなってしまいます。

　初期リリースでは、必要最低限の機能に絞り込み、あとから必要に応じて追加機能を二次開発していくのが鉄則です。はじめから、**IT化しなくても手作業のほうが効率的な業務までムリにIT化していないか、利用頻度の極端に低い業務処理の機能まで盛り込もうとしていないか**、などの観点でチェックするとよいでしょう。

⑥コスト配賦の方法は明確か、内容は妥当か

　新システムが本番稼働した後のITコストの利用部門への配賦方法を決めてあるか、というのがこのチェック項目です。

　既存システムの再構築プロジェクトで、現行のシステムが使っている課金システムをそのまま利用することが決まっているなら、とくに議論の余地はないかもしれません。しかし、複数の部門が利用する新規システムの導入であれば、そのシステムの維持管理費用をどのように利用部門に配賦するのかを企画段階で決めておく必要があります。コスト配賦のことは往々にして忘れられていたり、後回しにされたりしがちなのでチェックしておきたいところです。

　第1章でお話しした共通費の配賦の考え方なども参考にして、配賦の対象とする費用項目、配賦基準などが決まっているか、妥当な方法か、関係部門で合

意されているかなどを確認しましょう。

　なお、ITコストの配賦は必ず実施しなければならないものではないため、配賦しないという選択肢も取りえます。配賦しないなら配賦しないということが妥当であるか、社内で承認されているかも確認しておくとよいでしょう。

◎ 構想・企画段階の「投資効果」でのチェック項目

　構想・企画段階では、「投資効果」はまだ具体的に詳細なレベルで見積もられていないかもしれませんが、投資効果をどのような観点で評価するかは明確にしておく必要があります。企画段階の「投資効果」という視点では、次の4つのポイントをチェックします。

①BPR（業務改革）を実施する案になっているか

　システムを開発することは、すなわち、ビジネス・プロセスを改革することであるという認識をお持ちでしょうか。すべての開発プロジェクトがBPR（Business Process Reengineering：業務改革）を伴うとは限らないのでは？とか、従来、人手で行っていた作業をITで自動化するだけなら、「改革」というほど大げさなことではないでしょう、とお考えの方もいるかもしれません。しかしながら、システム化を企画する以前の段階で、**現状の業務フローの問題分析を十分行い、システム開発にあたって見つかった問題を解決する新業務フローに変更しなければ、大きな投資効果を生むことはできません**。テクノロジーの陳腐化による既存システムの再構築プロジェクトであっても、必要に応じて業務統合や組織改革を図って投資効果を最大化することを目指しているか、**IT化が本当に業務プロセスを改善することにつながるか**、という眼でチェックしましょう。

②一次効果と二次効果の両方を検討した計画になっているか

　ある業務プロセスをシステム化したことで得られる「投資効果」は、一次効果と二次効果にわけて考えることができます。

投資効果 ＝ 一次効果 ＋ 二次効果

一次効果とは、システム化による直接的な効果のことであり、二次効果とは、一次効果で得られる余剰時間や余剰資源によって得られる間接的な効果のことです。一次効果よりも二次効果のほうが、より「ビジネス寄り」の効果であるととらえられます。

　たとえば、システム化により従来人手で行っていた処理の自動化が行われることで期待できる効果が「作業時間3人月分の削減」なら、それは一次効果です。その生み出された3人月の時間をたとえば新規顧客の開拓に振り向けることでさらに期待できる効果を「新規受注金額○円」などと見積もれば、それは二次効果まで見積もったことになります。

　このチェック項目は、一次効果と二次効果の両方を見積もることを求めているようですが、なぜ両方見積もったほうがよいのでしょうか？先の例でいうと、一次効果として3人月の削減ができるからといって、3人の社員を解雇して人件費を削減できるわけではないため、一次効果を見積もっただけでは財務上の効果をアピールできず、投資効果をうまく示せないことがよくあります。したがって、一次効果だけでなく、浮いた3人月を使って、どうやってビジネスに貢献する計画をしているか、つまり二次効果にまで踏み込んで投資効果を試算しておくことが望ましいのです。

■一次効果と二次効果の両方を見積もる

一次効果		二次効果
・処理の自動化による作業時間削減　　毎年○人月 ・サーバーの集約化による機器設置　　スペース削減　○平米		・新規顧客開拓のための営業活動の　強化 ・トレーニング時間増大による社員　の能力向上 ・マシン室のスペースコスト○円の　削減

③投資効果検討の方針は明確か、検討結果は妥当か

「投資効果」という視点でもっとも重要なのが、**投資効果をどういう尺度で評価するか、どのレベルまで投資効果を求めるか**です。構想・企画段階の事前評価では、まだ投資効果の試算があまり具体的にできていないことも多いかもしれませんが、少なくとも投資効果が適切に検討されているか、また検討して設定した目標値が妥当かどうかを次のような観点でチェックします。

> - ✔ **KPI (Key Performance Indicator) は明確か**
> - ✔**ユーザー満足度評価の方法が計画されているか、質問項目は適切か**
> - ✔**投資効果の定量化が難しい案件では、妥当性評価 (ベンチマーク) が行われているか**
> - ✔**実施しないことのコストが検討されているか**

1つ目のチェック項目のKPIについては、第3章のIT-BSCでの評価ポイントも参考にして、財務の視点、顧客の視点、業務プロセスの視点、人材と変革の視点でバランスよく目標設定されているかを確認するとよいでしょう。BSCを導入していない会社でも、少なくとも定性的な投資効果だけに偏らず、客観的に計測可能なKPIが検討され設定されているかをチェックしましょう。

④事後評価の時期、撤退条件などを明確にしているか

事後評価をいつ実施するかを「構想・企画段階で」決めておくというのがここでの1つ目のポイントです。

事後評価は、開発完了後、半年後、1年後という形で一定の運用期間を設けて実施します。この実施時期を明確に決めておかないと、誰も実施しないうちに時間だけが過ぎていってしまい、気がついたときには事後評価のためのデータが取れず、評価ができないことがあります。構想・企画段階では、また事後評価の内容や具体的な評価指標が定まらないことも多いかもしれませんが、**少なくともいつだれが事後評価を実施するか**は決めておきましょう。

もう1つ明確にしておいたほうがよいのが、「撤退条件」です。撤退条件とは、**「プロジェクトがうまくいかなかったときに、どうするのか?」、「どういう状**

269

態に陥ったら撤退するか」ということです。プロジェクトは常に計画どおりいくとは限りません。うまくいかなかったときに、会社の損害を最小限に食い止めるために、経営者はタイムリーに撤退の意思決定をしなければなりません。その意思決定を支援するために、構想・企画段階である程度、客観的な撤退条件を明確にしておくことをお勧めします。

撤退条件は、たとえば、次のようになるべく恣意性が入らないように計数評価できる指標で挙げておくのがポイントです。

■ 撤退条件の例

例1	IT関連予算の経常経費が〇〇億円を超過する場合、取り組みの再検討を行う
例2	システム構築に回復困難な遅延が発生した場合、取り組みの再検討を行う
例3	〇〇の目標を達成できない場合、具体的取組を見直す
例4	開発実行段階（事前評価2）における投資評価チェックリストの結果、回答者の満足度の平均点が3を下回った場合、取組の再検討を行う

● 構想・企画段階の「プロジェクトマネジメント」のチェック項目

構想・企画段階では、まだ厳密には開発プロジェクトが承認されてスタートするかどうかはわかりませんが、「プロジェクトマネジメント」という視点でチェックしておくことは重要です。システムに求められるQCD（品質・コスト・納期）を守って期待される結果を出すための準備ができているかという視点で次の3点をチェックします。

①品質、費用、納期など守るべき優先順位を定めているか

システム開発プロジェクトには、絶対に納期を死守しなければならないものもあれば、品質を何より優先することが求められるものもあります。つまり、QCD（品質、費用、納期）の達成が求められる度合いは、すべて同じではなく、システムの目的や性質により異なるはずです。

構想・企画段階で、**このQCDの目標をどの順位で守るのかを経営層を巻き込んで決定しておくこと**をお勧めします。そうすることで、以降のフェーズで想定外の問題に直面したときに、何を優先して問題解決を図るのかの意思決定

が早くなり、円滑にプロジェクトを進めることができます。

②プロジェクト責任者（開発、運用、利用責任者）は明確か

　開発プロジェクトの体制図を作成するときにプロジェクトの責任者としてピラミッドの頂点に開発の責任者だけを記載していないでしょうか。

　構想・企画段階では、まだ運用の責任者が決められなかったり、利用部門が複数ある場合にはどの部門の長が責任者となるのかが決まっていなかったりすることも多いかもしれません。しかし、**開発スタート前の構想・企画段階から、運用部門、利用部門に当事者意識を持ってもらい、開発プロジェクトに巻き込んでいくことが重要**です。そのために開発の責任者だけでなく、運用の責任者、利用部門の責任者もすべて明確になっているか、妥当な責任者が選定されているかをチェックします。

③ベンダー選定基準は明確か

　構想・企画段階のプロジェクトマネジメントという観点で、もっともしっかりチェックするべきことはベンダー選定基準です。日本では、大規模なシステム開発プロジェクトを自社のSE要員のみで開発することは珍しいのではないかと思います。ほとんどの場合、外部の開発ベンダー、それも複数のベンダーに委託しているケースが多いのではないでしょうか。複数の開発ベンダーに対して効果的な提案依頼を行い、比較検討に値するよい提案を得るためには、**RFP（Request For Proposal：提案依頼書）をできる限り具体的に明確に作成**することが最重要です。そして、そのRFPをどれだけ満たしているかがベンダー選定基準となります。適切に設定されたRFPの要件に従って、適切なベンダーが選定されているかどうかをチェックします。

まとめ

▶ 「構想・企画段階」での評価は、システム化の目標や進め方の方向性への承認を受けるために行うもので、事前評価の1回目にあたる

42　開発開始段階での チェック項目

事前評価の2回目にあたるのが、「開発開始段階」の評価です。本節では、どのような チェック項目で「開発開始段階」の事前評価を行うのかをそれぞれ見ていきます。

● 「開発開始段階」の評価の位置づけと評価タイミング

「開発開始段階」の評価は、事前評価の2回目にあたります。システム構想・ 企画段階での承認が下り、開発計画の承認を受けるにあたっての事前評価と考 えてください。タイミングとしては、要件定義が終わった時点で行うのが目安 です。この段階の事前評価では、要件定義を経て、構想・企画段階で設定した 投資費用や投資効果の評価指標をさらに具体化できているか、プロジェクトマ ネジメントの視点で実効性のある評価指標を設定できているかという眼で チェックすることがポイントです。

次に「開発開始段階」における投資評価チェックリストを示します。

■ 開発開始段階 (事前評価2) における投資評価チェックリスト

		質問内容	点数 納得←		→不満		わから ない
経営戦略 との適合	1	計画は企業戦略と適合しているか	4	3	2	1	0
	2	利用者と開発者の間に意識のずれはないか	4	3	2	1	0
	3	実行承認にあたっての条件は何か	4	3	2	1	0
投資費用	1	機能の絞り込みは十分か	4	3	2	1	0
	2	システムライフサイクルコストを分析しているか	4	3	2	1	0
	3	税制の活用などの投資費用を下げる取組みを実施し たか	4	3	2	1	0
	4	リスク分析を実施したか、分析結果は妥当か	4	3	2	1	0

		質問内容	点数 納得←　→不満				わからない
投資費用	5	クラウドサービスの活用、パッケージの活用、自社システムの横展開について検討したか	4	3	2	1	0
投資効果	1	業務フローを見直し、BPRを実施しているか、何が変わるのかを確認できたか	4	3	2	1	0
	2	一次効果、二次効果、三次効果を見極めたか	4	3	2	1	0
	3	KPI、ユーザー満足度、他社事例(ベンチマーク)、実施しないリスクが数値化されているか	4	3	2	1	0
	4	実施結果の評価の時期を決めているか、決定した時期は妥当か	4	3	2	1	0
	5	撤退条件は明確か、内容は妥当か	4	3	2	1	0
	6	効果データの収集方法は明確か	4	3	2	1	0
プロジェクトマネジメント	1	推進体制、リーダーの職階、資質は十分か	4	3	2	1	0
	2	十分なレベルの要求仕様書(RFP)を作成しているか	4	3	2	1	0
	3	工期は妥当であるか	4	3	2	1	0
	4	品質目標は提示されているか、妥当であるか	4	3	2	1	0
	5	予算額は妥当であるか	4	3	2	1	0
	6	社内体制、ベンダーの確保はできているか、内容は妥当か	4	3	2	1	0
	7	稼働条件、移行方針が決まっているか、内容は妥当か	4	3	2	1	0
	8	進捗報告のサイクルを決めているか、頻度は妥当か	4	3	2	1	0

（出典：JUAS「IT投資価値評価に関する調査研究」を参考に作成）

◉ 開発開始段階の「経営戦略との適合」のチェック項目

　開発開始段階は、企画段階の承認を通過した案件に対して、開発プロジェクトの具体的な「実行計画書」が作成された段階と考えてください。その「実行計画書」が、経営戦略と適合しているかどうかという視点で再度、次のような3点のポイントでチェックします。

①計画は企業戦略と適合しているか

　構想・企画段階でのチェック項目にも、「経営戦略との適合はあるか」という
チェック項目がありました。開発開始段階でも、改めて会社の競争力強化のた
めに企業が実現しなければならないことは何かをさらに検討することが重要で
す。システムの構想・企画段階で作成した「プロジェクト構想企画書」と、開
発開始段階で作成した「実行計画書」の内容を照合し、実行計画が目指す方針
がずれていないかをチェックします。

②利用者と開発者の間に意識のずれはないか

　システム開発は、業務の効率化やビジネス上の目標実現のために行うもので
す。ところが、ビジネスオーナーである利用部門が真に実現したいことと、開
発を担当する者が実現しようとしていることにずれが生じてしまうことがあり
ます。システムの企画段階では、利用部門の代表者とシステム部門が現状の業
務プロセスの課題を共有し、課題解決に向かってどのように業務プロセスを改
革するか、多かれ少なかれ意見を戦わせる局面があります。しかし、開発実行
段階に進み、システム部門のみで詳細な計画を詰めていくようになると、だん
だんビジネスの目的や業務の問題解決という意識から遠ざかっていくことがあ
るので、それをチェックします。

　チェックするときの最大のポイントは、**言葉だけではなく必ず絵にすること
です。つまり、何がどう変わるのかをプロセスフローチャート、いわゆる業務
フローを使って図示する**ことが有用です。現行の業務の流れと新システム導入
後の業務の流れの両方をフロー図で示し、システム導入によりどの業務がどう
改善されるのかを利用者、開発者の双方で確認し合うとよいでしょう。

③実行承認にあたっての条件は何か

　システム実行計画がたとえ完璧にできていたとしても、経営者にとって不確
実なことは数多くあり、無条件にプロジェクトの実行を承認できないこともあ
ります。そのような場合、たとえば次の例示のようなイメージで、どのような
条件つきで承認されるのかということを明確にしておきます。

> ✔ 開発コストの増加率が10%を超える場合は再承認を得ること
> ✔ 開発工数の予実差が15%を超える場合は、原因分析と対策を報告すること
> ✔ 全体スケジュールに遅延が見込まれる場合は経営会議へ報告すること
> ✔ 最新技術を月次でウォッチし、開発技法を変更する必要があればIT戦略委員会の審議にかけること

このような「実行承認にあたっての条件」を明確にしたうえで開発への承認を得ることにより、意思決定をする経営層と開発プロジェクト側が来るべきリスクを共有し、リスクをコントロールすることにつながります。

● 開発開始段階の「投資費用」のチェック項目

開発開始段階とは、開発工程に進んでよいかどうかの承認を得る段階であり、「投資費用」という視点は経営者にとってもっとも関心の高いところでしょう。構想企画段階では、開発の初期費用の「超概算額」の見積もりが大きく誤っていないかという眼でチェックをしましたが、この段階では、ランニングコストも含めて、さらに精度を上げて多角的に投資費用の見積もり結果の妥当性をチェックします。

①機能の絞り込みは十分か

構想・企画段階のチェック項目で述べたとおり、はじめは機能を必要最低限に絞り込んで開発し、後から必要な機能を追加していくほうが、より効率よくシステムを構築することができます。開発開始段階、つまり要件定義を終えた段階で、改めて初期開発で盛り込む機能を十分に絞り込んでいるかをチェックします。

とくに、構想・企画段階であまり業務プロセスの分析に時間をとれなかった場合やベンダーから提示された基本計画書を確認してOKを出しただけというような場合には、十分注意して**自社にとって本当に必要な機能に絞り込まれているか**をよく再確認するとよいでしょう。

②システムライフサイクルコストを分析しているか

　システムライフサイクルコストとは、システムが生まれてから死ぬまでのライフサイクル期間にかかる総コストのことです。総コストとは、イニシャルコストとランニングコストの総合計と考えてください。この総コストを適切に試算しているか、試算結果は妥当かを確認します。このチェック項目が「投資費用」の視点からはもっとも重要なので、十分にチェックしておきたいところです。

　なお、システムライフサイクルコストに関して、JUASのソフトウエアメトリックス調査では、試算のための簡易な算出式が提案されています。

　システムライフサイクル期間を5年と想定した場合、自社開発システム、つまりスクラッチで開発した場合のシステムライフサイクルコストは次のような計算式で試算できます。

自社開発システムのライフサイクルコスト　＝　開発費 ＋ 5年間の保守費用*

*5年間の保守費用　＝　開発費　×　2.17

　パッケージソフトウエアを利用してシステム構築をした場合であれば、次のような計算式となります。

パッケージの場合の5年間総費用　＝　アドオン開発初期費　×　3.01
＋ パッケージの保守費/年 ×　1.59

　このような計算式を利用して試算した結果と、自社で積み上げ算で試算した結果を比較することで、自社でのライフサイクルコストの見積もりが一般的な他社実績と比べて大きくかけ離れていないかどうかをチェックすることができます。

③税制の活用など費用を下げるための取組みを実施したか

　企業の情報化促進などの目的で、いわゆるIT優遇税制、IT投資に対する税制上の優遇措置が設けられていることがあります。かつては、中小企業の情報セキュリティの強化を目的に「情報基盤強化税制」や「ネットワークセキュリティ税制」と称して、ファイアウォールなどの機器やセキュリティ強化のソフトウ

エアを購入して事業に使った場合に特別償却か税額控除を受けられる制度がありました。

2018年6月からは、生産性向上特別措置法の施行に基づき、「革新的情報産業活用設備」に該当する設備投資に対して特別償却や税額控除ができる制度が開始されています。この制度は、AIやIoTのような最新技術をビジネスに活用する企業の活動へインセンティブを与えるものです。

このような**IT投資に関する税制をうまく活用することで費用を下げる検討を行っているか**をチェックすることも忘れずやっておきたいところです。また、税制措置を受けるには申請して認定される必要がありますので、適用対象の条件に合致した機器やソフトウエアを選択しているかをチェックするとよいでしょう。

④リスク分析を実施したか

システム開発にはさまざまなリスクがあり、リスクが顕在化した場合、通常、被害や損失をカバーするための追加費用がかかります。**リスク分析とは、その追加費用が莫大になりすぎないかを分析**しておくことです。

開発業務の多くを外部委託先に委託してシステム開発することの多い日本の企業に、留意しておきたいリスクがあります。それは、上流の業務分析や要求定義のコンサルティングを上流コンサルのみを行っている企業に委託する場合、開発段階以降の協力は得られないことです。

たとえば、あるシステムを刷新するにあたって、その領域に専門性を持つ海外のコンサルティング企業A社に業務改善のコンサルティングを委託し、下流工程の設計・プログラミングを国内のソフトウエア開発ベンダーB社に委託したとします。そのような場合に、もしA社が描いた理想が高すぎて、B社の開発がついていけなかった場合、A社に対して開発工程への協力を得ることは難しいことを覚悟しておかなければなりません。つまり、B社ができなかった開発を自社のシステム要員でなんとかして進めるか、もしくは、B社が開発できる形に要件定義を見直すなりして方向転換する覚悟があるかどうかです。自社でなんとか開発するには、自社のSEが必要な開発スキルを持っている必要があります。もし自社のSEがB社の代わりに開発するだけのスキルがないのであれば、A社とB社の組み合わせで開発を外注するのはリスクが大きい、とい

う判断になるかもしれません。B社がダメなら新たにC社に頼める当てがあるからリスクテイクするのだ、という選択ももちろん考えられます。ただし、方向転換したり、開発委託先を途中で変更したりすることには、通常、それなりの追加費用がかかりますので、「覚悟」には予算もついていなければなりません。

　リスク分析をしているかとは、端的にいえば、**うまくいかなかったときのリカバリー費用が、経営者が受け入れられるレベル内に収まっているかの確認ができているか**ということです。

⑤クラウドサービスの活用、パッケージの活用、自社システムの横展開について検討したか

　自社でスクラッチで開発するのか、パッケージを利用するか、あるいはクラウドサービスを活用するかは、開発開始段階で必ず検討しておきたい問題です。

　自社開発が適しているのは、開発対象のシステムが自社のビジネスモデルの根幹をなすものであり、システムの備える機能によって競争優位に立つことができる場合です。逆に、たとえば財務会計システムに代表されるコーポレート管理系のシステムなどの**システムの機能で他社と競争する必要のないものは、パッケージやクラウドサービスを積極的に活用してコストを下げる検討をするべき**です。パッケージを活用する場合、システムライフサイクルコストのチェック項目で前述したように、初期費用だけでなくランニングコストも含めてコスト比較することが重要です。

　もう1つ検討しておきたいのが、自社システムの横展開です。複数の事業部でいろいろな業務アプリケーションを利用している場合、**他部署で利用している自社開発アプリやシステム部品を横展開**して利用することで、外部からパッケージを購入せずともコストを下げて開発できないかも検討しておきたいところです。

● 開発開始段階の「投資効果」のチェック項目

　さて、いよいよ「投資効果」の視点です。構想・企画段階でチェックしたことと本質的には同じことをチェックしていくのですが、開発開始段階では、次の6つのポイントで、さらに一つ一つの項目を深掘りしてチェックします。

①業務フローを見直し、BPR、組織改革を実施しているか

　構想・企画段階の投資効果の視点のチェック項目で、システム開発がBPR（業務改革）を実現するものであってこそ、投資効果を最大限に期待できるというお話をしました。

　では、どのような発想で現状からの改善案を考え出せばいいのでしょうか。

　業務改革を考えるときに役立つ問題解決と意思決定の方法として、ケプナー・トリゴー（Kepner-Tregoe）法が挙げられます。ケプナー・トリゴー法の原則では、次のような着眼点で繰り返し考えることで、生産性向上につながる改善案をひねり出します。

✔その業務をやめられないか？

✔業務量を減らせないか？

✔業務作業を自動化、簡素化できないか？

✔業務手続を標準化できないか？

✔業務のピークを減らせないか？

✔他の人に任せられないか？

　これだけでは、業務改革や組織改革につながるような革新的な発想が出てこない場合、さらに新しい考え方を生み出すために次のようなことも検討するとよいでしょう。

■ 業務改革を考えるときの発想のヒント

発想法	発想時のヒント	具体例
対象範囲の見直し	・システム化の対象範囲を変更して検討してみる	・特定の業務領域→全社→関連会社全体
代替化	・定常作業の自動化だけでなく、非定型の作業も簡素化できないか？	・郵送での通知書送付→電子開示システム ・電話での問い合わせ対応→FAQ掲示、AIによる自動回答

発想法	発想時のヒント	具体例
理想目標設定法	・経営活動目標を理想状態、「究極のあるべき姿」まで高めて考えてみる	・在庫ゼロ ・100%の品質 ・お客様の待ち時間ゼロ
新技術の活用	・AI、IoT、ロボティクス、バーチャル・リアリティなど新技術を活用できないか？	・パスワード入力による本人確認→AI搭載カメラでの顔認証 ・計器の巡回目視→IoTでリモート監視
2次顧客の要望	・顧客が持っている顧客（2次顧客）は何を望んでいるのか？ ・顧客からの要望の声の裏にある真に必要とされていることは何か？	・配送車の買い手の先にいる配送サービスの利用者 ・コンビニの利用客が求める商品以外の価値（時間短縮）

②一次効果、二次効果、三次効果を見極めたか

　システム開発の効果は、本番稼働後に利用部門に評価してもらうこと想定し、たとえば次のように3段階に分類することができます。一次から三次へ進むほどより次元が高い効果、つまりビジネス寄りの効果ととらえることができます。構想・企画段階のチェック項目でも一次効果と二次効果の両方を検討しているかどうかを確認しましたが、開発開始段階では、**さらに利用部門にとって価値のある効果は何かに踏み込んで評価**しておくとよいでしょう。

■ 一次効果・二次効果・三次効果の例

分類	投資効果の種類	
一次効果	高速処理、情報の電子化、処理の自動化、情報集積・容易な検索など	直接的効果
二次効果	労働時間・業務時間の短縮、情報到達範囲の拡大、資源場所の削減、能力向上、成果物品質向上、複製コストの削減、工期短縮など	間接的効果
三次効果	人件費や通信費などのコスト削減、マーケット拡大などによる売上向上、社会的信用の向上、情報提供の迅速化などによるサービスの質の向上など	定量/定性効果

③KPI、ユーザー満足度、他社事例（ベンチマーク）、実施しないリスクが数値化されているか

　開発開始段階での投資効果３つ目のチェック項目として、KPI、ユーザー満足度、ベンチマーク、実施しないリスクの４つが挙げられています。これらは、いずれも大規模な開発プロジェクトの成功を左右する重要なポイントですので、以下に詳しく見ておきます。

・KPI

　KPI（Key Performance Indicator）とは、**会社の業績目標の達成度をモニタリングするための指標**です。第３章のBSCのところで述べたとおり、できる限り具体的に計数目標で設定することがポイントです。なぜなら、期中に定期的に目標の達成度をチェックし、達成度合いがかんばしくなければ問題解決のためのアクションを取って、期末までに目標達成できるようマネジメントしていくことに意味があるからです。KPIの設定が曖昧で人によって解釈の幅が出たり、計測しづらい指標でモニタリングがうまくいかなくなったりしないよう、たとえば、次のようなイメージで、四半期に１回や毎月といった**定期間隔で誰でもチェックできるようになっているか**という眼でチェックするとよいでしょう。

■ KPIの例

KPI項目	目標値	備考
リピート顧客率	60%	
新規会員加入数	2000人以上	加入キャンペーン実施予定
欠陥率	99.9%	現状は99.5%
納期達成率	98%	現状は96.5%
標準在庫量	3.5日	現状は5.5日
従業員の定着率	年5%増	昨年150人離職。要注意

・ユーザー満足度

　一般的にユーザー満足度評価といえば、エンドユーザーがシステムを利用するときに、どういう点でどのくらい満足しているかを評価するためのものですが、**経営者やCIO、ユーザー部門の責任者などの責任者クラス向けに実施する**

ことも有用です。責任者向けのユーザー満足度評価を実施する場合、開発開始段階で、たとえば、次のような評価項目で、プロジェクトへの満足度を評価できるような評価表を準備しておきます。

■ 責任者向けユーザー満足度評価表の例

	質問	目標	実績評価
1	開発投資・戦略価値など PJ 総括目標に満足していますか	4以上	1、2、3、4、5
2	実現した業務プロセス、システム機能に満足していますか	4以上	1、2、3、4、5
3	責社 IT 部門、利用部門、ベンダーの3社の協調休制に満足していますか	4以上	1、2、3、4、5
4	工期は計画工期を守れましたか	3以上	1、3、5 計画対比（+-　）%
5	品質実績について満足していますか	4以上	納入後の欠陥数 （　）個 /500 万円
6	生産性実績について満足していますか	3以上	FP/ 人月、LOC/ 人月など
7	利用容易性について満足していますか	4以上	1、2、3、4、5
8	効果実績について満足していますか	4以上	1、2、3、4、5
9	投資回収年数は何年ですか		（　）年

1：非常に不満足　2：やや不満足　3：普通　4：やや満足　5：非常に満足　6：その他（測定不能など）

（出典：JUAS「IT 投資価値評価に関する調査研究」）

・他社事例（ベンチマーク）

　法制度への対応や機器の老朽化といったような「実施するのが当然」の投資案件の場合、何が投資効果なのかをアピールすることは求められないかもしれません。とはいえ、**妥当な費用対効果で導入しているかという観点では評価しておく必要**があります。導入費用が妥当かどうかの判断をするときに指標とするのが、他社事例との比較です。なかなか同業他社のコストデータを入手するのは難しいため、産業別の統計データなどを利用する形でもよいでしょう。妥当性の判断根拠となる他社事例のデータが信頼性のあるものかもチェックします。

・実施しないリスクを数値化しているか

「実施しないリスクを数値化」とは、**もしこの開発案件を実施しなかったら、会社がどんな損失をいくら被るか**ということです。

たとえば、既存システムの再構築プロジェクトと新規にネット販売を始める戦略型システムの導入の2つのプロジェクトが候補に上がっており、単年度ではどちらか一方しか実施できないという状況を想像してください。先に既存システムの再構築プロジェクトを実施するならば、ネット販売システムの新規導入のほうは、既存システムの再構築プロジェクトが完了するまでは諦める必要があります。このような状況では、このネット販売システムの導入を諦めている間に、取り逃すビジネスチャンスによる損失がどのくらいかを金額換算します。この金額があまりに大きいようだと、再構築プロジェクトのほうを先に実施することが必ずしも妥当とはいえなくなるわけです。このようなことも検討しているか、というのがこのチェック項目の意味です。

④実施結果の評価時期を決めているか、決定した時期は妥当か

「投資効果」の視点で、忘れがちだけれども重要なのがこのチェック項目です。実施結果の評価時期、すなわち、**開発完了後に行う事後評価を、いつ誰が実施するかを開発フェーズが始まる前**に決めておきます。たとえば、半年後や1年度といった一定期間後に実施すると決め、その時期に必ず実施することが重要です。実施回数は1回とは限りません。大規模システムであれば、事後評価を複数回、設定し、その時期がシステムの安定稼働時期で業務ピークとも重ならないような妥当な時期かどうかという眼でチェックします。

また、あわせて明確にしておきたいのが、実施責任者です。システム部門長、利用部門の代表者、IT戦略委員会など、複数の実施担当者を決めておき、その中で最終実施責任者も明確にしておくとよいでしょう。

⑤撤退条件は明確か、内容は妥当か

開発開始段階では構想・企画段階に比べ、開発の内容が具体化しているので、それを踏まえて、構想・企画段階で設定した撤退条件が妥当かどうかをチェックします。構想・企画段階ではまだ撤退条件まで明確にできなかった場合、再度、明確にしておく必要性がないかを検討し、経営者ともコミュニケーション

をとったうえで明確にし、実行計画書などの文書で明文化できないか検討します。

⑥効果データの収集方法は明確か

構想・企画段階では、投資効果を「どのような指標で計測するか」を決めているかどうかをチェックしました。開発開始段階では、さらにその指標を**「どうやって計測するのか」を具体的に決めておく**必要があります。なぜならば、開発開始前に具体的に効果データどうやって収集するかを決めておかないと、開発完了したあとで事後評価をしようとしたときに必要なデータが取れないために事後評価ができないことがあるからです。

たとえば、調達システムを導入し、「調達にかかるリードタイムを3日短縮する」という投資効果を期待していたとします。その場合、現状のリードタイムが平均何日で、調達システム導入後のリードタイムが平均何日になったのかを計測できる必要があります。**本番稼働後にそういう計測のためのデータが本当に取れるか？**という眼でチェックします。

投資効果の測定については、気がついたときには手遅れということにならないよう、たとえば次のような流れで手法を確立するとよいでしょう。

■ 効果データ収集方法の流れ

構想企画段階	開発開始段階	開発完了後
期待効果の評価指標（KPI）の決定、目標値の仮決定	KPIの目標値設定、測定方法、効果データ収集方法の決定	期待効果の予実評価（効果データは自動採取）

〇 開発開始段階の「プロジェクトマネジメント」のチェック項目

金融機関の大規模オンラインシステムのように失敗したときの社会的な影響の大きい開発プロジェクトや、ITで自社のビジネスモデルの根幹を実現するよ

うなプロジェクトは、社運をかけた大事業です。したがって、IT投資評価の一環で「プロジェクトマネジメント」という視点でプロジェクトの品質を評価することが重要です。

　開発開始段階では、プロジェクトの実行計画書をもとに、次の8つのチェック項目をチェックすることが挙げられています。IT投資評価の担当者が、開発プロジェクトの当事者ではない立場でこれらを客観的に評価することが、プロジェクトマネジメントに対するガバナンスを利かせることにもなります。

①推進体制、リーダーの職階、資質は十分か

　社を上げて取り組んだはずの大規模なプロジェクトでも、本番稼働の時期を何度もリスケジュールした挙げ句、本番稼働と同時に障害を多発し、顧客に多大な迷惑をかけてしまうケースは珍しくありません。数百億円規模以上の大規模なプロジェクトでの失敗事例を分析していると、推進体制に問題があったことが原因になっていた事例が多く見られます。プロマネの経験が足りない要員をリーダーに配置せざるをえなかった結果、プロジェクトマネジメントに失敗し、問題が顕在化したあとでも、リーダーの交代要員が見つからないために、ずるずると傷口を広げてしまうケースです。

　ただ推進体制に潜む問題、とくにリーダーの適格性の問題は一刀両断することが非常に難しいのも確かです。仮にリーダーの資質を欠く要員がリーダーに据えられていることがわかっても、プロジェクト内部の関係者から「この人は資質に問題があります」と指摘するのは難しいのが実情です。だからこそ、**IT投資評価の担当者が第三者の立場で、客観的に推進体制図をレビューし、キーパーソンの職階、経験年数、資質、保有スキルなどを分析**し、分析結果をマネジメントに報告し、必要なアクションにつなげることも有用です。なお、SE要員の保有スキルの分析にあたっては、主観に偏らないようにIPA（独立情報推進機構）が提供するITSS（ITスキル標準）などの標準的な物差しを参考にしてもよいでしょう。

②十分なレベルの要求仕様書（RFP）を作成しているか

　品質のよいシステムができるかどうかは、要求仕様書（RFP）をいかにしっかり作成して開発に臨むかに尽きるといっても過言ではありません。自社で作

成したRFPがしっかりできているかどうかを知るには、開発ベンダーから率直にフィードバックをもらうことがもっともよい方法だと思います。実際に開発を行うベンダーの人と何度か意見交換の場を持ち、不足している情報や曖昧な点を修正しながら、完成に持っていくことができれば理想的です。

③工期は妥当であるか

JUASのソフトウエアメトリックス調査（2018年）によれば、100人月以上の規模のプロジェクトの工期には、次のような式が成り立ちます。

標準工期（月数） ＝ 2.67 × （投入工数の立方根）*
*a の立方根とは b＝a³ を満たす b のこと

この式は、過去の数多くのウォーターフォール型の開発プロジェクトの実績から、工期と工数の間に相関関係があることを統計的に分析した結果、得られたものです。次に示したグラフが、工期と工数の相関関係を散布図から分析したものです。

■ 工期と工数の相関関係

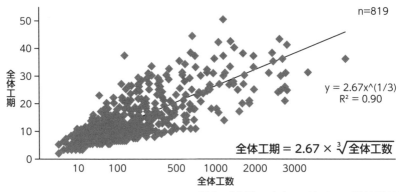

（出典：JUAS「ソフトウエアメトリックス調査」2018年）

このグラフの点の数が過去の開発プロジェクトの数だととらえてください。1次関数のグラフとして表されているのが、回帰直線です。このような算出式

を利用して試算した工期と、実際に自社で見積もった工期を比較して、大きな乖離がないかどうかをチェックするのも1つの方法です。

　なお、このような回帰直線を導き出す方法は、ExcelでCORREL関数として提供されていますので、自社である程度の過去のプロジェクトの工期と工数の情報を集められれば、同様の回帰分析を行うこともできます。

④品質目標は示されているか、妥当であるか

　開発ベンダーに開発の主要な部分を委託し、テストフェーズで納品されていざ稼働させてみたら、予想外に品質が悪く、予定どおりに開発が進まなくなった経験はないでしょうか。開発ベンダーが期待どおりの品質で製品を納品できないことの原因はさまざまではありますが、ユーザー企業側が品質目標を業務委託契約の際に明確に提示していないことも多く、期待ギャップを生んでいる場合もあります。ただ、開発ベンダーの立場からは、「バグの件数は開発規模500万円あたり1件以内」というような計数的な品質目標を不用意に顧客とコミットして、達成できなかったときのリスクを取りたくないのが本音で、契約書に品質目標を明記するのを拒まれることもあります。

　しかしながら、できる限り、品質目標をユーザー企業と開発ベンダー側で共有し、お互いがその目標達成に向けて協力していくことが、品質のよい開発につながります。

⑤予算額は妥当であるか

　開発開始段階でプロジェクト実行計画書をレビューするとき、予算額が妥当かどうかはもっとも力を入れてチェックするところかもしれません。企画段階では、画面数を参考に超概算額の妥当性をチェックする方法を紹介しましたが、開発開始段階では、いよいよ開発実行への承認を得る段階なので、積み上げ算での見積もり項目をひとつひとつチェックしていくのが実態かと思います。

　開発の工数見積もりに関していえば、ファンクションポイント法など自社で標準的に採用している開発工数の見積もり手法があれば、その手法に従って、開発見積もり工数の妥当性をチェックします。なお、開発工数の妥当性評価については、第7章で解説しますので、そちらも参考にしてください。

⑥社内体制、ベンダーの確保はできているか

　プロジェクトの推進体制が妥当かどうかのチェックは、チェック項目①で検討しましたが、ここでさらに検討するのは、**プロジェクトが人的要因でうまくいかなくなったときに、コンティンジェンシープランがあるか**ということです。

　人的要因でうまくいかないケースにもいろいろあります。代表的には、開発要員が体調不良で倒れたり、急に辞めたりするケースです。そんなときにも、社内で要員を融通したり外部の要員を調達したりしてリカバーできる体制を整えているか、という眼でチェックします。

　また、比較的起こりやすく対策を考えておきたいのが、ユーザー企業側のリーダーと開発ベンダー側のリーダー同士の相性が悪いために、協力体制の構築に問題が発生するケースです。相性の問題には要因を交代する以外のソリューションはありません。したがって、自社のリーダーと相手のキーパーソンとの相性が悪く、プロジェクトの進行に支障が出始めたら、早めに会社同士で対話の場を持ち、相手側の要員の能力に納得がいかなければ、交代を申し出たほうがよいでしょう。あるいは、自社側の要員を交代するか、最悪、別のベンダーに変更するなどの解決策をとっていかなければならないこともあります。最悪のシナリオになった場合にも、柔軟に体制変更が取れるような社内体制やベンダーの選択肢を持っておきたいところです。

⑦稼動条件、移行方針が決まっているか、内容は妥当か

　開発工程も終盤に差し掛かり、運用工程が目の前に迫ってから、本番切り替えの方法を考え始めていないでしょうか。本番稼働開始時のシステム切り替え方法や稼働条件（本番リリースしてよいとする判断基準）などの移行設計の根幹に関わる方針は、開発開始段階で決めておく必要があります。開発段階から、切り替え方法を予測して準備しておかないと、移行時に予期せぬトラブルに見舞われる可能性が高くなるからです。

　プロジェクト実行計画書の中に、稼働条件や移行方針が盛り込まれているか、その内容が妥当かをチェックするとよいでしょう。

■ システム切り替え方法の分類と特徴

方法のタイプ	メリット	デメリット
全面停止一斉切り替え型	すべてのプロジェクトで適用可能	リスクが大きい
部分停止部分切り替え型	リスクが小さい	切替回数が多く負荷が高い。全体の整合性を取る準備の必要がある
無停止部分切り替え型	リスクが最も小さい	準備の負荷がやや高い
無停止全体切り替え型	リスクが小さい	準備の負荷は大きい

⑧進捗報告のサイクルを決めているか、頻度は妥当か

　「便りのないのはよい知らせ」ということわざは、残念ながらシステム開発にはあてはまりません。システム開発は、土木建築のプロジェクトなどと違って進捗の遅れがはっきりと目に見えないため、サイクルを守った進捗報告がプロジェクトマネジメントの要となります。プロジェクト管理に詳しい方には釈迦に説法かもしれませんが、**プロジェクトの進捗報告を誰がどういうサイクルで実施するかは、開発開始段階で決めておく**必要があります。進捗報告を具体的にどのような報告フォーマットや会議体で行うかについても、概要が決まっているか確認しておくとよいでしょう。

まとめ

▷ **「開発開始段階」での評価は、要件定義が終わったところで開発着手への可否判断のために行うもので、事前評価の2回目にあたる**

43 開発完了後のチェック項目

開発開始段階で行った事前評価で設定したKPIに従って、開発完了後に事後評価をするのが、「開発完了後」の評価です。本節では、どのようなチェック項目で「開発完了段階」の評価を行うのかを見ていきます。

● 事後評価の重要性

　事後評価では、本番稼働後、半年後など一定期間運用に実施し、事前評価時に予定した目標値どおりの効果が実際に出ているのかどうか、予実を評価します。事後評価の結果、予実差が出ることは当然ありますが、**その予実分析から会社にとって重要な教訓や将来への指針を見出す**のが、IT投資評価の真の醍醐味であり果実です。

　しかしながら、第1章でもお伝えしたとおり、実際には事後評価を実施していない企業が多いことも事実です。もし事後評価によって、そんなに会社にとって有益な果実が得られるのならば、もっと積極的に事後評価が実施されてもおかしくないはずです。逆にいえば、どのような項目をどうチェックすれば、事後評価から有益な収穫を得ることができるのかを次項以降で確認していきましょう。

　以下に、「開発完了後」における投資評価チェックリストを示します。

■ 開発完了後（事後評価）における投資評価チェックリスト

		質問内容	納得←	点数	→不満		わからない
経営戦略との適合	1	プロジェクトの結果は企業戦略と適合しているか	4	3	2	1	0
	2	成功要因、失敗要因が整理され、企業のノウハウとして蓄積される仕組みができているか	4	3	2	1	0
	3	運用、利活用の体制は十分か	4	3	2	1	0

		質問内容	点数 納得←　→不満				わからない
投資費用	1	当初の開発で取り残した機能のフォローの仕方は明確か	4	3	2	1	0
	2	総合結果表による確認ができているか、結果は妥当か	4	3	2	1	0
	3	システムライフサイクルコストは計画どおりか	4	3	2	1	0
	4	リスク計画は妥当であったか、どのようにフォローしたのか	4	3	2	1	0
投資効果	1	一次効果、二次効果、三次効果と、フォローの仕方を確認しているか	4	3	2	1	0
	2	KPI、ユーザー満足度、他社比較（ベンチマーク）、実施しないリスクの計画対比は確認したか、問題はなかったか	4	3	2	1	0
プロジェクトマネジメント	1	運用目標値（含むSLA）が設定されているか、その内容は妥当か	4	3	2	1	0
	2	運用段階のリスクを管理する仕組みがあり運用されているか	4	3	2	1	0
	3	顧客迷惑度指数を設定し、フォローしているか	4	3	2	1	0

（出典：JUAS「IT投資価値評価に関する調査研究」を参考に作成）

● 開発完了後の「経営戦略との適合性」のチェック項目

　開発完了後に、構想・企画段階で作成したシステム構想書や開発開始段階で作成したプロジェクトの実行計画書では、経営戦略を達成するためのシステム開発の目標を掲げていたはずです。それを無事に達成したのかどうかを評価することが重要です。「経営戦略との適合性」という視点では、次の3つのチェック項目を確認するとよいでしょう。

①プロジェクトの結果は経営戦略と適合しているか

　新システムの導入によって、**プロジェクト開始前に目指していた企業戦略の実現に実際に貢献できているか**をチェックします。

　たとえば、新しい会計システムの導入により、「決算早期化によるタイムリーな経営判断」という経営戦略の実現を目指していたのであれば、システム導入

前後で、月次決算にかかる日数を比較し、実際に短縮したのか、評価します。さらに、もし3日短縮を目標にしていて、2日しか短縮できなかったなら、なぜ短縮日数が目標値よりも少なくなったのか分析を行い、そこから次への教訓を見出すことも重要です。

②成功要因、失敗要因が整理され、企業のノウハウとして蓄積される仕組みができているか

開発完了後の事後評価では、基本的に事前評価で設定したKPI（目標値）が達成できているかを評価します。そして次に、目標値以上に達成していた場合、何か成功要因だったのか、未達であれば、何か失敗要因だったのかを分析することが重要です。そうすることで、会社にとっての次への教訓を得ることができます。

このチェック項目では、そのような成功要因と失敗要因の分析を関係者全員で共有し、**会社のノウハウとして蓄積することがルール化されているか**ということを確認します。

たとえば、本番稼働開始日から半年後に、システム部門長が議長となって移行結果報告会を開催し、事後評価報告書をベースにディスカッション、事後評価から得られた教訓やノウハウを共有するというような流れが、会社として決められていればよいでしょう。

ここで注意したいのは、目標値が未達だったときに、移行結果を討議する会議体を犯人探しや弾劾裁判の場にしたり、事後評価の結果を人事考課に結びつけたりしないことです。そうならないためには、事後評価から企業のノウハウを蓄積する一連の手続を会社のルールとして定め、**事後評価とは会社のナレッジを高めるために実施するものだという認識を全員で共有**することがポイントです。

■ 事後評価の結果をノウハウとして蓄積する手続の例

事後評価	移行結果報告会	ナレッジDB登録
IT戦略委員会による事後評価の実施、評価報告書の作成	事後評価報告書に基づく移行結果、予実分析の討議、承認	次回への提言、ノウハウの抽出と蓄積、周知と共有

③運用、利活用の体制は十分か

　ユーザー部門の要望どおりのシステムを開発し、本番リリース後、なんのトラブルも発生せずに半年ほど経ち、順調だと思っていたら、実はそのサブシステムはほとんど誰も使っていなかっただけだった、などという話もよくあります。**せっかく開発したシステムが十分に活用されていなければ、それは会社にとっての損失**です。

　事後評価のタイミングで、新システムが十分に利用され、業務に活用できているか確認し、活用できていない部分があった場合に利活用を促進する体制があるかをチェックします。もし、十分に活用できていないことが判明すれば、移行結果報告会のような場を利用してユーザー部門と議論して、利活用の方向性を検討してみてください。利活用を推進する体制を組むときには、ユーザー部門側でリーダー的な人を立てて、部門横断的なタスクフォースチームを作るとよいでしょう。

● 開発完了後の「投資費用」のチェック項目

　事後評価のチェック項目の中で、プロジェクト責任者がもっとも気になるところが、投資費用が予算内に収まったかどうかではないでしょうか。

　「投資費用」という視点では、システム構築の初期費用が予算内に収まったかだけでなく、完成したシステムの品質や工期が予定どおりだったかという視点でも評価します。なぜなら、工期の遅れや品質目標の未達も必ず追加費用となって跳ね返ってくるからです。

　開発完了後の投資費用という視点では、次の4つのチェック項目を十分に評価するとよいでしょう。

①当初の開発で取り残した機能のフォローの仕方は明確か

　どんなにすべての機能を初期開発で実装するという方針で開発していたとしても、優先度が低いために当初の開発では実装しなかった機能があると思います。それらを追加開発するための社内手続が整備されているかをチェックします。

　もし何のルールも決めずに、ユーザー部門からの要望に従って、アドホック

に追加開発をしていると、知らず知らずに声の大きいユーザーの要望が優先されてしまい、会社にとって本当に重要な機能の開発が後回しになってしまう恐れがあります。そうなっていないか、という眼でも見るとよいでしょう。

②総合評価表による確認ができているか、結果は妥当か

「総合評価表」とは、プロジェクトの投資費用の予実や工期、品質、生産性などを総合的に評価するための表のことです。工期、品質、生産性の3つの指標を用いて総合評価を行う場合の総合評価表のサンプルを次に示しました。

■ 総合評価表の例

| Class | 工期 | 品質 | 生産性 |
	KPI：工期短縮率	KPI：障害発生率	KPI：金額／人月
1	20％以上の短縮	3倍以上良い	20％以上高い
2	20％以下の短縮	1〜3倍良い	1〜20％高い
3	基準値	基準値	基準値
4	20％以下の延長	1〜3倍悪い	1〜20％低い
5	20％以上の延長	3倍以上悪い	20％以上低い

KPI	**工期短縮率 = 1 - （実工期／標準工期*1）** **障害発生率 = 納入時以降に発見された障害数／基準量*2**

＊1… 標準工期＝2.64×（計画投入人月の立方根）

＊2… **自社基準**（たとえば1個／500万円や、稼動後の欠陥数が6個／1億円、あるいはライフラインシステムならば2個／1億円など）を定め、基準値との相対評価をする

（出典：JUAS「IT投資価値評価に関する調査研究」を参考に作成）

たとえば、この総合評価表では、「品質」という観点での評価は、「障害発生率」という指標を使って評価します。障害発生率とは、納入時以降に発見された障害の件数を基準量で除したものと定義されています。この障害発生率が低ければ品質がよい、高ければ品質が悪い、と判断するということです。ここでの「基準量」とは、たとえば、「発注金額500万円あたりバグ1個」というように自社

で定めた品質の基準値のことです。過去のプロジェクトでの経験値などをもとに、自社で標準的な品質といえる基準値を決めておき、その値との相対評価で品質を評価します。もし実際のバグの数が自社基準と比べて「3倍以上良い」という結果であれば、ファーストクラス（Class1）の品質だという判断をします。

　このような感じで、いくつかの評価指標を設けて、完成したシステムを総合的に評価しているか、評価結果が妥当かということをチェックします。なお、このような評価表を全社基準として定めておくと、複数のIT投資プロジェクトを同一の尺度で比較評価できるというメリットもあります。

③システムライフサイクルコストは計画どおりか

　事後評価のタイミングでは、通常、半年ないし1年といった運用期間を経ているため、ランニングコストについても実績値が計測できると思います。事後評価の時点までのランニングコストと初期費用の合計を評価し、事前評価のときに目標としていたシステムライフサイクルコストを実現できるかどうかを評価します。とくにランニングコストの評価は、あとあと投資対効果の目標を達成できるかどうかを左右する重要な評価項目ですので、**計画時の目標値（予算）と実績値を照らし合わせて、予実差をできる限り正確に評価**しましょう。もし評価結果が思わしくなければ、ランニングコストを下げるための対策もあわせて提案できるとよいでしょう。

④リスク計画は妥当であったか、どのようにフォローしたのか

　事前評価のときに策定したリスク計画が実際どのように活用されたかをチェックします。たとえば、当初のリスク計画でセキュリティの脆弱性への対応を見込んでいたものの、実際には想定以上に数多くの脆弱性があることがわかり、その対応に時間がかかった、というようなことがあれば、リスク計画が甘かったと評価することになります。しかし、**その課題をどう解決したか、どのくらい時間がかかったかを具体的に記録し、次のプロジェクトに活かすこと**が重要です。このチェック項目こそ、今後のノウハウの宝庫だと考えて、時間をかけて評価したいところです。

◉ 開発完了後の「投資効果」のチェック項目

さて「投資効果」の事後評価です。これがもっとも重要で難しく、かつ経営者にとっても関心の高い領域です。投資効果を事後評価するときのポイントは、**事前評価で設定した評価指標（KPI）にしたがって忠実に評価すること**です。評価指標に一貫性がないと、事後評価の価値は大きく下がってしまいます。開発完了後、期待したほどの効果が出ていないと、ついプロジェクト責任者の顔を潰さないように、ほどほどの評価結果になるよう、当初の指標や目標値を変えてしまいたくもなりますが、そのような忖度は無用です。

①一次効果、二次効果、三次効果と、フォローの仕方を確認しているか

企画段階では、一次効果と二次効果の目標を設定し、開発開始段階では、さらに三次効果まで、レベルをわけて投資効果の目標設定をするとよいことをお話してきました。本番リリース後、できれば事前評価で設定したとおり、一次効果から三次効果までの効果を別々に達成度の評価をします。そこまで細かく達成度を評価することが難しい場合は、いちばん業績目標に近い三次効果を評価します。経営者が最終的に注目するのはROIですので、三次効果をROIで端的に報告してもよいでしょう。

評価した結果、**目標に満たなかった場合は、今後に向けて目標に近づけるためにどうフォローするか、対策を考えているか**もチェックします。

②KPI、ユーザー満足度、他社比較（ベンチマーク）、実施しないリスクの計画対比は確認したか、問題はなかったか

開発開始段階までに設定した投資効果の評価指標に従って、事後評価を行います。言わずもがなかもしれませんが、**もし効果の評価指標を5個設定していたら、そのうち効果が出ているものだけを評価するのではなく、5個すべてを評価**してください。評価した結果、期待した効果が出ていなかった場合や何らかの**問題が発生していた場合、その原因を分析し、今後の対策を検討**します。

たとえば、開発開始段階で準備していた責任者向けの満足度調査で、目標値を「4以上」としていたけれども、実績評価をしてもらった結果、「2」と評価されたのであれば、具体的にどのようなことが満足できなかったかをヒアリング

し、取るべき対策がないかを考えます。そして同じように、目標を「3以上」としていて、実績評価が「4」や「5」だった場合も、その成功要因を分析して、功労者がいれば表彰するなどのアクションをとるとよいでしょう。

また、当初考えていた効果のほかにも、**予期していなかった副次効果や追加して評価すべき効果がないか**という眼でチェックすることも重要です。

● 開発完了後の「プロジェクトマネジメント」のチェック項目

プロジェクトマネジメントといえば、通常、開発段階だけのものと思われがちです。しかし、運用段階においても、運用管理者、システムオペレーター、保守を担当するエンジニアなどからなる1つのプロジェクトが存在するととらえ、引き続きプロジェクトマネジメントという視点でチェックすることが大切です。

運用段階においては、次のような項目でシステムが効果的に運用されているかどうかをチェックするとよいでしょう。

①運用目標値（含む SLA）が設定されているか、その内容は妥当か

開発段階でシステムの品質に目標値を設定して評価したのと同じように、運用段階においても、運用目標値を設定し、それを守って運用していくことが重要です。運用目標値として、どういう項目をどのレベルまで設定するかは、社内システムか顧客向けのシステムかなどシステムの性質による異なりますが、次の例示のように稼働率や運用品質の目標値が明文化されており、内容が妥当かどうかをチェックするとよいでしょう。

分類	SLA項目	目標値
稼働率	オンライン稼働時間	7:00～20:00
	システム稼働時間	24時間365日
	定期保守	年間2日以内
運用品質	障害件数	月5件以内
	レスポンスタイム	3秒以内の割合80%以上
	バッチ処理	遅延時間2時間以内
	テクニカルサポート	受付から2日以内に回答

②運用段階のリスクを管理する仕組みがあり運用されているか

運用段階に入ってもシステムの安定稼働を脅かすリスクはいろいろあります。したがって、運用段階では運用段階のリスク管理を行うための仕組みを構築し、**PDCAサイクルを回すこと**が重要です。

たとえば、発生した障害に対して、回復作業をしただけで終わるのではなく、障害の経緯と事象を記録のうえ、**根本原因を究明し、再発防止策を立案、実施するといった障害管理の仕組みがあり、運用されているか**などをチェックするとよいでしょう。

③顧客迷惑度指数を設定し評価しているか

「顧客迷惑度指数」とは、顧客に迷惑をかけた影響度の基準ポイントを定めておき、基準に基づいて迷惑度を評価するものです。たとえば、次のように迷惑の影響度によって基準ポイントを決めておき、迷惑をかけた回数に基準ポイントを掛け算して、迷惑度合いを数値化します。迷惑度指数の合計ポイントを定期的に集計、評価し、関係者で共有します。

■ 顧客迷惑度指数の迷惑レベルと基準ポイントの例

迷惑レベル	基準ポイント
システムが1時間以上停止した場合	100点
入力ミス、プログラムミスで顧客に間違った情報を提供した場合	30点
説明不足、操作マニュアルのミスで迷惑をかけた場合	20点

　顧客迷惑度指数は、顧客からの信頼が常に求められるようなシステムで活用するとよいでしょう。**顧客迷惑度指数を組織が一体となって運用品質の向上に務めるためのベクトルあわせのツール**として利用することも有用です。

まとめ

▶ 「開発完了後」の評価は、本番リリースから半年後ないし1年後、一定期間の運用を得た段階で行うもので、事後評価にあたる

▶ 事後評価の予実分析の中から得られた教訓やノウハウを会社として蓄積し、次のプロジェクトに活かしていくことが重要

IT資産の「所有」と「借用」

IT資産は経営のリソースの1つです。従来、経営のためのリソースは、自社で「所有」することが一般的でした。建物や自動車などの固定資産しかり、人材しかりです。ただし、高額な固定資産を所有することには、経営上のリスクもあります。たとえば、故障のときの修理費用や廃棄するときの撤去費用などの追加費用がかかることです。いわゆるTCO (Total Cost of Ownership)、「所有することのコスト」を管理しなければなりません (TCOについてはP.094で詳しく解説しています)。また、所有するためには購入資金を調達しなければならないこと、それを長期にわたって回収しなければならないという財務面のリスクもあります。

しかし、クラウドを利用し、「所有」を「借用」に変更することで、それらのリスクを回避することができます。また、借用型のクラウド環境を利用して自社システムを構築した場合、通常、資産計上しないため、財務面でバランスシートを軽くできるという効果もあります。このことから、経営の観点では、クラウド・コンピューティングにより「資本支出 (CAPEX：Capital Expenditure) の予算を運用費 (OPEX：Operating Expense) 予算へ移行できる」といったいい方をすることもあります。

投資家は、保有資産残高がより少ない状態で収益を上げている企業のほうを経営手腕がすぐれていると評価します。したがって、さらなる資金調達を望む新興企業などでは、高いビジネスパフォーマンスをアピールするために積極的にクラウドを利用する動きもあるかもしれません。ただ、バランスシートを軽くしたいか重くしたいかは、そのときどきの経営の局面にもよりますので、クラウド利用の選択が経営上のメリットを生むかどうかは、企業の戦略次第ともいえます。

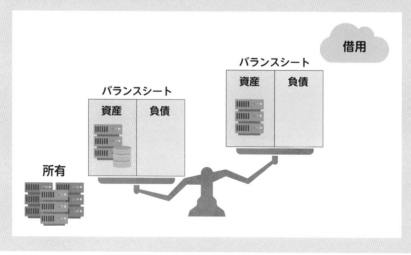

7章

ベンダー見積もりの妥当性評価

ある程度以上の規模の新規開発では、同じ仕様でもベンダーによって見積もり額に2～3倍の開きが生じることもあることをご存知でしょうか。第7章では、ユーザー企業（委託元）がシステム開発や保守・運用を外部委託する場合に、ベンダー（受託先）から提示された見積もりの妥当性を評価する方法を紹介します。

44 ベンダー見積もりの妥当性評価のための前提知識

本節では、ユーザー企業がベンダーから提示された見積もりの妥当性を評価する際の前提知識について解説します。一般的なベンダーの見積もり手順と規模の見積もり方法、見積もりに格差が生じる要因などを確認します。

● ベンダー見積もりの妥当性を評価することの重要性

日本の企業では海外に比べ、外部ベンダーにシステム開発を委託するケースが多く、委託する開発業務の範囲も広いといわれています。委託元企業として、外部ベンダー（受託先企業）から提示された見積もりが妥当かどうかを見極める眼を持つことは重要です。

ベンダーからの提案書が期待する要求事項をすべて満たし、かつ見積もり額も想定内の金額に収まっていれば、いうことはないでしょう。しかしながら、実際には、ベンダーからの見積もり提示額が想定外に高額であったり、逆に不安になるくらい少額であったりすることは珍しくありません。

■ 提示された見積もりの妥当性を見極める

仕事を依頼

見積もりを提示

ユーザー企業
（委託元企業）　高い？　安い？　外部ベンダー
（受託先企業）

● システムの開発保守費用の構造

なぜそのような想定外の見積もり結果が生じてしまうのでしょうか。原因はケースによりさまざまですが、ユーザー企業とベンダーが共通の認識や前提に

立っていないことが原因である場合も多くあります。そのような不幸な期待ギャップを生まないためにも、ベンダー見積もりの前提となることをいくつか確認していきましょう。

次の図は、システムの開発保守の見積もりにおける費用の構造を表したものです。費用の内訳は、人件費、プロジェクトに必要なハードウェア、ソフトウェアの費用、諸経費に大きく分類することができます。金額的なウェイトでは、開発費用のほとんどは人件費であり、ここをいかに的確に評価するかが重要になってきます。

■ベンダー見積もりの開発保守見積もりにおける費用構造

人件費　60~80%				HW/SW・諸経費　20~40%		
エンジニアの人件費 （単価×工数）	販管費	粗利益	プロジェクト リスク費	ハード ウェア	ソフト ウェア	諸経費

エンジニアの 交通費	オフィスの 賃貸料	消耗品など

上図の人件費の中に、「粗利益」と「プロジェクトリスク費」という項目があります。ベンダーがユーザー企業に見積もりを提示する際には、見積もった原価に「粗利益」、つまり儲けの部分を加えて提示する点に疑問はもたれないでしょう。では、「プロジェクトリスク費」とは何でしょうか。

プロジェクトリスク費とは、プロジェクト実行中に起こりうるリスクに備えるための「バッファ」のことです。バッファとは、本来、システムの処理領域のことですが、予算を見積もるときには、「将来何があるかわからないから、余裕を見ておこう」というときの「余裕」の意味でもよく使います。長いプロジェクトの期間には、**必ず想定外のトラブルや予期できなかった出費が発生します。それらのリスクに備えて予備費を確保**しておかないと、プロジェクト完了後、予算を超過する恐れがあります。プロジェクトリスク費は粗利益とは別に、合理的な根拠をもって見積もっておく必要があるものととらえてください。

● 一般的なベンダーの見積もり手順

ベンダーがシステムの開発・保守の見積もりを行うとき、一般的に次のような手順で行われます。

■ 一般的なベンダーの見積もり手順

STEP1：プロジェクト特性を見極める

STEP2：見積もり対象のスコープ（範囲）を決定する

STEP3：システム規模を算出する

STEP4：必要な作業工数を算出する

STEP5：投入する資源を算出する

STEP6：期間を算出する

STEP7：コストを算出する

STEP8：必要な経費を算出する

STEP9：利益を算出する

STEP1の「プロジェクト特性を見極める」とは、次節でも説明する**RFP**（Request For Proposal：提案依頼書）の内容を吟味し、システムに求められる業務の重要度や難易度、納期の長短や納期厳守が求められる度合い、ユーザー企業側のプロジェクト参画度など、そのプロジェクトの特徴を把握することです。端的にいうと、**どういう案件なのかを正しく把握し、自社の能力や体制で無理なく受託できるかどうかを見極めること**が見積もりの最初のステップです。

STEP2からSTEP4では、委託元企業から提示されたRFPの情報に基づいて、**スコープ（開発の範囲）、規模、作業工数の概算**を見積もります。

STEP5では、STEP4までで見積もった開発工数に対して、どの部分の開発にどの要員を投入するか、あるいは別の開発ベンダーに再委託するかなどを見積もります。また、どのようなハードウェア、ソフトウェアを使用するかなどの採用する要素技術を含め、投入するリソースを決めます。

STEP6では、STEP5で算定したリソースを投入して、**どのくらいの期間で開発できるか**を見積もります。STEP5までに想定したプランに従って開発して本当に顧客から求められる納期を守れるかどうかを見極めるのはこの段階です。

STEP7では、STEP4で算出した**作業工数に投入する要員の標準単価を掛け算して、開発コスト**を算出します。その金額にSTEP8で算出した開発期間にかかる交通費などの諸経費を上乗せし、さらにSTEP9で粗利を載せた金額が、見積もり提示額となります。

■ ベンダーの積み上げ見積もりのイメージ

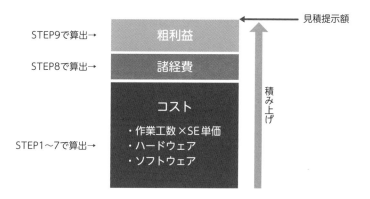

● 規模の見積もり方法

開発費用のほとんどが人件費であり、人件費の見積もりの根拠となるのは、システムの規模であることを考えると、開発費用の見積もり精度を大きく左右する要因はシステムの「規模」です。システムの規模を見積もる方法の代表的な手法を次に挙げました。

■ 規模の見積もりで使われるおもな手法

手法	メリット	デメリット
FP法 （ファンクション ポイント法）	・開発言語や実装方式に依存しない ・見積もり手法が標準化、確立されている	・見積もり方法の理解と習得に時間がかかる ・見積もり精度が特別に高いわけではない
SLOC	・完成したソースコードの行数によるため計測精度が高い ・理解しやすい ・もっとも普及している	・開発言語に依存 ・プログラマーのスキルに左右される ・ビジュアル言語には使えない
画面数／帳票数	・開発初期段階で利用できる ・利用者にも理解しやすい	・1画面1帳票の定義が曖昧 ・実装方式に依存する
ドキュメント ページ数	・設計段階の成果物を物理的に測定するためイメージしやすい	・設計者のスキルに左右される ・1ページの定義が難しい

FP法は、アプリケーションの機能（ファンクション）の個数をカウントすることで規模を見積もる手法です。使いこなすにはそれなりの習得が必要であるものの、開発するソフトウェアの言語や実装方式にかかわらず適用できる点で、すぐれた手法といえます。本書では、FP法の考え方をベースにベンダー見積もりの妥当性を簡便に評価する方法を後述します。

SLOC（Source Lines Of Code）とは、ソースコードの行数でシステムの規模をとらえる方法です。KSLOC（Kilo Source Lines Of Code）、ステップ数ともいい、1KSLOCはソフトウェアのソースコード1000行のことです。SLOCはソフトウェアの規模を測る尺度として昔からずっと使われてきたものであり、もっとも普及しているため、過去の経験値を利用できるメリットがあります。しかし、近年では、オブジェクト指向技術やビジュアル言語には対応していないことから敬遠されるようになってきました。

画面、帳票、仕様書などのドキュメントの量をベースに規模を見積もる方法もありますが、いずれも見積もり方法が標準化されておらず、これらをシステム全体の規模を見積もるためのメインの手法として選択するのは難しいといってよいでしょう。限られた範囲で部分的に規模の比較をしたい場合などに利用するものととらえてもらえればと思います。

● ベンダー見積もりに格差が生じる要因

開発ベンダーが前述のような見積もりステップを踏んで適切に見積もり額を決めるなら、RFPさえしっかりしていれば、どこのベンダーが見積もっても同じくらいの金額になるように思われます。しかしながら、実際に相見積もりをとってみると、同じRFPでもベンダーによって大きな差が出てきます。

そのおもな要因は、**RFPの解釈の違いよるところが大きい**と考えられます。システムに求められる要件や仕様（概要）に関する解釈の差が大きな見積もり額の差となって現れてくるのです。

■ 見積もり額の格差が生じる要因

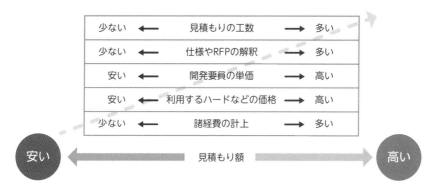

✎ まとめ

▫ **開発費の大部分は人件費であり、人件費はシステムの規模に大きく依存する**

▫ **システムの規模を計測する方法には、FP法とSLOCがある**

45 ベンダー見積もり 依頼時の留意点

ユーザー企業がベンダーに見積もり依頼をするときには、RFPなどによりシステムへの要求事項を明確にすることが重要です。本節では、RFPを作成するときにどのような点に留意すればよいかを確認します。

● RFP（提案依頼書）とは

前節でも説明したように、**RFP**とは提案依頼書（Request For Proposal）のことで、委託元企業が、受託先企業に見積もり依頼する際に、システムに求める要件や仕様の概要をまとめた書類です。

大規模なプロジェクトで複数のベンダーに依頼する場合には、正式な見積もり依頼の前に、**RFI**（情報提案依頼書：Request For Information）を提示することもあります。RFPもRFIも、ユーザー企業がシステム開発に求める要件を明文化したものととらえてもらえればよいでしょう。

RFPの解釈の差によって、ベンダーから提示された見積もり結果に大きな差が出てくるのならば、委託する側のユーザー企業が、RFPをなるべく解釈の余地の少ないように作成することが重要です。しかしながら、RFPの作成方法には、ISOのような規格で定められた様式や決められた作成ルールはなく、見積もり依頼する側が自社の状況に合わせて自由に作成するものです。

ユーザー企業側が作成したRFPが不十分であったり、ベンダーへの見積もり依頼の仕方が不適切であったりすれば、結果としてベンダー見積もりが期待はずれになることもあります。ユーザー企業がベンダー見積もりの妥当性を評価するにあたっても、そもそも適切な方法で見積もり依頼していたのかを確認することは重要です。

● RFP作成から契約までの流れ

RFPを使ってどのようにベンダー選定をするかは、案件の規模や状況によっ

て異なりますが、一般的には、RFPを作成してからベンダーとの契約締結にいたるまでの流れは、次の図のようになります。ケースによっては、RFP提示後、問い合わせには応じないという方針でコンペを行うこともありますが、通常、問い合わせは受けつけることが多いです。ベンダーにRFPの内容を正しく理解してもらい、よい提案をしてもらうためにはベンダーからの問い合わせにはきちんと対応するとよいでしょう。

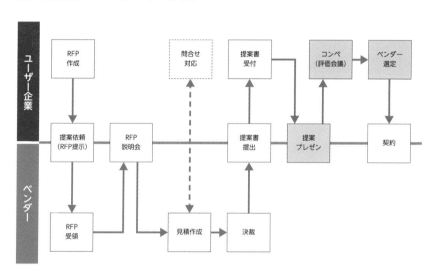

◯ RFPの作成における留意点

　RFPは、ベンダーが案件の全体像を理解できるように記述し、また、システムに求める要件や仕様（概要）をなるべく詳しく記述することが望ましいといえます。とくに**業務要件を表す言葉や開発工程の呼び名などは、同じ用語でも会社によってその意味が異なることも多く**、詳しい説明を省くと正しく伝わらないことがあるため留意が必要です。

　たとえば、「要件定義フェーズ」という言葉は、A社では、ユーザーの視点から業務手順を明確化して分析し、情報システムで実現することをまとめる工程までを指すけれども、B社では、それをもとに開発者の視点でシステムが何をすべきか、何が必要かをまとめる工程までを意味する、などというように、同

じ工程名でも作業範囲が異なることはよくあります。たとえ**自社では使い慣れ た用語でも、ベンダーがまったく異なる意味に解釈してしまうことは、記述が 大雑把すぎたり抽象的であったりするほど起こりやすく**なります。

　ユーザー企業が、システムに求める要件や仕様をベンダーに的確に伝えるた めには、たとえば、以降で例示するようなPart1からPart3までの3部構成で RFPを整理し、必要な要素を盛り込んで作成するのも1つの方法です。

■ RFPの構成例

Part1「案件の概要」

- ・本書の目的
- ・プロジェクトの目的
- ・要件・仕様（概要）
- ・提案依頼の背景
- ・ゴール
- ・会社情報
- ・現状の課題
- ・プロジェクトの範囲
- ・現行システム情報

Part2「提案依頼要件」

- ・貴社情報
- ・プロジェクトのスケジュール
- ・プロジェクトマネジメントの方法
- ・概算費用
- ・類似の導入実績の有無
- ・プロジェクト体制図
- ・サービスレベル
- ・制約事項
- ・提案システム概要
- ・プロジェクトの進め方
- ・納品物一覧

Part3「選定方法」

- ・提案書の提出期限
- ・提案書の提出先、連絡先
- ・プレゼンテーション日程
- ・選定において重視する点
- ・選考結果の連絡日

● Part1：「案件の概要」の項目例

　RFPの最初のパートでは、次のようなイメージで委託する側の企業の概要と 案件の概要を受託側のベンダーに伝えるための情報を記載します。

■ 案件の概要

目次例	記述する内容
本書の目的	本書は何を提案依頼するためのRFPなのか
提案依頼の背景	今回のシステム導入を行うことになった経営的な背景など
現状の課題	現在抱えている問題、システム導入により解決したいこと
プロジェクトの目的	どのようなビジネス上の目標を達成するためにシステム導入をするのか
ゴール	システム開発の品質、納期、予算（上限がある場合）など
プロジェクトの範囲	見積もり依頼の対象とするシステムの範囲、委託範囲（開発、保守、運用）など
要件・仕様（概要）	どのような業務要件を達成するために、どのような仕様や機能、システム要件を備える必要があるか
会社情報	委託元企業の会社概要、事業内容などの基本情報や組織図、システムの利用者など
現行システム情報	現行のシステムのシステム構成やサーバ、PCなどの機器情報など（必要な場合は記述）

できる限り
具体的に記述

Part1では、案件の概要を記述するパート「要件・仕様（概要）」で、システムに求める要件や仕様をできる限り具体的に詳しく記述することがポイントです。ここを適切に記述することがRFPの解釈の違いを避けるためにもっとも大切です（詳細は後述）。

また、大規模なシステム開発の場合は、**「提案依頼の背景」や「現状の課題」という項目で、システム導入に至る経営的な背景や現状の課題などのハイレベルな情報もなるべく詳しく提供しておくとよい**でしょう。そうすることで、ベンダーが自社のビジネスニーズをより深く理解し、期待以上の提案をしてもらえることにもつながります。

・「要件・仕様（概要）」の示し方

要件・仕様（概要）を記述するパートでは、見積もり依頼する時点でわかる

範囲で、機能要件と非機能要件[*1]の概要を示すとよいでしょう。

■ 機能要件・非機能要件の例

	要件	記述する内容
機能要件	業務要件	業務プロセスの概要
		業務機能一覧
		業務フロー図
		画面、帳票の一覧、イメージ図
	データ要件	概念データモデル (E-R図)
		DFD (データフローダイアグラム)
		データ項目一覧
	アプリケーション要件	システム概念図
		アプリケーション機能一覧
非機能要件	可用性	運用スケジュール、障害時の稼働目標
	性能・拡張性	レスポンスタイム、ピーク時のキャパシティなど
	セキュリティ	アクセス制限、情報漏洩対策、不正監視など
	ユーザービリティ	操作性、画面デザイン、ユーザガイダンスなど
	移行性	現行システムの移行に関する要求
	運用・保守性	システム運用と保守サービスの要求レベル

　なお、「非機能要件」とは、「ユーザーが機能要件以外に求めるものすべてのこと」を意味します。「機能要件・非機能要件の例」の表では、一般的な例として6つほど例示しましたが、非機能要件は、通常、機能要件が固まってから検討するものであり、RFP作成段階ですべて明確には示せないことが多いと思います。したがって、たとえばセキュリティ要件とユーザービリティなど、見積もり依頼段階で見えていて特筆しておきたいものがあるならば、それだけは記載しておくようにするとよいでしょう。

---

*1) システムの非機能要件の項目については、本書で例示する6項目以外にもいろいろなモデルがあります。情報処理推進機構 (IPA/SEC) の「非機能要求グレード」(2018年4月改訂) では、システム開発を発注する側 (ユーザー企業) とシステムを開発する側 (ベンダー企業) で合意形成するための手法やツール群が提唱されています。

● Part2：「提案依頼要件」の項目例

提案依頼要件を記述するパートでは、ベンダーに具体的にこういう情報を盛り込んで提案書を作ってほしい、ということを漏れなく項目に挙げます。ベンダーの提案書に盛り込んでもらうべき情報もなるべく多いほうが、見積もりの根拠が明らかになり、想定外の見積もり金額を提示されるリスクを少なくすることができます。

■ 提案依頼要件

目次例	記述を求める内容
貴社情報	ベンダーの会社組織の情報
類似の導入実績の有無	類似のシステム導入実績がどのくらいあるか／ないか
提案システム概要	ベンダーが提案するシステムの概要 ・ハードウェア構成、要件 ・ソフトウェア構成、バージョン ・実現機能、パフォーマンスなどの概要
プロジェクトのスケジュール	開発工程ごとの開始／完了時期がわかるスケジュール
プロジェクト体制図	責任者、要員の役割、要員数（再受託先含む）がわかる体制図
プロジェクトの進め方	顧客とベンダー間での定例ミーティングの開催方法など
プロジェクトマネジメントの方法	ベンダー側の進捗管理や品質管理の方法
サービスレベル	開発品質（バグ件数など）、問合わせ対応の時間帯や回数など
納品物一覧	ドキュメント納品物、納品方法など
概算費用	システム導入費用の見積もり金額
制約事項	業務受託に際しての前提条件や制約

> 要求した要件との対応がわかるように書いてもらうとよい

> 提案システム概要との対応を明確にしてもらうとよい

「提案システムの概要」は、プレゼンのときにベンダー各社が独自性をアピー

ルする部分であり、ベンダーが考えるシステムの実現方法や機能の特長などを自由に表現してくる部分かもしれません。ここでは、**Part1 で要求した要件・仕様を満たしていることが明確にわかるように**記述してもらうとよいでしょう。

さらに、ベンダーの見積もりの妥当性を検証するという目的では、**「提案システムの概要」で示されるシステム要件と「概要費用」での見積もり額との対応がわかるように記載してもらう**とよいでしょう。そうすることで、相見積もりでの各ベンダーの比較がしやすくなり、見積もり額が予算をオーバーしていたときの価格交渉もしやすくなります。たとえば、「レスポンスタイム○秒以内、同時接続ユーザー数○○人」という要件を達成するために「CPU は○○ GHz のものを○個」と「メモリは○ GB」が必要である、というような対応が明確であれば、**なにを減らせば見積もり額が予算内に収まるか**が具体的になってきます。

逆に、ベンダー側の営業担当は、上記のことに留意して提案書をうまく作成すれば、コンペでアドバンテージになると考えてよいでしょう。RFPから委託元企業の真のニーズをよく読み取り、提案書のなかで、あえて費用交渉の余地があることを示すことも、受注を獲得するテクニックの1つだと思います。

● Part3：「選定方法」の項目例

RFPの最後のパートでは、提案書の提出期日や連絡先などのベンダー選定の進め方に関する必要な情報を記載しておくのが通例です。

このパートでなくてもかまわないのですが、RFPのどこかに、**「選定において重視する点」を明記しておく**ことをお勧めします。たとえば、価格はあくまで目安であってシステムの品質をもっとも重視するとか、システム要件の中でもセキュリティ要件をとくに重要視するとか、明記しておくのです。これを書いておくことで、ベンダーは、案件の概要を記載したパートで示されたゴールや要件・仕様などの情報の中で、「何を絶対に外してはいけないのか」がわかり、それがRFPの解釈の幅を少なくなることにもつながります。

■ 選定方法

項目例	内容
提案書の提出期限	何月何日の何時まで
プレゼンテーション日程	プレゼンの時期の予定と日程調整の段取り
選考結果の連絡日	選考結果を遅くともいつまでに連絡するか
提案書の提出先、連絡先	提案書の提出の宛先、担当者のメールアドレス、電話番号
選定において重視する点	何をもっとも重視して選定するか

これを明記することもRFPの解釈のズレ幅を少なくする効果あり

● 相見積もりでの比較・検討

　ベンダーに見積もりを依頼する場合、複数のベンダーに相見積もりを取り、比較、検討することが大切です。たとえば、少なくとも3社から同じRFPにより相見積もりを取るなどの社内ルールを決め、候補先ベンダーの比較表を作成して比較、検討するとよいでしょう。

　相見積もりを取ること自体はあたりまえのことと思われるかもしれませんが、どのような案件の場合に何社以上の相見積もりを取り、どういう基準で比較するか、といったベンダー選定のルールを全社で明文化して、実際にルールどおりに運用できている会社は意外と少ないものです。たとえば、次のような比較表を作成し、さまざまな観点から複数名でよく議論を尽くして選定するとよいでしょう。

■ 相見積もりによる比較表の例

	A社	B社	C社
機能面	5	3	4
操作性・デザイン	4	4	2
拡張性	4	4	2
セキュリティ	5	1	3
プロジェクトマネジメント面	4	3	2
運用サポート面	3	4	1
価格	1 (123,450,000円)	3 (67,000,000円)	5 (8,900,000円)
企業の信頼性	4	4	3
類似の導入実績	2 (30社)	5 (1,000社)	3 (100社)
考慮点	コンサル力高い	セキュリティ面不安あり	営業担当熱意あり
総合点	28	31	25

【評点】5：非常に良い、4：良い、3：普通、2：やや不十分、1：不十分

● 相見積もりを取るのが難しい場合

　なお、新規開発の見積もり依頼の場合は相見積もりを取っていても、保守開発や運用委託の案件では相見積もりを取ることが難しい場合もあります。初期開発を委託したベンダーに本番稼働後も保守開発と運用業務を委託しているケースなどでは、契約更新時期が来たからといって、他社に乗り換えることが現実的でないことはあります。

　ただ、その場合でも、できるだけ他社からの見積もりを取得し、現在の受託先との契約をそのまま継続することが妥当かどうかの検証をすることは重要です。実際、「あて馬」のつもりで見積もり依頼をしたベンダーから予想外によい提案がなされ、再検討した結果、あて馬のベンダーに契約先を変更することは、筆者の経験上、それなりの確率で発生しています。また、契約先を変更するには至らなくとも、相見積もりを取ったベンダーからの提案内容が、現在の受託先との契約条件の交渉の材料として役立つこともあります。

● 見積もり依頼時の留意点

・仕様が決まれば見積もりが決まる

　RFPが適切に作成されていれば、ベンダーから提示された見積もり書の妥当性について、ベンダーと交渉をすることができるようになります。そのために、RFPにできるだけ詳細に業務要件、仕様（概要）をベンダーにとってわかりやすく記述することがやはり最重要です。

・見積もり書（提案書）の理解が先決

　ベンダーからの見積もり書が理解できない場合、理解できるように作成してもらうべきです。見積もり書は、専門家にしか理解できないようなものであってはならず、エンドユーザーに理解できるものである必要があります。

　画面や帳票などのアウトプットがはっきりしていない段階で、「○○開発業務一式いくら」とか、「何人月」といった形で一括契約することは大変危険です。そのような見積もり書で契約を交わしてしまうと、その見積もりの妥当性を検証することは困難であり、プロジェクトが進行した段階でトラブルが発生してもまともな交渉ができなくなるリスクもあります。

・根拠のない値引き要求はしない

　「あと1割まけてくれませんか」、「もっと安くなりませんか」などという根拠のない値引き要求や不当な値引き要求は避けるべきです。付き合いの長いベンダーとの間では、営業担当者間でこのような値引き交渉が行われがちですが、結局、あらかじめ値引き要求を見込んで見積もり価格に上乗せされたり、見えないところで手抜きをされたりして、品質の悪化を自ら招くことになります。

まとめ

▶ **RFP（提案依頼書）はできるだけ詳しく、ベンダーにとってわかりやすく記述し、RFPの解釈の余地を少なくすることが見積もり誤差を少なくすることにつながる**

46 FP法の応用による開発費の妥当性評価

見積もりで使われるおもな手法については、前々節で取り上げました。本節では、ベンダーが実施したソフトウェア開発費の見積もりの妥当性をFP法の考え方をベースに評価する方法を紹介します。

● ユーザー視点での妥当性評価の必要性

　ユーザー企業がたとえどんなに適切な方法で開発費の見積もり依頼を行い、それに従ってベンダーが適切に見積もりをしたと思われる場合でも、ベンダーからの見積もり結果が妥当かどうかを何らかの方法で評価することは必要です。大規模なシステム開発案件では契約金額も巨額であり、ベンダー側でも複数の担当者が見積もりを分担し、見積もり結果も複数の目を通しています。しかし、ベンダーは、あくまで開発する側の視点で安全な見積もりかという観点でチェックしています。それがユーザーの視点で望ましいレベル、内容と乖離していないことを保証するものではありません。ユーザー企業はユーザー企業で、ユーザーの視点で開発費の妥当性をチェックすることは重要です。

● FP法 (ファンクションポイント法) とは

　FP法とは、システム内部の機能を数え上げ、機能の複雑さに応じて重みづけしたものを積算して点数 (ファンクションポイント) として表すソフトウェアの規模を計測する手法の1つです。FP法は、1979年にIBM社のアラン・アルブレクト氏が考案したもので、日本に導入されてから20年以上の歴史を持ちますので、一度は名前を聞いたり解説本を読んだりしたことのある読者も多いかもしれません。

　FP法では、ソフトウェアの規模をおよそ次のような手順で計測します。

■FP法によるソフトウェア規模の計測手順

STEP1：ソフトウェアの持つ「機能」を分解する

STEP2：外部との入出力、ファイルとの入出力など種類ごとに
　　　　機能の数をカウントする

STEP3：それぞれの機能の複雑度の評価を行い、その機能の持つ
　　　　「点数」（ファンクションポイント）を算出する

STEP4：ファンクションポイントをシステム全体で合算する

STEP5：システムに求められる特性（データ通信、分散処理など）に
　　　　応じた「係数」を設定する

STEP6：ファンクションポイントの合計値に係数を掛け算して
　　　　評価値とする

○ FP法での「機能」とは

　FP法では、前述のSTEP1でソフトウェアの「機能」を分解し、STEP2で機能を5種類に分類して、その数をカウントします。そして、STEP3でそれぞれの機能の「複雑度」を3段階で評価します。次のように、システムの機能と複雑度を評価するのがFP法の特徴です。

■FP法での機能と複雑度の評価の例

ファンクション	内容	複雑度		
		容易	普通	複雑
外部入力	外部からデータ入力される追加・更新・削除の処理	2	6	3
外部出力	データを追加・更新・削除、計算して外部へ出力する処理	5	4	7
外部照会	データを外部へ出力する処理	3	11	6
内部論理ファイル	アプリケーションにより追加・更新・削除されるファイル	6	9	13
外部インターフェイス	アプリケーションにより参照されるファイル	5	8	9

● FP法の考え方をベースにした妥当性評価

　FP法は、経験に基づく見積もりに比べ客観的であり、開発言語や実装方式に依存しないという点ですぐれた手法です。その反面、少々難解であり、正しく理解して使いこなすのに多くの時間と労力がかかることも実情です。また、かけた労力に比例して見積もり精度が上がるかといえば、そうともいい切れない面もあります。それゆえ、FP法ほど知名度が高い割に現場で使われていない手法もないとさえいわれるほどです。

　しかしながら、FP法の特徴であるソフトウェアの「機能」に着目した考え方は、ベンダー見積もりの妥当性を検証するときに役立ちます。P.324以降では、FP法の特徴である「機能」に着目した考え方をベースにベンダー見積もりの妥当性を検証する方法を紹介します。

　なお、P.324以降に述べる方法は、FP法の簡便法ではありません。FP法そのものについては、FP法の規格*1やその解説本などをご確認ください。

● FP法の考え方によるソフトウェア開発費用の精査

　FP法の考え方を応用してソフトウェア開発費用をチェックする方法を、モデル例を通じて見ていきましょう。次の「新ファイル伝送システムのベンダーX社による見積もり提示」の表に示したのは、ユーザー企業A社が「新ファイル伝送システム」のソフトウェア開発をベンダーX社に見積もり依頼をしたときの見積もり提示の例です。このシステムは15個の機能から構成されており、ベンダーX社は、機能ごとに価格を見積もり、その積算で19,480,000円を見積もり額としてA社に提示してきました。

---

*1) 日本では1994年に日本ファンクションユーザ会 (JFPUG) が設立され、JIS/ISOでもFP法の規格「JIS X 0135-1:2010ソフトウェア測定、JIS X 0142:2010ソフトウェア技術、IFPUG機能規模測定手法 (IFPUG4.1版未調整ファンクションポイント) 計測マニュアル」が制定されています。

■ 新ファイル伝送システムのベンダーX社による見積もり提示

No.	機能	見積もり金額
1	権限設定	472,500円
2	伝送権限	854,500円
3	ファイル受信状況照会	958,000円
4	ファイル送信状況照会	958,000円
5	受信ファイル一覧	1,578,000円
6	送信ファイル一覧	958,000円
7	ファイル受信処理	2,327,000円
8	ファイル送信処理	1,814,250円
9	送付書作成	1,563,250円
10	送付書照会	1,055,000円
11	未受信一覧	958,000円
12	配信（分割）バッチ	2,534,500円
13	集信バッチ	2,340,500円
14	ログイン時処理メッセージ	472,500円
15	スケジュール作成バッチ	636,000円
	総合計	19,480,000円

このX社からの見積もり提示額の妥当性を検証するために、A社がFP法の考え方をベースに独自に機能別の見積もりを行います。

この結果、作成されたものが、次ページの表「新ファイル伝送システムの機能別試算の例」に示した試算例となります。

■ 新ファイル伝送システムの機能別試算の例

No.	機能	機能区分	①形式区分 区分	①形式区分 係数	②処理区分 区分	②処理区分 係数	③入出力項目数 項目数	③入出力項目数 係数	④I/O数 I/O数	④I/O数 係数	⑤新規／再利用 区分	⑤新規／再利用 係数
1	権限設定	画面	単票	1.0	更新	1.2	11	0.8			再利用	0.5
2	伝送権限	画面	単票	1.0	更新	1.2	11	0.8			新規	1.0
3	ファイル受信状況照会	画面	単票	1.0	照会	0.8	12	0.8			新規	1.0
4	ファイル送信状況照会	画面	単票	1.0	照会	0.8	12	0.8			新規	1.0
5	受信ファイル一覧	リスト	一覧	0.8	作表	0.8	28	0.8			新規	1.0
6	送信ファイル一覧	リスト	一覧	0.8	作表	0.8	28	0.8			新規	1.0
7	ファイル受信処理	画面	単票	1.0	照会	0.8	11	0.8			新規	1.0
8	ファイル送信処理	画面	単票	1.0	照会	0.8	11	0.8			新規	1.0
9	送付書作成	画面	単票	1.0	更新	1.2	7	0.6			新規	1.0
10	送付書照会	画面	単票	1.0	照会	0.8	7	0.6			新規	1.0
11	未受信一覧	リスト	単票	1.0	更新	0.8	18	0.8			新規	1.0
12	配信（分割）バッチ	バッチ			更新	1.2			52	1.5	新規	1.0
13	集信バッチ	バッチ			更新	1.2			52	1.5	新規	1.0
14	ログイン時処理メッセージ	画面	単票	1.0	照会	0.8	1	0.6			新規	1.0
15	スケジュール作成バッチ	バッチ			バッチ起動	0.8			1	0.6	新規	1.0
	総合計											

7 ベンダー見積もりの妥当性評価

⑥特殊要因		機能別開発係数	機能単価	見積もり価格	X社見積もり	差額	見積もり価格比
理由	係数	A	B	A×B=C	D	D－C=E	D－C=F
	1.0	0.480	1,163,889	558,667	472,500	-86,167	84.6%
	1.0	0.960	1,163,889	1,117,333	854,500	-262,833	76.5%
	1.0	0.640	1,163,889	744,889	958,000	213,111	128.6%
	1.0	0.640	1,163,889	744,889	958,000	213,111	128.6%
	1.0	0.512	1,164,667	596,309	1,578,000	981,691	264.6%
	1.0	0.512	1,164,667	596,309	958,000	361,691	160.7%
受信完了確認処理	1.2	0.768	1,163,889	893,867	2,327,000	1,433,133	260.3%
	1.0	0.640	1,163,889	744,889	1,814,250	1,069,361	243.6%
	1.0	0.720	1,163,889	838,000	1,563,250	725,250	186.5%
	1.0	0.480	1,163,889	558,667	1,055,000	496,333	188.8%
	1.0	0.512	1,164,667	596,309	958,000	361,691	160.7%
	1.0	1.800	1,837,000	3,306,600	2,534,500	-772,100	76.6%
	1.0	1.800	1,837,000	3,306,600	2,340,500	-966,100	70.8%
	1.0	0.480	1,163,889	558,667	472,500	-86,167	84.6%
	1.0	0.480	1,837,000	881,760	636,000	-245,760	72.1%
			19,480,000	16,043,755	19,480,000	3,436,245	121.4%

● STEP1：機能区分の設定

ベンダーによって示された機能をそれぞれの機能の内容に従って、いくつかの「機能区分」に分類します。新ファイル伝送システムの場合、15個の機能を「バッチ処理」「画面」「リスト」の3つの「機能区分」に設定しています。

● STEP2：機能単価の設定

機能区分ごとに、ベンダーから示された機能の見積もり金額の平均金額を求め、それを各機能区分の「機能単価」とします。新ファイル伝送システムのケースで算出すると、「画面」の機能単価が1,163,889円、「リスト」の機能単価が1,164,667円、「バッチ処理」の機能単価は1,837,000円となります。

■ 機能単価の算出例

No.	機能	見積金額	機能区分		
			画面	リスト	バッチ
1	権限設定	472,500円	472,500円		
2	伝送権限	854,500円	854,500円		
3	ファイル受信状況照会	958,000円	958,000円		
4	ファイル送信状況照会	958,000円	958,000円		
5	受信ファイル一覧	1,578,000円		1,578,000円	
6	送信ファイル一覧	958,000円		958,000円	
7	ファイル受信処理	2,327,000円	2,327,000円		
8	ファイル送信処理	1,814,250円	1,814,250円		
9	送付書作成	1,563,250円	1,563,250円		
10	送付書照会	1,055,000円	1,055,000円		
11	未受信一覧	958,000円		958,000円	
12	配信（分割）バッチ	2,534,500円			2,534,500円

No.	機能	見積金額	機能区分		
			画面	リスト	バッチ
13	集信バッチ	2,340,500円			2,340,500円
14	ログイン時 処理メッセージ	472,500円	472,500円		
15	スケジュール 作成バッチ	636,000円			636,000円
	合計金額　(a)	19,480,000円	10,475,000円	3,494,000円	5,511,000円
	合計機能数　(b)	15	9	3	3
	機能単価 (a)/(b)		1,163,889円	1,164,667円	1,837,000円

ベンダー見積もりの妥当性評価

● STEP3：開発係数の設定

　各機能の処理の種類やI/O数などを分析し、その処理の難易度を表す「開発係数」を設定します。新ファイル伝送システムの場合、次の表「開発係数の設定例」のとおり、6種類の開発係数を設定しています。なお、開発係数は、必ずしもすべての機能区分に設定する必要はなく、設定するものと設定しないものを合理的に決めておきます。

■ 開発係数の設定例

機能	画面	リスト	バッチ処理
形式区分（画面・帳票形式）	○	○	×
処理区分（照会／更新）	○	○	○
入出力項目数	○	○	×
I/O数	×	×	○
新規／再利用	○	○	○
特殊係数*	○	○	○

[凡例] ○：設定する　×：設定しない

*特殊係数…一義的に定義できない特殊な事情を考慮する必要がある場合には、理由を明確にしたうえでその難易
　度に応じた係数を設定する。

● STEP4：各係数の設定

　それぞれの開発係数に難易度を反映するような設定値を決めます。設定値は、標準を「1.0」とし、難易度が標準より高い場合は、1.0以上、標準より低い場合には1.0以下の値で設定します。新ファイル伝送システムの例では、次の表「各係数の設定値」のような形で各係数の設定値を決めています。

■ 各係数の設定値

係数の種別	区分	設定値
形式区分（画面・帳票形式）	メニュー	0.5
	一覧	0.8
	単票	1.0
処理区分（照会／更新）	照会	0.8
	更新	1.2
	作表	0.8
	バッチ起動	0.8
入出力項目数	1〜10	0.6
	11〜30	0.8
	31〜60	1.0
	61〜99	1.2
	100〜	1.5
I/O数	1〜2	0.6
	3〜5	0.8
	6〜10	1.0
	11〜15	1.2
	16〜	1.5
新規／再利用	新規	1.0
	再利用	0.5
特殊係数	標準値	1.0
	ケースに応じた値	1.2〜

● STEP5：機能別開発係数の算出と見積もり価格の算定

　それぞれの開発係数の設定値が決まったら、機能ごとに係数を掛け算し、機能別開発係数を算定します。機能別開発係数に機能単価を掛け算したものが「見積もり価格」となります。これが、ユーザー企業が独自にシステムの機能に着目して試算した結果にあたります（P.322〜323の表「新ファイル伝送システムの機能別試算」の「機能別開発係数」（A）および「見積もり価格」（A×B＝C）を参照）。

● STEP6：見積もり価格とベンダー見積もりとの比較評価

　最後に「見積もり価格」とベンダーX社が提示した見積もりとの差額（「X社見積もり」-「見積もり価格」）と価格比（「X社見積もり」÷「見積もり価格」）を算出して、ベンダー見積もりの妥当性を評価します。

　新ファイル伝送システムのケースでは、機能別の「差額」の合計がプラス3,436,245円になっており、「見積もり価格比」が121.4％となっていますので、ベンダーX社の見積もりのほうがA社の試算結果よりも2割くらい高いという評価結果となります。

　この評価結果をどう判断すればいいかは一概にはいえないところがありますが、もし機能別に試算結果をチェックして、著しく乖離しているところが見つかれば、ベンダーに詳細を確認するとよいでしょう。確認した結果、それがRFPの誤解に基づく見積もりだとわかれば、見積もり額の是正を求めるアクションに結びつけることができます。

　なお、この評価方法で検証した結果のほうが必ず正しいというよりも、ベンダーと価格交渉をしながら、見積もり金額を妥当な水準に持っていくための合理的なアプローチの1つととらえていただければと思います。

● アプリ開発費以外の妥当性チェック

システム開発プロジェクトの見積もりには、ハードウェアやミドルウェアな

どの購入費用や工事費、導入作業費用など、アプリケーションの開発費以外の費用も含まれていると思います。それらの費用見積もりの妥当性もチェックしておきたいところです。

　ハードウェアの購入費用は、インターネットの見積もりサイトなどから市場価格を参照して、ベンダーの見積もり価格が乖離していないことを確認すればよいでしょう。工事費や導入作業費などの作業費の妥当性をチェックするには、要員費用の人月単価の相場に作業工数を掛け算して試算、比較します。「月刊積算資料」（「経済調査会」刊）には、「IT技術者」の人月単価の情報が掲載されていますので、参考にして市場価格と大きな乖離がないかどうかチェックするとよいでしょう。

　なお、システム開発に関するさまざまな指標の相場感を知るには、次節で紹介するようなソフトウェア開発に関するベンチマークの情報源も役に立ちます。

まとめ

▶ 「機能」に着目して、ソフトウェアの規模を計測する手法であるFP（ファンクションポイント）法の考え方を応用して見積もりの妥当性をチェックすることもできる

47   工数予測モデル構築による開発費の妥当性評価

本節では、プロジェクトの比較的早い段階、つまり機能の詳細が見えていない段階で、限られた情報を使って開発費用の概算値の妥当性を評価する方法を紹介します。

◯ 工数予測モデルの構築による妥当性評価とは

　前節でFP法の考え方をベースにベンダー見積もりの妥当性を評価する方法を紹介しましたが、これはベンダーが機能別に見積もり金額を提示してくれることが前提になっています。つまり、ベンダーの見積もり書に機能別の内訳が提示されていなければ適用することができません。しかし、構想・企画段階などのプロジェクトの早い段階で、ベンダー見積もりから機能別の内訳がわからない場合に妥当性をチェックしたいときはどうすればよいのでしょうか。

　その場合、一般公開されているソフトウェア開発に関する統計データの分析結果をベンチマークとして利用して、ソフトウェアの規模と工数を推定するモデルを構築し、ベンダー見積もりの妥当性を評価する方法があります。これを**工数予測モデル構築による妥当性評価**と呼びます。

◯ 概算段階での見積もりの不確実性

　工数予測モデル構築による妥当性評価の本題に入る前に、プロジェクトの開発工程と見積もり精度の関係を見ておきたいと思います。

　次ページに示したグラフは、開発工程が概算段階から詳細設計に進むにつれ、だんだんと不確実な要素が減っていくことで見積もり誤差が小さくなっていくということを表しています。このグラフは、アメリカのソフトウェア業界の第一人者であるスティーブ・マコネルが提唱したといわれており、形がコーンに似ていることから、「不確実性のコーン」と呼ばれています。不確実性のコーンからは、まだ不確実な要素が多い概算段階の工数見積もりにおいては、マイナ

ス4分の1からプラス4倍もの誤差があるということがわかります。

そんなに大きな誤差が出るなら概算段階で見積もること自体にあまり意味がないのでは？と思われた方もおられるかもしれませんが、予算取りのためには概算段階でベンダーから見積もりを入手し、その妥当性を何らかの方法で評価しなければなりません。

通常、概算段階や構想段階では、見積もりの根拠となる機能要件の詳細がわかっていないため、過去の似たようなプロジェクトの工数実績との比較で評価することで、ある程度の幅があることを承知のうえで、概算額の妥当性をチェックするのです。それが、次のフェーズでのより精度の高い見積もりを評価するときにも役立ちます。

■ 不確実性のコーン

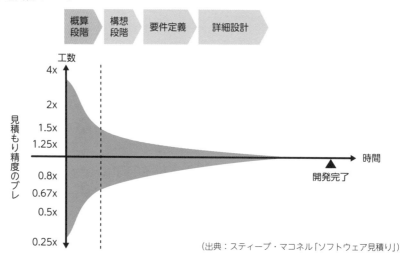

（出典：スティーブ・マコネル「ソフトウェア見積り」）

● ソフトウェア開発に関するベンチマークの情報源

概算段階では、過去の似たようなプロジェクトの工数実績との比較で評価することで概算額の妥当性をチェックするといいましたが、自社の過去プロジェクトの実績データが少ない場合、どうすればよいのでしょうか。その場合は、外部公開されているソフトウェア開発に関する統計データの分析結果をベンチマークとして利用します。

システム開発費のベンチマークとして利用できる情報源として、ソフトウェ
ア開発に関する統計データの調査報告書のおもなものを次の表にまとめまし
た。これらの報告書では、過去の数多くのソフトウェア開発プロジェクトの実
績データを分析した結果、さまざまな評価指標や見積もり式などが提唱されて
います。多くはバックナンバーであれば無料でインターネットから入手可能で
あり、工数予測モデル構築以外にも役立つ情報の宝庫ですので、ぜひIT投資評
価のために活用してみてください。

■ ソフトウェア開発に関するベンチマークの情報源

成果物名	提供元	概要
ソフトウェア 開発データ白書	情報処理推進機構、ソフトウェア・エンジニアリング・センター（IPA/SEC）	大手ベンダー企業から収集した2000を超えるプロジェクトの規模、工数、工期、生産性などに関するデータを毎年発行している
ソフトウェア メトリックス調査	日本情報システムユーザー協会（JUAS）	情報システムの企画、開発、保守、運用、利用の各フェーズの効率的な管理に役立つ定量的、定性的な尺度や目安値を提示
ソフトウェア開発データリポジトリの分析	経済調査会（ERA）	多数のプロジェクトデータを様々な指標で分析したデータ －FP、KLOCによるソフトウェア規模 －画面数、帳票数、ファイル数、バッチプログラム数 －生産性、工数、工期、要員数 －品質指標（欠陥数、レビュー指摘数）
情報システム信頼性向上のための管理指標利用の普及拡大調査報告書	情報サービス産業協会（JISA）	ユーザー企業とベンダー企業の双方で共有することによりシステムの信頼性向上に高い効果をもたらすと考えられる指標を取りまとめ提供している
ソフトウェア見積のすべて　第2版	Capers Jones	コンサルタントによって世界中から集められた1万件以上と思われるプロジェクトデータを分析。FP、KLOCの他にプロジェクト特性、工程別などの指標が豊富

◯ 工数予測モデルとは

さて本題です。ここから工数予測モデルを構築してベンダー見積もりの妥当性を評価する方法をステップごとに確認していきたいと思います。

本書で提唱する工数予測モデル構築による評価ステップは次のとおりです。

STEP1：規模の概算値を推定する

STEP2：統計データから工数を予測する

STEP3：予測工数から開発費用を試算する

STEP4：試算見積もりとベンダー見積もりを比較評価する

◯ STEP1：規模の概算値を推定する

工数予測モデルを構築する最初のステップとして、見積もり対象であるソフトウェアの規模を見積もります。本項では、規模の概算値を「FP規模」（FP法で見積もった値）で推定する方法として、「Capers JonesのFP規模概算法」と「物理的実体（画面・帳票・バッチ）によるFP規模概算法」を紹介します。

・[方法①] Capers JonesのFP規模概算法

Capers Jonesは、アメリカのソフトウェア工学方法論のスペシャリストで、日本でも数々の講演を行ってきた開発工数の定量化の分野の第一人者です。要件定義前にFP規模の概算を推定したいとき、Capers Jonesの提唱する次のような方法で概算値を出すことができます。

①「範囲」「分野」「タイプ」の値を得る（次ページ表参照）
②計算式によりFP規模の概算値を算出する

■ 範囲、分野、タイプの値の定義例

	範囲		分野		タイプ
1	サブルーチン	1	個人用ソフトウエア	1	非手続的
2	モジュール	2	シェアウェア	2	ウェブアプレット
3	再利用可能モジュール	3	学術研究用ソフトウエア	3	バッチ
4	使い捨て型プロトタイプ	4	社内（単一サイトの利用）	4	インタラクティブ
5	進化型プロトタイプ	5	社内（複数サイトの利用）	5	インタラクティブGUI またはウェブベース
6	スタンドアローンプログラム	6	受託開発プロジェクトー民間	6	バッチデーターベース
7	システムコンポーネント	7	タイムシェアリング	7	インタラクティブデーターベース
8	システムのリリース	8	軍需サービス	8	クライアント／サーバ
9	新規開発システム	9	インターネット	9	算術的
10	複合システム	10	リースソフトウエア	10	システム
		11	一体化ソフトウエア（ハードなどの）	11	コミュニケーション
		12	市販ソフトウエア	12	プロセスコントロール
		13	アウトソース契約	13	信託システム
		14	政府機関契約	14	埋込み型
		15	軍需契約	15	イメージプロセシング
				16	マルチメディア
				17	ロボティクス
				18	人工知能
				19	ニューラルネット
				20	ハイブリッド：混合

（出典：Capers Jones「ソフトウェア見積りのすべて」第2版）

②のFP規模の計算式は次のようになります。

$$\text{FP規模} = (\text{範囲} + \text{分野} + \text{タイプ})^{2.35}$$

たとえば、範囲が「新規開発」（9点）で、分野が「社内（複数サイトの利用）」（5点）で、タイプが「クライアント／サーバ」（8点）というシステム開発案件であれば、FP規模を次のように計算できます。

$$\text{範囲} + \text{分野} + \text{タイプ} = 9 + 5 + 8 = 22$$
$$\text{FP規模} = (22)^{2.35} = 1428$$

・[方法②] 物理的実体（画面・帳票・バッチ）によるFP規模概算法

　画面、帳票、ファイルなどの物理的実体の個数をカウントすることで、FP規模を概算する方法があります。正確な画面数や帳票数は、ある程度仕様が固まってからでないと出せませんが、既存システムの再構築プロジェクトなどの場合で、現行システムの仕様からある程度、画面数や帳票などの概数が見えているなら、早い段階で試算することが可能です。

　ここでは、画面数だけがわかっている場合にFP規模を概算する方法を紹介します。P.331の表で挙げた「ソフトウェアメトリックス調査」の分析結果を活用すれば、次の2手順で概算することができます。

　①画面数から帳票数を推定する（次ページの表参照）
　②計算式によりFP規模の概算値を算出する

　次の表は、過去のウォーターフォール型の開発プロジェクトの実績データを分析し、ファイル数、画面数、帳票数、バッチ数をプロジェクト規模別に集計したものです。

■ 画面数・帳票数・ファイル数・バッチ数の規模別集計

	件数	ファイル数	画面数	帳票数	バッチ数
10人月未満	19	25.42 (159)	20.05 (57)	8.95 (100)	7.95 (100)
50人月未満	90	48.66 (336)	37.56 (273)	8.18 (79)	26.43 (578)
100人月未満	36	78.81 (325)	57.58 (219)	19.00 (238)	151.11 (3807)
500人月未満	74	269.07 (10000)	136.35 (577)	36.97 (437)	74.73 (648)
500人月以上	25	729.36 (11231)	273.80 (768)	58.64 (231)	470.68 (3000)
合計	244	187.89 (11231)	93.32 (768)	23.74 (437)	103.55 (3807)

＊数字は個数の平均値、（　）内の数字は最大値

（出処：JUAS「ソフトウェアメトリックス調査」2013年版、形式改変）

　この集計表から、画面数と帳票数の比は、「4：1」であり、画面数とファイル数の比は「1：2」であることがわかります。画面数とバッチ数はプロジェクトによってバラツキがありすぎて、画面数からバッチ数を推定するのは難しそうなこともわかります。

　この集計表をベンチマークとすれば、たとえば、画面数が60本の開発案件であれば、帳票数を次のように概算できます。

$$帳票数 ＝ 60 ÷ 4 ＝ 15$$

　同じくソフトウェアメトリックス調査によれば、画面数と帳票数とFP規模との間には、次のような関係があります。

$$FP規模 ＝ 91.54 ＋ 13.41 × 画面数 ＋ 40.33 × 帳票数$$

（出典：JUAS「ソフトウェアメトリックス調査」2013年[*1]）

---

*1) 近年のソフトウェアメトリックス調査では、より正確に規模を推定できるよう、JFSという独自の単位で見積もることを提唱しています。本書では、超概算を簡易に見積もるためによりシンプルな計算式である2013年のモデルを採用しています。

335

この計算式を利用すれば、たとえば、画面数が60本、帳票数が15本の開発案件であれば、FP規模を次のように算出することができます。

FP規模 ＝ 91.54 ＋ 13.41 × 60 ＋ 40.33 × 15 ＝ 1501.09

以上、2とおりの方法でFP規模を求めることができました。

◯ STEP2：FP規模の概算値から工数を予測する

次に、FP規模から工数を予測してみましょう。いちばん望ましいのは、自社の実績データをつかって、散布図を作成、回帰分析をすることです。

次の「最小二乗法による回帰分析の原理」のグラフに示したように、X軸にFP値、Y軸に工数（人月）を入力して散布図を作り、最小二乗法により回帰直線をあてはめることができれば、FP値と工数との間には、相関関係があるといえることになります。

■ 最小二乗法による回帰分析の原理

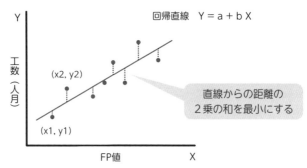

プロジェクトの実績データさえある程度豊富にあれば、Excelで提供されている相関関数などを利用して、FP値と工数との相関関係を表す回帰直線を導き出すことができます。

また、過去に蓄積されたプロジェクトの回帰直線が作成できれば、回帰直線の上下に目の子算で「許容範囲」を設定し、評価対象としているプロジェクトのFP値と工数を「×」マークでマッピング、それが許容範囲内であればOKと

*2) 重回帰分析とは、多変量解析の1つで、回帰分析において独立変数が2つ以上（2次元以上）のものをいいます。規模と工数の関係を分析する際にも、生産性や要員数などの他の要素も変数に加えて重回帰分析をすることで、分析の精度を高めることができます。

評価することもできます。

■ 回帰直線から目の子算で予測工数を評価するイメージ

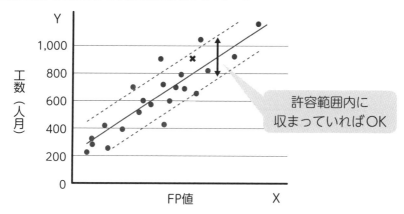

なお、IPA／SEC（情報処理推進機構、ソフトウェア・エンジニアリング・センター）の「ソフトウェア開発データ白書」では、数多くのプロジェクトの実績データを重回帰分析[*2]をした結果、導出された回帰式が報告されています。同書によれば、FP規模と工数について、次のような「べき乗」モデルの回帰式が成り立ちます[*3]。

■ FP規模と工数についての「べき乗」モデルの回帰式

・**FP規模と工数：新規開発の場合**

$$工数 [人時] = 10.70 \times (FP規模)^{1.03}$$

・**FP規模と工数：改良開発の場合**

$$工数 [人時] = 21.6 \times (FP規模)^{0.89}$$

(出典：IPA/SEC「ソフトウェア開発データ白書 2018-2019」、式の表記方法のみ変更)

たとえば、この回帰式を使って、STEP2で試算した「新規開発」案件のFP規模（1,501）から次のように工数を試算することができます。

[*3] IPA/SEC の統計分析では、変数に対数をとった重回帰分析を採用しています。工数見積もりに関する分析では、単純な散布図よりも、X軸Y軸に変数の「対数」をとった「両対数散布図」による回帰分析を行ったほうが当てはまりがよくなるといわれています。変数を対数にして分析をすると、回帰式は「べき乗」モデルで表されます。

$$\text{工数[人時]} = 10.70 \times (1{,}501)^{1.03} = 19{,}998$$

　自社のプロジェクトの実績データが少ない場合は、自社のデータ分析に加えて、このような外部データによる回帰式もあわせて利用して、FP規模からの工数予測の参考にしてもよいでしょう。

● STEP3：予測工数から開発費を試算する

　工数の概算値を予測できたら、工数に開発要員の工数単価を掛け算し、開発費を試算します。開発要員の工数単価は、経済調査会の刊行物などの情報を参考にするとよいでしょう。

　次に示したのは、経済調査会の「ソフトウェア開発データリポジトリの分析」に掲載されたIT技術者の人月単価の集計表です。この表で中央値に着目すると、たとえばIT技術者が100人未満の会社ではIT技術者の人月単価は86.8万円／人月であるのに対し、IT技術者が1,000人以上の会社では、127.3万円／人月であることがわかります。このように、IT技術者を擁するベンダーの企業規模によって、平均的なIT技術者の人月単価がかなり異なっていることにも留意したほうがよいでしょう。

■IT技術者数ごとの工数あたりの開発価格

[単位：万円／人月]

	件数	最小	25%	中央	平均	75%	最大	標準偏差	変動係数
全体	87	20.0	87.4	102.8	105.3	120.0	233.6	36.0	0.342
100人未満	16	20.0	63.0	86.8	78.4	100.7	119.4	30.5	0.389
100人以上300人未満	31	40.0	87.3	99.2	98.2	109.3	152.9	24.7	0.251
300人以上1,000人未満	23	55.6	100.2	108.8	111.8	122.5	183.2	28.4	0.254
1,000人以上	17	76.0	106.7	127.3	134.8	157.9	233.6	43.2	0.320

（出典：経済調査会「ソフトウェア開発データリポジトリの分析 (2015)」）

たとえば、STEP2で予測した工数（19,998［人時］）をIT技術者数100人以上300人未満のベンダーで開発するとすれば、次のように開発費を試算することができます。

工数単価 ＝ 99.2万円／人月×160［時間］*4 ＝ 15,872円／人時
開発費　 ＝ 19,998［人時］× 15,872円　＝　3億1,741万円

● STEP4：試算見積もりとベンダー見積もりを比較評価

最後に、STEP3で試算した開発費（要員費）に販管費、プロジェクトリスク費、粗利益、その他購入費用（ハードウェア、ソフトウェアなど）を加算して「試算見積もり」を算出します。この試算見積もりとベンダーから提示された金額を比較し、大幅な乖離がないかどうかをチェックします。

$$見積もりの妥当性 \ = \ \frac{試算見積もり}{ベンダー見積もり}$$

1.0から大幅に乖離？

まとめ

▶ 一般公開されたソフトウェア開発に関する統計データをベンチマークとして利用し、プロジェクトの早い段階で「規模」→「工数」→「開発費」を推定して、ベンダー見積もりとの比較で妥当性を評価することもできる

---

*4) 工数単価の単位を「人月」から「人時」に換算するのに、1日の労働時間を8時間、1ヶ月は20日と計算して1ヶ月を160時間として試算。1人月を160時間で換算することが一般的ですが、1人月を何時間とするかがベンダーによって異なることもあります。委託先のベンダーが160時間以外の規準を採用している可能性がある場合、ベンダーに直接確認するとよいでしょう。

48 WBSによる運用委託費の妥当性評価

システムの運用業務をベンダーに委託する場合も運用委託費の妥当性を評価することが重要です。本節では、WBSによる運用委託費の妥当性評価のポイントを述べます。

● 運用委託費の妥当性評価の必要性

　開発費用の見積もりのためにシステムの規模を把握するときには、FP法やSLOCなどの一般的に知られた指標がありますが、運用費用の見積もりのために運用業務の規模を表すような標準化された指標はありません。また、開発費用の見積もりでは、複数のベンダーに相見積もりを取って比較検討することが一般的によく行われますが、運用委託費の見積もりの場合は、開発の受託先に継続して運用も委託するために受託先の選択の余地はなく、相見積もりを取りたくても取れないケースも多いと思います。

　とはいえ、運用委託費は、年々支出される費用であり、システムライフ期間全体では開発費用よりも大きな比重を占めるIT投資です。運用委託費の妥当性も何らかの方法で評価することは重要です。では、運用委託費のベンダー見積もりの妥当性をユーザー企業はどのように評価すればよいのでしょうか。

　運用費の見積もりの妥当性評価では、業務委託契約に基づいて**WBS**を作成して試算する方法が有効です。

● WBS法による作業の階層化

　運用委託費が妥当かどうかを評価するには、**運用委託する作業を階層的に洗い出し、WBSを作成して「見える化」すること**が有効です。

　WBSとは、Work Breakdown Structureの省略形で「作業分解構成図」とも呼ばれます。計画やスケジュール管理でよく利用されるため、最近はスケジュール表と同義語だと思っている方も多いのですが、本来、作業（Work）を分解

（Breakdown）し、構造（Structure）を明確にする手法のことです。

　WBS法によって作業を大きな作業分類から中分類、小分類…と順にブレークダウンしていくことで、細々とした運用業務を「モレなくダブりなく」洗い出すことができます。次のようなイメージでWBSを作成してWBS法により洗い出した作業項目を整理します。

■ システム運用業務のWBSのイメージ

● WBSへの頻度・工数・作業レベルの設定

　WBS法によって、システム運用業務の作業項目が詳細レベルまで洗い出されたら、次にそれらの作業単位ごとに、**どのような「頻度」で発生し、作業1回あたりどのくらいの「工数」がかかるか、および「作業レベル」を識別**していきます。

　ここでのポイントは、**作業単位に「作業レベル」を設定すること**です。「作業レベル」の設定では、たとえば次のような形で、運用管理者、中堅運用要員、

新人運用要員などに区分し、あらかじめ区分ごとに要員単価を決めておきます。

■ 作業レベルと要員単価の設定例

作業レベル	担当要員	要員単価
A（高い）	運用管理者	7,500円／人時
B（中位）	中堅運用要員	5,600円／人時
C（低い）	新人運用要員	4,500円／人時

　次に作業レベルに見合った要員が担当することを前提に、作業の難易度を吟味して、各作業項目に「作業レベル」のレーティングをしていきます。

　たとえば、同じセキュリティ管理の作業でも、「IDとパスワードの管理」は、ユーザーID登録マニュアルも完備されているため新人でも担当できるからレベルC、「セキュリティパッチ対応」は、セキュリティの専門知識を持った運用管理者がパッチの適用可否を判断する必要があるからレベルA、という感じです。

◉ 運用委託費の試算と評価

　WBSの図作成が完成したら、以下のような計算式で運用委託費の月額費用を試算します。

月額運用費　＝　発生頻度　×　工数／回　×　要員単価（人時）

　月額運用費が試算できたら、次のようなポイントで、試算した運用委託費が望ましい水準になっているかチェックします。

✔ 発生頻度の設定は妥当か？

✔ 作業１回あたりの工数の見積は妥当か？

✔ 作業レベル（難易度）に見合った要員を割当てているか？

次にこの月額運用費の試算結果とベンダーから提示されている月額運用費とを比べて大きな乖離がないか、評価します。

$$\text{見積もりの妥当性} = \frac{\text{試算見積もり}}{\text{ベンダー見積もり}}$$

1.0から大幅に乖離？

なお、いちばん望ましいのは、運用委託費の見積もり依頼時にWBSもしくはWBSに準ずる「作業内訳」を提示し、ベンダーからこちらが提示した作業内訳と同じレベルで明細がわかる運用費の見積もり書を出してもらうことです。そうすることで、妥当性チェックの精度をより高くすることができます。また、ユーザー企業側から運用業務の内訳まで提示して見積もり依頼できない場合でも、ベンダー側にできる限り作業内訳を提示してもらい、示された作業項目に「ダブりや漏れ」がないかという観点でチェックするとよいでしょう。提示された作業内訳に納得いかない部分があれば交渉しましょう。

● WBSへのSLA項目の追記

さらに、業務委託契約書で取り決めされた**SLA項目を作業単位で追記できれば望ましい**です。もしSLAまでは契約書に明記まではしていないのであれば、ユーザー企業（委託元）とベンダー（受託先）との間でお互いに目指すべき「目標」という意味で、SLO（Service Level Object）を文書化し、SLOの目標サービス水準を作業単位に併記するとよいでしょう。

たとえば、「ID、パスワード管理」という作業は、「依頼から24時間以内に対応」というサービスレベルで運用することを取り決めているなら、そのようなSLAの内容を「ID、パスワード管理」に対応させて書きます。

SLAまたはSLOの内容と作業項目を対応させておくことで、ベンダーから提示された**運用委託費が期待値と違っていた場合に、ベンダーと合理的な価格交渉ができる**ようになります。

● 運用委託費の定期的な見直しと適正化の必要性

　開発委託費の見積もりフェーズは、無事にプロジェクトを発注し、開発を開始できれば完了です。しかし、運用委託費の場合は、運用委託契約を無事に締結し、運用がスタートすればそれで終わりではありません。システムの運用が続く限り、**定期的に運用委託費の内容と水準を見直し、適正化を図っていく**必要があります。

　なぜなら、長い運用フェーズでは、経営環境や業務要件、テクノロジーやシステムリスクの変化、要員体制の変更など運用委託費に影響を与えるさまざまな環境の変化が必ずあるからです。毎年、なんの見直しもせずに自動更新していると環境の変化に対応できず、知らず知らずのうちに運用業務のどこかに「ムリ、ムダ、ムラ」が発生し、運用工数が増加したり、必要な作業が漏れたりして、思わぬシステム障害に結びつく恐れもあります。結果として前年度と同じ内容で契約更新することになったとしても、**運用委託費が妥当かどうかをユーザー企業とベンダーとで定期的に確認し合う**ことに大きな意味があります。

● 運用委託費の定期見直し時のポイント

　WBSを作成しておくと、環境の変化に応じて運用委託範囲に追加や変更が生じる場合に、運用委託費の変更を合理的な根拠をもって行うことができます。また、発生頻度や1回あたりの工数などは、運用日報や運用報告書などから実績値を割り出します。**想定した発生頻度や工数に対して実績値がどうだったかを必ず記録し**、少なくとも年1回程度、次のような観点で運用委託費の評価を行うとよいでしょう。

✔ 発生頻度の予実差が大きいものはないか？

✔ 作業1回あたりの工数の予実差が大きいものはないか？

✔ 作業レベル（難易度）に見合った要員が担当しているか？

✔ 不要となったのに実施し続けている作業はないか？

✔ 実施しているのに記録していない作業はないか？

予実評価の結果、予実差が大きい作業が見つかれば、ベンダーと調整しながら運用委託費の見直しを行うことで、価格の適正化と同時に運用業務そのものの適正化を図ることにもつながります。WBSは、運用業務を適正な状態に保つためのツールとして定期的に更新管理するとよいでしょう。

● WBSを利用した運用委託費の価格交渉

　運用開始時点では、理想的な条件で運用委託できていたとしても、1年後、システムから期待したほどの売上が上がらず、収支を改善するために運用委託費の価格交渉が必要となることはあります。そのようなときに、やみくもに「とにかく10%下げてくれ」という交渉のしかたで、どこをどう削減するかをベンダー任せにすると、予期せぬ運用品質の低下を受け入れなくてはなりません。

　前述のようなWBSを作成しておけば、価格交渉の際にも作業単位で不要な作業の廃止やサービスレベルの変更を合理的な根拠に基づいて行うことができます。たとえば、「セキュリティパッチ対応」を従来、「依頼から5日以内」という条件で運用委託していたところ、「依頼から10日以内」に条件緩和することで、ベンダー側の運用担当者は、他の受託業務のセキュリティパッチ作業とまとめて実施できるなどの業務の効率化が図られ、運用費の値下げに対応できるかもしれません。**運用費の価格交渉は、作業単位で削減余地を検討し、合理的な根拠をもって行うことが基本**であり、ユーザー企業にとってもベンダーにとっても有益です。**WBSをベンダーとの有意義な交渉を行うためのコミュニケーションツールとして活用**するとよいでしょう。

まとめ

▣ **運用委託費の妥当性評価では、WBS法により運用業務をブレークダウンしたWBSを作成するとよい**

▣ **運用委託費は定期的な見直しが重要であり、WBSはベンダーとのコミュニケーションツールとして活用できる**

COLUMN クラウド化はコスト削減になる？

　あなたの会社では、クラウドコンピューティングを導入していますか？クラウド化をすることによって、ITコストは削減されていますか？

　平成30年の情報通信白書によれば、約6割の企業が何らか形でクラウドコンピューティングを導入しています。また、大手監査法人がCIO向けに実施した調査では、CIOがクラウド導入に対して、いろいろなことを期待していることがわかります。日本のCIOの半数近くが「セキュリティ強化」を導入目的として挙げているのは、興味深いところです。日本では、ほんの数年前まで、セキュリティへの不安から、クラウドを基幹業務に導入することに慎重な企業が大半でした。クラウドの黎明期には、運用品質の低いクラウド事業者も多く、データ漏洩事故やバックアップの消失などのトラブルが多発したことをご記憶の読者もおられることでしょう。それが今では、むしろ自社で運用するよりも、クラウド化したほうが安心だと考えるCIOが増えているのです。最近のクラウド技術の著しい向上と利用価値の拡大、それがもたらすクラウド市場の急速な拡大には目をみはるものがあります。

■ クラウド導入理由

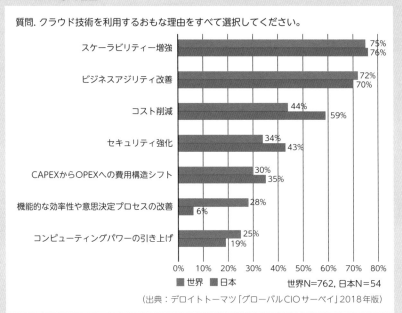

質問. クラウド技術を利用するおもな理由をすべて選択してください。

	世界	日本
スケーラビリティー増強	75%	76%
ビジネスアジリティ改善	72%	70%
コスト削減	44%	59%
セキュリティ強化	34%	43%
CAPEXからOPEXへの費用構造シフト	30%	35%
機能的な効率性や意思決定プロセスの改善	28%	6%
コンピューティングパワーの引き上げ	25%	19%

世界N=762, 日本N＝54

（出典：デロイトトーマツ「グローバルCIOサーベイ」2018年版）

さて、このグラフでもう1つ注目したいのは、日本のCIOが、海外と比較して、突出して「コスト削減」への期待が強い点です。日本では、半数以上のCIOが、クラウド化の目的のひとつにコスト削減を挙げているのです。しかしながら、実際には、クラウド導入した企業のうちのじつに半数以上、53％もの企業がコスト削減できていないという調査結果もあります（クラウドのデータ管理サービス企業Druvaの報告書「State of Virtualization in the Cloud」2018年版より）。

　なぜクラウド化がコスト削減につながらないのでしょうか？理由は、大きく3つほどあるように思います。

　1つ目は、オーバースペックです。たとえば、ノンストップの運用が求められないような優先度の低い業務システムまで、24時間365日というクラウドの標準サービスに合わせて運用し、サービスレベルが過剰になっているケースです。

　2つ目は、コスト管理ができていないことによる無駄遣いです。クラウドは従量制課金で使った分だけ払えばよいはずですが、従量制課金を管理しきれず、払いすぎに気づいていないことが結構あるのです。クラウド事業者の料金体系が複雑で、支払部門は、毎月のクラウドの支出額の25％を把握していないという調査結果もあります。複数の事業部門が異なるクラウドを同時多発的に使う中で、誰も全体のコントロールをしなければ、自然と無駄遣いが発生し、コストは増加するでしょう。

　そして3つ目は、人件費が思ったほど下がらないことです。たとえば、オンプレミスで構築した環境をクラウドに移行することで、インフラ担当要員を削減しようとしたのに、クラウド移行後もクラウド特有で管理しなければならないことがそれなりにあるために、結局、担当者をリリースできないことは多くあります。

　しかし、以上のようなことは、表面な期待ギャップにすぎないと筆者は考えます。根本的な問題は、そもそもクラウド化にコスト削減という効果だけを求めすぎることにあります。コスト削減のためのIT投資は、いわば「守りのIT」です。クラウドの本当の効果を享受できるのは、「攻めのIT」として活用してこそです。にもかかわらず、日本では、まだクラウドを攻めの経営手段として十分活用できていないのが実情です。前掲のグラフで、日本のCIOがクラウドに「機能的な効率性や意思決定プロセスの改善」を期待する割合が6％と極端に低いこともその現れでしょう。クラウドの最大の効果は、初期投資を抑えながらスピーディに試行錯誤を繰り返し、アジャイルに開発を進めるための大きな力になりうることにあります。「小さな失敗を繰り返すことで、大きな成功を得る」。それが、経営判断のスピード化、つまり「意思決定プロセスの改善」につながります。クラウドに限らず、IT投資は、真に経営に役立つ効果を生むことを目指したいものです。

　あなたの会社では、よそがやってるからウチも…という理由で漫然とクラウド導入していませんか？クラウド化それ自体が目的になっていませんか？

7

ベンダー見積もりの妥当性評価

| 著者プロフィール |

國重　靖子（くにしげ　やすこ）

(株) 東洋情報システム (現 TIS株式会社) に入社後、信販系カード会社の大規模オンライン
等の受託運用やアウトソーシングの営業を経験。その後、新日本監査法人に入所、10年以上
にわたり100社以上の企業にシステム監査やITコンサルティングを提供。三井海洋開発株式
会社 (内部監査部 副部長) を経て、現在はグローバル企業の監査部門にてプロジェクト監査
を担当する傍ら、ITとマネジメントの領域でセミナー講師や執筆活動を行っている。

■ お問い合わせについて

・ ご質問は本書に記載されている内容に関するものに限定させていただきます。本書の内容と関係の
ないご質問には一切お答えできませんので、あらかじめご了承ください。
・ 電話でのご質問は一切受け付けておりませんので、FAXまたは書面にて下記までお送りください。
また、ご質問の際には書名と該当ページ、返信先を明記してくださいますようお願いいたします。
・ お送り頂いたご質問には、できる限り迅速にお答えできるよう努力いたしておりますが、お答えす
るまでに時間がかかる場合がございます。また、回答の期日をご指定いただいた場合でも、ご希望
にお応えできるとは限りませんので、あらかじめご了承ください。
・ ご質問の際に記載された個人情報は、ご質問への回答以外の目的には使用しません。また、回答後
は速やかに破棄いたします。

■ 装丁 ——————	井上新八
■ 本文デザイン ——————	BUCH+
■ 本文イラスト ——————	リンクアップ
■ 編集 ——————	田中秀春
■ DTP ——————	リンクアップ

図解即戦力（ず かい そく せんりょく）

IT投資の評価手法と効果が
これ1冊でしっかりわかる教科書

2020年7月11日　初版　第1刷発行

著　者	國重靖子（くにしげやすこ）
発行者	片岡　巌
発行所	株式会社技術評論社
	東京都新宿区市谷左内町21-13
	電話　　03-3513-6150　販売促進部
	03-3513-6160　書籍編集部
印刷／製本	株式会社加藤文明社

©2020　國重靖子

ISBN978-4-297-11369-8 C0034　　　　　Printed in Japan

■ 問い合わせ先
〒162-0846
東京都新宿区市谷左内町21-13
株式会社技術評論社 書籍編集部
「図解即戦力　IT投資の評価手法と
効果がこれ1冊でしっかりわかる
教科書」係
FAX：03-3513-6167
技術評論社お問い合わせページ
https://book.gihyo.jp/116